草原文創

草原文創

永樂皇帝

征戰一生。

楊林 著

題記

一個帝王，在歷史上能成就一件大事業就可以留下顯赫聲名，像修築長城、通使西域、開鑿大運河。以這類公認的重大事業來衡量，明代的永樂皇帝朱棣幾乎不比中國歷史上任何一個帝王遜色。他的名字是與鄭和下西洋、營建北京、修《永樂大典》聯繫在一起的，朱棣做好其中一件事就足可躋身於著名帝王之列，而他卻成就了那麼多，事實上還遠遠不只這一些。

毋庸諱言，朱棣的皇位是從侄子手中奪來的，所以歷來士大夫們都將其列入「篡逆」之列。但這種非議也從反面告訴人們，朱棣身為藩王，地處一隅，以八百人起事，終於奪得最高政權，恰好又證明了他超人的軍事與政治才能。中國古代通過宮廷政變奪取帝位的人屢見不鮮，而藩王從地方上起兵奪得帝位的卻只有朱棣一人。這位以藩王入統的皇帝，在歷史上實在算是個例外。

朱棣雖然成就了非常之事，但在通往成功的道路上，也充分暴露了他的殘酷與投機。他屠戮建文遺臣竟至「誅十族」、「瓜蔓抄」，也算開了歷史先例；稱帝後又重用宦官與特務，為害甚烈，成為明代政治的毒瘤。西方一位政論家說過，當首腦的首要條件是作一個好的屠夫，如果自己成不了好的屠夫，身邊就需要有能成為好屠夫的人。幸運的是朱棣不僅身邊有這樣的屠夫，而且他本人就是一個好的屠夫。

目錄

第四章　移天徙日……141

第十章　生前身後事……378

後記……422

第一章　建藩北國

一　太祖渡江名七子

元至正二十年（一三六〇年），是被明永樂朝的史臣們精心粉飾的一個年頭。

這一年，明成祖朱棣出生在應天的吳王府中。

舊曆四月十七日那天，吳王朱元璋的庶妻碩氏生下一個男嬰，他便是朱元璋的第四子朱棣。四十三年以後，當朱棣奪位登極稱帝時，他出生的情景被描繪成「雲氣滿室，光彩五色，照映宮闥，連日不散」。這當然是虛無的臆造。事實上，伴隨著朱棣呱呱啼落的，只有戰火硝煙；與他滿月祝福聲接踵而至的，則是漢王陳友諒兵圍太平的告急文書。由於軍情緊急，朱元璋甚至對自己這個兒子的降世都來不及慶賀一下，便急匆匆地趕往前線指揮作戰去了。至於該為這個孩子取個什麼樣的名字，他就更無暇顧及了。

不久，處於應天上游的太平即告失守。這一仗打得十分酷烈，守將朱文遜力戰而死，行樞密院判花雲、王鼎及知府許瑗被俘殉難。接著，盡有江西湖廣之地的陳友諒又進兵采石，殺掉曾一度被自己奉為首領的徐壽輝，在風雨交加中登極稱帝。他與自稱誠王的張士誠相約聯手，揮師直逼應天而來，江東一時大震。朱元璋召集諸將商議戰守之策，有人提出棄應天奔鍾山，有人則乾脆主張開城迎降。在這種情勢下，朱棣出世所帶給吳王府的一點喜悅自然已被上上下下淡忘了。

朱元璋採納謀士劉基所獻計策，設伏龍江，誘敵深入，陳友諒驕狂而來，卻落得中計大敗而歸。這場龍江之戰，成為朱元璋與陳友諒兩雄相爭的轉折點。從此以後，陳友諒不再具有軍事上的明顯優勢。次年「吊民伐罪，納順招降」的西征，以及兩年後驚心動魄的鄱陽湖決戰，也都以朱元璋大獲全勝告終。陳友諒中流矢而死，其子被迫投降。

朱元璋節節取勝之時，早已被他架空的大宋政權主公小明王卻在岌岌可危之中。他所在的安豐，一度被張士誠圍困，小明王乘著雨夜逃到滁州。朱元璋就此廢大宋龍鳳年號，改用吳元年紀年。隨著據平江為都的張士誠被俘自盡，稱霸浙東的方國珍也望風歸降，朱元璋翦滅群雄、統一全國的大局已告初定。

至正二十七年（一三六七年）十二月二十五日，正在進行登極準備的朱元璋決定自己為戎馬倥傯中出生的七個兒子正式取名。他在祭告太廟文中寫道：

維子之生，父命以名。典禮所重，古今皆然。仰承先德，自舉兵以來，渡江生子七人。今長子命曰標，次曰樉、曰棡、曰棣、曰橚、曰楨、曰榑。

七歲的朱棣和他的幾個兄弟這時才有了正式的名字。

朱元璋在為兒子們取名的同時，還制定了為後世子孫取名的一套規則。他的每一個兒子都作為一支，每一支都擬定了二十字輩份，作為一世，名字中的另一個字則臨時確定。明皇朝這種宗室命名規則在史書中有詳細記載：

帝以子孫蕃眾，命名慮有重覆，乃於東宮諸王世系，各擬二十字為一世。以某字為命名之首，其下一字，則臨時定議，以為二字，編入玉牒。至二十世後，覆擬續增。如燕王位下二十字則曰：高、瞻、祁、見、祐、厚、載、翊、常、由、慈、和、怡、伯、仲、簡、靜、迪、先、道。

名字的下一個字要按五行相轉，周而復始地循環，意在傳之永久。但人們看到的卻是，朱元璋為子孫們擬定的二十個字僅僅用了一半，玉牒譜系便隨著他所建立的大明皇朝壽終正寢，而無以為繼了。

二　受封燕王

皇子們的正式命名給應天城內的新春佳節增添了一抹喜慶的色彩，何況這一年的除舊佈新又迥別於往年。在陣陣爆竹聲中，一個新的皇朝——明朝誕生了。

至正二十八年（一三六八年）正月初四，皇城內舉行了極為隆重而繁縟的登極儀式。朱元璋正式登極稱帝，建元洪武，並冊封正妻馬氏為皇后，長子朱標為太子。登極和冊封儀式完畢後，朱棣先和幾個兄弟一起去拜賀母后馬氏，然後再去拜賀長兄太子朱標。拜賀儀式是禮臣們事先安排好的，一片禮樂聲中，由二哥朱樉代表大家背誦一段賀詞：

小弟樉茲遇長兄皇太子榮膺寶冊，不勝忻忭之至，謹率諸弟詣殿下稱賀。

這種拜賀儀式看上去就像是一種虔誠的表演，但是素來在一起嬉戲玩耍、相處無間的小兄弟們，從此開始有了明確的身份之別。

作為明帝國的開創者，朱元璋本是一個極富謀略的政治家。在元失其馭、四方鼎沸的形勢下，他以鳳陽皇覺寺中的一個窮和尚，不失大亂之機，經百戰而後竟為天下之主。但在分封諸子的問題上，他的政治遠見卻受蔽於強烈的宗法意識。他以為，周天子大封諸侯，所以行之久遠；秦始皇廢而不行，很快便致亡國。特別是鑒於宋、元末年宗王衰弱、帝室危難之秋缺少屏護的教訓，這位亂世英雄愈發感到，只有將兒子們封以爵號，分鎮諸國，才能形成一道拱衛天子的屏藩，保證朱氏天下萬世一系。以宗室力量來鉗制朝中官僚系統的權臣，屏禦外亂，正是中國君主制下經常使用的政治方略。

首次封藩的安排，是朱元璋於洪武三年（一三七〇年）四月初三大宴群臣時提出的。其時功臣尚未封賞，自己那些並無尺寸之功的兒子們卻被封到各地當藩王，為了不使天下人感到他私心太重，朱元璋特意向大臣們表白說：「朕以皇天眷佑，才得以平定海內。然而天下之大，必樹藩屏，上衛國家，下安生民。如今諸子已漸年長，應該封以爵號，分鎮諸國。這並非朕私庇自己的兒子，而是遵循古代先哲的榜樣，為求長治久安之計。」

「陛下封建諸王，以衛宗社，天下萬世之公議。」華蓋殿中，群臣異口同聲地響應。

冊封諸王的詔諭，據說出自當時以文章名世的王褘之筆。因為這些詔諭被指定為朱氏子弟學習政務的教材，其中許多句子朱棣是可以成誦的：

朕荷天地百神之靈，祖宗之福，起自布衣，艱難創業。惟時將帥用令，遂致十有六年，混一四海。功成治定，以應正統。考諸古昔帝王，既有天下，子居嫡長者，必正位儲貳。若其眾子，則皆以分茅胙土，封以王爵，蓋明長幼之分，固內外之勢者。

眾建藩輔，所以廣磐石之安；大封土疆，所以眷親友之厚。古今通誼，朕何敢私？尚賴中外臣鄰，相與維持，弼成政化。故茲詔示，咸使聞知。

四月初七，晨鼓重重地響過三聲，皇宮中顯出不同於平常莊重肅穆的氣氛。儀式執事人一清早便各就其位，隆重的封藩儀式開始了。

奉天殿內悄然無聲，端正地擺著五座寶冊案，殿前的丹陛上，東側擺著十座寶冊亭。鼓聲中，朱元璋身著袞冕登上奉天殿中的御座，鞭炮一響，司辰官報告典禮時辰已到。朱棣和即將受封的諸王一起，在四位引禮官帶領下走進奉天門的東門，到奉天殿前跪了下來，在樂聲中向父皇行禮。

承制官從殿內捧出制書，由殿中門走出，站定後高聲宣制：「封皇子樉為秦王，棡為晉王，棣為燕王，橚為周王，楨為楚王，榑為齊王，梓為潭王，杞為越王，檀為魯王，從孫守謙為靖江王。」一宣畢，諸王俯伏在地，再向御座行禮，隨後便依次進入殿內接受金冊和金寶。首先是朱樉，然後是朱棡，第三個便是朱棣了。

奉天殿中的嚴肅掩沒了應有的喜慶，一切都是依照固定程序進行的。朱棣很希望像秦王那樣第一個接受冊寶，但他更羨慕像大哥那樣在前兩年被封為太子，父皇和百官只為他一人舉行典禮。他知道，封了太子將來是要作皇帝的，而藩王不過永遠是藩王罷了。正在遐想，引禮官已經走到他面前。朱棣在樂聲中被引至御座前的拜位跪下——上面是父皇，父皇身邊是長兄太子。讀冊官開始宣讀金冊上的文字：

昔君天下者，必建屏翰。然居位受福，國於一方，並簡在帝心。第四子棣，今命爾為燕

王，永鎮北平，豈易事哉？朕起農民，與群雄並驅，艱苦百端，志在奉天地、享神祇。張皇師旅，伐罪吊民，時刻弗怠，以成大業。今爾有國，當恪敬守禮，祀其宗社山川，謹兵衛，恤下民，必盡其道。體朕訓言，尚其慎之。

諸王的冊文，除去名諱、封王和封國不同，其餘文字都是相同的。

左丞相李善長將金冊、金寶一一捧到朱棣手中。他莊重地接過來，交給身邊的內侍，然後向著御座伏拜下去。禮畢，朱棣再由引禮官引領出奉天殿，兩名內侍把冊寶放在冊寶亭的盤匣內，退立於丹陛之東。朱棣站在殿前，說不清此刻的心情怎樣。好幾天之前，他們便反覆演習今天要舉行的儀式，今天天還沒亮，他們就被帶到宮牆外等候了。此時他感到有些疲憊，很想舒動一下筋骨，哪怕是仰望一眼大殿頂上無際的長天也好，但他不能，因為這會被父皇指責為失禮。忽然，他聽到贊禮官一聲呼喊，那是表示吳王、楚王接受冊寶的儀式也結束了。他與諸王隨同抬著冊寶亭的內侍，由東陛下殿，走出奉天東門。

朱棣得到的所謂金冊，實際上只是兩片金頁，上下有孔，用紅線聯綴在一起，開闔如同書本。冊文均以楷體書寫，鐫在金冊上。冊盤用木刻成，上面有一條用渾金瀝粉描繪的蟠龍，外面用紅羅銷金夾袱包裹著。金寶就是一方金印，正面用篆書刻著「燕王之寶」，上面飾以龜紐。金寶放在飾金木篋中，外面也覆著紅羅銷金夾袱。

這次典禮，齊王、潭王、趙王、魯王因為年紀小而沒有參加。朱元璋派丞相承制官攜帶冊寶，分別授給他們，最年幼的則由乳母抱著行禮，儀式同樣嚴肅而冗長。受封當天，諸王還要依次朝謝皇后、太子，諸王之間又要互相致賀，丞相又率百官給諸王祝賀，依然沒完沒了的鞠躬叩首，鳴鼓奏樂。

一片道賀聲中，朱棣的燕王生活從此開始。這時他還差十天滿十歲整。這個年少的藩王無論如何「天縱英明」，也不會明白自己日後該在這座深宮內外扮演怎樣的角色。

三 「昭鑒」與「祖訓」

制式化的宮廷生活對於任何人來說，都是那麼索然無味，更何況像朱棣這樣天真爛漫的少年。宮廷裡的人們都彷彿被一根根無形的繩索捆綁著，無論是皇帝、后妃，還是太子、藩王。

朱元璋年輕時沒上過學，後來只是在馬背上學了點文化，因而十分重視對下一代的教育。封藩的第二天，他就親自為諸王選定了相、傅、錄事、紀善等官屬，都是一些「老成明經慎行之士」。他把這些人召到一起，對他們說：「輔導之臣，就如同法度之器。木匠得到材料後，必加繩削，方能成器。朕將此重任委付你們，你們首先要正己，然後方能為朕輔導諸子，匡其德義，明其善惡，使知趨正而不至於流於邪惡。」這便是他的教育方針了。

封藩當年的冬天，朱元璋在宮中修建了大本堂，取古今圖籍存放其中，聘請四方名儒到堂中教授諸子。他聽說有一個叫李希顏的宿儒隱居鄉間，名氣很大，便親自寫信，徵召入京來作諸王的老師。這個李希顏學問大，脾性也十分古板，上課時手操一把戒尺，諸王有不聽教誨的便要挨打。有一次，一個皇子的額頭竟被他用戒尺打得腫起包來。朱元璋看到後很心疼，撫摸著兒子被打的額頭幾乎發作起來，準備治李希顏的罪。馬皇后連忙在一旁勸解說：「師傅以聖人之道教育諸子，是不該責怪的。」朱元璋聽後才息怒。史書中沒有記載挨打的是不是朱棣，但他肯定是在這樣嚴肅的氣氛中完成學業的。

除了接受師傅的教育外，朱棣兄弟們還要按照父親的訓誡行事。朱元璋命內侍們製成麻鞋和裹腿，規定凡出城稍遠時，諸子必須「馬行其二，步趨其一」，使這些久住深宮的皇子們不致因環境優越而驕惰起來。他還命人將古代孝行和自己艱難征戰的經歷繪製成圖畫，頒賜給諸子，令他們早晚經常觀看。「**富貴易驕，艱難易忍，久遠易忘。**」這就是朱元璋教育諸子的信條。

洪武元年（一三六八年）冬季的一天，朱元璋退朝還官，朱棣和眾兄弟隨侍在父親身邊。當他們來到宮中一片空地附近時，朱元璋指點著對諸子說道：「這塊空地之上，並非不可以建治亭臺館榭，以作遊樂之所。我之所以不建，是因為不忍重傷民力。過去商紂王大造瓊宮瑤室，結果招致天下怨恨。漢文帝也曾動過修造露臺的念頭，因為痛惜百金之費而作罷，結果國泰民安。你們要牢記這些歷史上的教訓啊！」朱棣和兄弟們虔敬地聽著，他們已經很習慣父親這種隨時隨處的教誨了。

洪武六年（一三七三年），朱棣從父親那裡得到了兩部書，一部是《昭鑒錄》，一部是《祖訓錄》。他翻開《昭鑒錄》，書中的內容全都是採錄漢唐以來藩王的善惡事例。但這絕非僅僅讓他讀些歷史故事，對於父親的這番用意，朱棣是很清楚的，他必須竭力去效仿那些載入史冊的為善藩王，至少必須讓父皇感到他是這樣做的。至於那部《祖訓錄》，儘管都是平日聽慣了的訓言，但朱棣仍然不得不仔細閱讀記誦，而且遵照吩咐，抄寫到王宮正殿內宮東壁牆上，因為朱元璋認為這樣做可以使諸王隨時觀覽自省，做到敬守祖法。他對諸臣說：

朕著《祖訓錄》，所以垂訓子孫，朕更歷世故，創業艱難，常慮子孫不知所守，故為此書，日夜以思，具悉周至，紬繹六年，始克成編，後世子孫守之則永保天祿。苟作聰明，亂舊章，是違祖訓矣。

朱元璋稱帝後一直憂心忡忡的是，如何保證皇圖永固。他認為除了對諸王的教育外，就是要求諸王不能逾越自己所確立的規範，不能更改自己的成法。隨侍的儒臣為朱元璋的這種認識找出了理論根據。他們回答說：「**自古創業之主，慮事周詳，立法垂訓，必有典則，若後世子孫不知而輕改，鮮有不敗。故經云：不衍不忘，率由舊章。**」這個沉醉於「國家建立法制皆在始受命之君」的皇帝，對這種逢迎當然十分高興。

轉過年來，朱棣十四歲。正月裡，他隨同太子和諸王們一起在閱武場祭祀了旗纛之神。儀式並不十分複雜，對朱棣來說是件饒有興味的事。閱武場上早已建好了七座神壇，祭祀時太子騎馬走在最前面，後邊依次是秦王、晉王，然後是燕王朱棣。等鼓樂齊奏，儀杖鮮明。來到神壇前，仍是太子領頭，依次行禮之後，諸王們便一起到太子的行幕中去吃祭祀用的胙肉。朱棣已經參加過不少次祭祀活動了，他和父母兄弟一起祭過天、祭過功臣、拜謁過太廟。但這次簡單的春祭卻有著不同尋常的意義，這是朱棣正式修備武事的開始，預示著他即將成人。

四　迎娶女諸生

洪武八年（一三七五年）冬天，朱元璋命太子、諸王出遊中都講武，燕王朱棣卻未同行，父親準備為他冊妃完婚，選定的燕王妃是開國元勛魏國公徐達的長女。這是一位貞靜好學的姑娘，素有「女諸生」之稱，朱元璋對此早有耳聞，於是找了徐達來，對他說道：「你我乃布衣之交，自古君臣相契便可結為姻親，你的長女就和我的四子成婚吧！」徐達連忙起身拜謝，對皇帝的話是不能提出異議的，更何況這本來也是一件為滿朝文武視為恩寵的事情。

後人在史書上經常看到，明皇室依例不得與勛臣家通婚，這是指宣德以後的事。在此以前，尤其是洪武年間，皇室與勛臣家通婚不但不違禁，而且很普遍。太子朱標即娶開平王常遇春之女為妻，秦王朱樉娶寧河王鄧愈之女為妻，魯王朱檀娶的是信國公湯和之女，徐達另外兩個女兒後來也分別嫁給代王朱桂和安王朱楹。同樣，朱元璋的女兒亦多嫁勛臣之門，韓國公李善長的兒子李祺、潁國公傅友德的兒子傅忠，娶的都是朱元璋的公主。在這種背景下，朱棣娶徐達的長女也就不足為奇了。

訂親的吉日選在第二年正月二十七日。當天，由宣制官在宮中正式宣布「冊徐氏為燕王妃」後，遣使持節至魏國公府，行納采、問名之禮，並定好迎親日期。

迎親那天清晨，朱棣率王府官屬來到魏國公府。府內早已得知消息，儐相站在府門一側，按照儀式規定問道：「敢請事。」但他並不直接與新郎通話，而由一名引進去跪稟朱棣。「我來奉制迎親。」朱棣也按照規矩回答，引進再將此話傳告儐相。等到徐達迎出大門外，朱棣才在引進帶領下進入府門。他身後跟著一名執雁的隨從，這隻雁要交給魏國公徐達，再拜過魏國夫人，此時王妃徐氏才由宮人傅姆導出，站在母親身邊。父母在女兒出嫁前的最後一句叮囑也被規定下來。「**戒之戒之，夙夜恪勤，毋或違命**。」徐達必須這樣說。夫人也只能說：「**勉之勉之，爾父有訓，往承惟欽**。」此後便要迎王妃回宮行合巹禮。

這一年朱棣十七歲，徐氏小他兩歲，只有十五歲。朱棣當時決然沒有想到，這位淑媛文靜的將門之女，二十五年後竟成為他奪位戰爭中的得力助手。

在父親眼中，十七歲的朱棣已經長大成人了。婚後才一個月，朱元璋便命朱棣和兄弟們一起前往中都鳳陽。他的用意很明顯——在諸王即將就藩之前，讓他們看看祖宗肇基之地，使他們知道前輩創建帝王功業之由興，同時也使他們更多接觸民間生活。這確是必不可少的一課。

仲春時節的南京城外風和日麗，藍天白雲下不時掠過幾隻春燕，農夫們正在田間進行著那世代如一、周而復始的耕作。融融春光裡走來了太子和諸王的大隊人馬——走在前面的是身著戎裝舉著龍旗的軍士，一面黃旗居中，青旗、赤旗、黑旗、白旗在四面環繞。每面旗下都有六個身著與旗幟相同顏色服裝的軍士，身背弩弓，無不英武強悍。接著便是舉著引幡、戟氅、戈氅、儀鍠氅、羽葆幢、青方傘、青小方扇、青雜花團扇的校尉，個個都是鮮衣怒馬。那踏踏的馬蹄、滾滾的車輪，在土路上颺起漫漫黃塵，打破了春日郊外的寧靜。

從南京到鳳陽，朱棣一行人走了近兩天時間。鳳陽在元代稱作濠州，屬平安路。朱元璋作了吳王之後，這裡便是龍飛之地了，自然要有所升崇，於是改稱臨濠府。朱元璋定都南京時，這裡又被確定為中都，若不是劉基等人一再勸說，他差點兒就以鳳陽作為京師了。中都的新城周圍五十里，環置九門，中有皇城，也頗具規模，可以看出這位開國皇帝經營桑梓之地的一番苦心。一年前太子與秦、晉王出遊中都時，正值鳳陽府剛剛遷入臨濠新城，而城西南的皇陵城也已經動工了。

這是朱棣第一次來到自己的祖籍，他的祖父母就埋葬在這裡。鳳陽雖然離南京只有三百三十里，但由於臨近淮河，經常受到洪水的襲擾，與富庶的江南相比，顯然要貧困得多。在這片父親曾經放過牛羊、當過小和尚的土地上，朱棣彷彿看到了那些圖畫中描繪的父親艱難征戰的場面，對創業之苦有了更深的感受。這也是朱棣第一次體驗離開宮禁的生活，因而給他留下了十分深刻的印象。直到他登極之後，還曾感慨地回憶說：「朕少時嘗居鳳陽，民間細事，無不究知。」

朱棣在諸王中自幼便以悍勇著稱。年齡稍長，更顯出其所懷心志與諸王不同，尤其好游俠、善騎射。這次到中都拜謁鄉里的另一個重要目的是講習武事、鍛鍊帶兵的本領，這使朱棣如魚得水，格外遂心。鳳陽是他試飛的起點，從這時起，除了偶爾被召赴京師外，他基本上一直生活在鳳陽，直到就藩北平。

長期的宮廷教育和來自各方面的壓力，使少年老成的朱棣養成了審慎用事、韜光養晦的習慣。面對諸王間危疑複雜的關係，他知道自己在父親面前應該如何去表現。當時曹國公李文忠正在北平督建燕王府，朱棣藉機致書，對這一工程提出了節儉的要求。這種表現在很大程度上是一種出於政治功利的考慮，因為當時朱元璋正在提倡撙節，他自然對此感到滿意。

洪武十年（一三七七年）初春，秦、晉、燕三王府護衛軍士同時得到了大規模的擴充。朱棣的燕王府在原有燕山護衛軍士一千三百六十四人的基礎上，補充了金吾左等衛軍士二千二百六十三人。

朱棣知道，這是父皇對他們即將就藩的安排。洪武十三年（一三八〇年）三月，燕王朱棣正式受命就藩北平。王府的燕山中、左二護衛侍從將士都得到了朱元璋的賞賜。

告別了春色旖旎的江南，朱棣將要奔赴那「雪花大如席」的塞下北國了。一切都顯得那麼遙遠和陌生，等待著他的是一種更為新鮮的生活——真正的藩王生活。他對這一切充滿信心，因為二十一歲的朱棣已經開始成熟了。

五　元宮易主

北平是通往遼東及塞外一帶的咽喉重地。本不十分高大的城垣，在經歷了兵燹之後，更無昔日的神采，但在和煦的春風中，仍然能夠顯示出獨特的形勢。它周圍的山峰，從西向東北起伏蜿蜒，群山聳拔，若龍翔鳳舞，自天而下。向東南望去，則是一望無際的平原。背負「慎固邊防、羽翼皇室」重任的朱棣，很快就喜歡上了這個地方。

這裡曾是大元帝國的首都，被稱為大都。蒙古騎兵的鐵蹄當年無敵於天下，所到之處莫不降服，成吉思汗、忽必烈和他的子孫們就是從這裡出發，統治著當時世界上最為廣袤的疆土。蒙古人、漢人、色目人匯集在這裡，東方人、西方人匯集在這裡，不同的膚色，不同的語言，不同的服裝，不同的民俗，使這裡一度成為真正的世界性都市。如今那些衣著鮮亮的蒙古人哪裡去了？那些金髮碧眼的色目人哪裡去了？連勾欄瓦舍中的百戲雜劇也失去了原來的喧鬧。只有那些冷落的皇城宮殿依然顯示出昂首挺身的雄姿，那太液池邊的春柳依然嬌媚地輕拂著水波。十三年過去了，這蜿蜒的紅牆終於迎來了他的新主人。

燕王府是在元宮舊址上改建而成的，基本上還保持著元宮舊制。諸王之中，封藩西安的秦王地處漢、唐故鄉，但因相隔年代久遠，宮殿已頹然不存。封藩開封的周王，王府建於宋故宮舊址之上，但也已相隔一朝，難復舊局，無法與燕王府相比。這使朱棣暗暗感到自得和滿意。

朱棣知道，北平雖然已不是全國統治中心了，但在軍事、政治上仍然佔有重要地位。蒙古人要東山再起，這裡便是首先覬覦的目標。元朝近百年來的統治在這裡還留有很深的影響，懷戀故國的勢力盤根錯節，表面上俯首屏息，而暗中仍心懷叵測。朱元璋改大都為北平，就是要鎮壓這裡的「王氣」。

成吉思汗

成吉思汗本名鐵木真，屬蒙古乞顏部。他於公元 1206 年登基，上蒙語尊號為「成吉思汗」。

成吉思汗一生征戰無數，兒子中最著名的四子為：朮赤、察合台、窩闊台、拖雷，其中拖雷即是元朝開國皇帝元世祖忽必烈的父親。

成吉思汗去世前向兒子們交代了滅金的戰略：「假道宋境，包抄汴京。」後來窩闊台和拖雷滅金朝，採用的就是成吉思汗的這個戰略。公元 1234 年蒙古滅金朝，為將來進入中原、消滅南宋打下基礎。

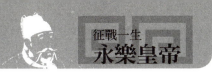

早在元順帝放棄大都、北退塞外時，就派駐守在太原的擴廓帖木兒率軍北上反攻大都，結果被徐達乘虛攻克太原，擊破擴廓回援之軍。後來元丞相也速率軍攻通州，再窺大都，又被常遇春回師擊敗。明師乘機進攻開平，元順帝再北走，明軍大勝。這是元朝恢復故都的最早兩次企圖，雖然都被明軍擊敗，但元軍擁有的實力並未被消滅。在這種形勢下，朱元璋派明軍進行了一次又一次的北征。

洪武三年（一三七〇年）的北征使元朝近塞勢力遭到沉重打擊。徐達大敗擴廓帖木兒，擒無鄰王、濟王及國公平章以下文武一千八百餘人、將校士卒八萬餘人，擴廓攜其妻子從者北遁和林。李文忠趁元順帝之喪攻克應昌，俘獲元宗室嫡子買的里八臘及后妃、宮人、諸王、將相等數百人，僅元嗣君愛猷識理達臘率數十騎逃逸。

一年多以後，元朝勢力再趨活躍，明軍十五萬分三路再次北征，卻遭不利。朱元璋在此後數年中斂兵自守，而元軍卻屢有南侵。元主愛猷識理達臘任國政以擴廓帖木兒，圖謀恢復，數為邊患。面對這種局勢，明朝加緊練兵，嚴守邊關，並送還被李文忠俘獲的愛猷識理達臘之子買的里八臘，給北元降人官爵衛士賞賜，加以籠絡。這時明與北元之間差不多是相持的態勢，北元雖南下為患，但無法造成對明廷的重大威脅；明軍雖偶有出擊，但也難以給北元造成致命的打擊。

這便是朱棣就藩時北方邊境的形勢。

朱棣在悉心了解北元軍事動向的同時，也在密切關注著朝中發生的變化。就在他離京前兩個月，朝中發生了一件舉國震驚的大事——左丞相胡惟庸被人告發圖謀為反，並且牽連到御史大夫陳寧、御史中丞涂節等人，罪名是：「**利構群小，夤緣為奸，或枉法以惠民，或撓政以誣賢。**」早就對以胡惟庸為首的淮西官僚集團疑慮甚深的朱元璋，立即將胡氏磔殺，屠滅三族。如果像詔書中所說，中書省「任非其人」，那麼再選擇一個稱職的人接替胡惟庸便可以了，但結果並不如此，朱元璋就此取消了中書省，立下法度，以後不許再設丞相這一官職，由皇帝直接管理國家政事。顯然這是謀劃已久的一次鏟除權臣、集權於皇帝的措施，所宣布的胡惟庸的罪名，不過是採取這一行動的藉口而已。朱元璋鏟除權臣和分封藩王都是為了一個目的——維護朱明皇室的獨尊地位。

朱棣到北平後不久又聞知，永嘉侯朱亮祖因為在番禺縣橫行不法，還誣陷知縣道同，被召至京師，連兒子一起被鞭笞至死。有心計的功臣們此時已經感到自危。魏國公徐達雖然還在北方主持軍務，但其必將為藩王所取代的趨勢已日漸明朗。隨著藩王的成長和逐漸就國，朱元璋越來越感到可以無所顧忌地對威脅皇帝的權臣採取措施；反之，越來越多的治國能臣被剔除後，朱棣和各藩王身上的擔子也更為沉重了。

論才能，朱棣自信當屬諸藩王中的出類拔萃者。這種判斷的確是有道理的。太子朱標雖有長兄之風，可惜書生氣太重，處事柔弱；秦王朱樉身為諸藩之長，卻寡德失行，朱元璋對他幾乎是不抱什麼希望；晉王朱棡英武聰敏，頗多智數，深得朱元璋鍾愛，但他生性驕狂，肆無顧忌，就藩途中便曾因小事鞭笞膳夫。朱元璋得知後很不放心，專門派人告誡他說：「我帥群英平禍亂，對任何人都不曾姑息。惟獨膳夫徐興祖，侍奉我二十三年，從未折辱過。」朱元璋是恐怕膳夫結怨，謀害愛子。除去這三位兄長外，其餘諸王都是朱棣的弟侄之輩，就藩較晚，勢力一般也較弱，只能屈居於朱棣之下。由此，朱棣認為父皇將北平這一強幹之地留給自己，是有深意存焉；或許正是從這時起，他便開始覬覦皇位了。

當然，懷有政治野心的並不只是朱棣一人，秦王、晉王甚至那些勢力較弱的藩王們，幾乎都無不在夢想著取代太子，由自己來繼承朱元璋的皇位。皇家的父子、兄弟之間，利害之爭代替了骨肉之情。但是從表面上看去，一個個又都是那麼忠孝本分——他們都在等候時機來臨。

六　「一朝風雲會，君臣自心腹」

朱棣就藩北平後的第三年，即洪武十五年（一三八二年）八月中秋，突然得到了母后馬氏病逝的噩耗。馬皇后並非朱棣的生母，但是自從碽妃生下他來，一直是由馬氏安排撫養的，名義上便也成了馬氏嫡出。小時候朱棣並不知道這段隱情，年長後儘管有所知覺，仍不敢、也絕不會自認生母。誰不知道嫡出與庶出之別？馬皇后從未生育過子女，太子、秦、晉等王也各有其生母，而統由馬氏撫育成人，也都以嫡出自命。朱棣來不及多做準備，便帶著侍從官校，匆匆啟程上路了。誰曾想到，他此次南行奔喪，竟得以結識一位怪傑，與之同歸藩府，從此力助他奪位之謀，終於成就了二十年後登極稱帝的大業。

朱棣和幾個就藩在外的親王快馬加鞭地趕到京師，城內已被一片悲哀籠罩。從文武百官到普通百姓，都被規定按制服喪，一切娛樂活動都被暫時禁止了。

對於馬皇后之死，最感到悲痛的就是朱元璋本人。未得天下之前，他們是患難夫妻。朱元璋與群雄爭戰之際，馬氏或親緝甲士衣鞋佐軍，或發所藏金帛犒士，對他幫助很大。馬氏雖有皇后之尊，待人卻寬和仁厚，多次勸說朱元璋保全功臣，對待宮中妃嬪宮人也嚴而不苛，常有所照顧，因此德高望重。這次病危，她自知不治，既不要群臣禱祀，也不肯求醫服藥，唯恐死後連累他人。

為了表示作為兒子的孝敬之心，朱棣和幾位已就藩的親王一起向父親提出要求，選派高僧隨歸藩國，為已故的母后誦經祈福。這很合朱元璋的心意，於是找來僧錄司左善世宗泐，要他去辦理。這是僧錄司的份內之責，宗泐除去請人選薦之外，自己親自推薦了三位高僧，其中有一位法名叫做道衍，被朱元璋安排給了燕王朱棣。

祖籍汴梁的道衍和尚本名叫姚天禧，後名廣孝，出生時其家已南居三代，貧無寸土，靠行醫為生。道衍自幼便顯露天資，聰穎過人。家裡本想讓他繼承祖業學醫，但他對此不感興趣，一心想闖出一番驚天動地的事業。一天，他到蘇州城裡去，走在街上，行人忽然騷動起來，紛紛躲閃到街旁。道衍從人叢中望去，只見大街上前呼後擁地過來一行人馬，好不威風，原來是僧官出行。道衍不由得心中暗自稱羨，決心出家為僧。

至正十二年（一三五二年），道衍正式剃度出家於妙智庵中。恰恰是這一年，鳳陽皇覺寺和尚朱元璋尚還俗投奔了濠州的郭子興義軍。說來湊巧，這兩個明初最重要的政治人物，都曾與佛教結下過不解之緣。

青年時代的道衍和尚是個性格鮮明的人物。他的好友高啟曾在一首題為〈答衍師見贈〉的長詩中描繪了這個亂世逃禪之人的形象：

衍師本儒生，眉骨甚踈峭。軒然出人群，快若擊霜鷂。早嘗垂長紳，挾冊調周邵。欲陳興壞端，往應乞言詔。朝綱會中頹，四海起擾剽。……披緇別家人，欲挽首屢掉。超哉休遠徒，高躅願追紹。初來北城剎，駐錫問宗要。相逢共宵哦，篝火樹間照。篇成出叩缽，鋒疾驚楚僄。我或勸之冠，不答但長笑。

叩缽吟詩，高談闊論，確實不大像個安份的出家人，倒像是個胸懷大志的書生。道衍就是這樣一個人，有政治抱負，有事業的追求，在元末亂世之中，雖有逃禪之心，卻並未真正成為「方外之人」。身為精通佛教經典的高僧，又讀書工詩，通儒家之道，但他仍未滿足，聽說相城裡靈應宮來了位名叫席應真的道士，是個博學的雜家，通黃老之術，兼讀儒書，精通《易經》，掌陰陽術數之學，還研習兵法。道衍很高興，立即跑去拜師，從那裡學到不少東西。他寫過一首〈訪席煉師〉的詩：

我本浮屠自有師，疇肯崆峒來問道。

欲將耳目廣見聞，要信心胸盡傾倒。

雖然未暇學長生，暫時從遊上蓬島。

後來道衍在回憶起這段生活時曾說：「**余少為浮屠而耆於文，凡昔浮屠之號能文者之文，無不遍求而博覽也。**」

對於道衍來說，與其說朱元璋滅元建明，倒不如是滅誠建明。張士誠在平江長達十餘年的統治結束了，投靠過張士誠的文人們只得重去投靠朱元璋。道衍的好友高啟、楊基、徐賁、張羽等人都入朝為官去了，他卻依然在作他的和尚。出家人的身份使他不肯輕易踏上仕途，但他並未放棄政治上的追求，耐心地等待著時機的到來。了解他的友人，都知道他自詡：「**有當世才，雖自匿，欲有所用之。**」

一次，道衍出遊來到嵩山，在寺廟中遇見了個名叫袁珙的相士。袁珙看到道衍舉止不凡，感到很驚異：「這是何處的怪僧，三角眼，形如病虎，生性必定嗜殺，是個劉秉忠之流的人物！」道衍聽了不但不生氣，反而十分高興。原來袁珙所說的劉秉忠，是元朝初年的開國功臣，他少年出家為僧，元世祖忽必烈為親王時，將他召入王府，後來他便輔佐忽必烈即位，設官定都，建立了元朝。道衍正渴望著能走一條像怪僧劉秉忠那樣的道路，去輔佐「明君」成就帝王之業。他從此與袁珙結為好友，並且當即題詩相贈：

岸幘風流閃電眸，相形何似相心優？
凌煙閣上丹青里，未必人人盡虎頭。

這既是對袁珙的贊許，也充滿了自信，他決心走上這樣一條道路。但是誰曾想到，他竟在這條道路上摸索了十五年。

真是命途多舛，洪武四年（一三七一年）朝廷下詔徵取高僧入京，道衍本想應詔前往，不巧一場大病使他失去了這次機會。他病得很重，臥床不起，直到第二年才轉危為安。

洪武七年（一三七四年）蘇州府發生的一起大案對道衍刺激很大。知府魏觀將新建府衙修到張士誠宮殿舊址上，犯了大忌，新建府衙〈上梁文〉中又有「龍蟠虎踞」四字，朱元璋為此大怒。這個案子牽涉到道衍的好友高啟，因為〈上梁文〉出自高啟之手，結果被與魏觀一起被腰斬處死。有人說高啟在朝為官時曾寫過一首〈宮女圖〉的詩，諷諭朱元璋宮闈不嚴，由於寫得巧妙，無法怪罪，這次出了〈上梁文〉，新賬舊賬一起算，將這個膽大妄言的書生殺掉了。

好友的罹禍，使道衍更深一步考慮自己的道路。第二年，他以「通儒」被召至京師天界寺，結交了不少官宦、高僧，開闊了眼界，但卻未受官。以後禪居蘇州海雲院的四年中，他似乎想要清心遁跡佛門，卻並不閉門謝客，有客人來時便同他們暢談，沒有人時便終日危坐澄想。閑居家中的友人張羽來看道衍，談到高啟的悲慘遭遇，二人都無話可說。張羽曾經官場，深知其險惡，情緒很不好，只有靠佛家「萬事皆空」來聊解愁緒。

道衍決定結束禪居靜思的生活，再去出遊名山大川，他不願在靜默中消沉下去。但這次奔波又使他感到了自己的衰老，四十七歲生日那天，師弟送給他一根紫竹杖，難道自己竟要倚杖而行了嗎？「死期將至」的念頭在他腦中倏然一閃。然而，理想中的事業尚未成就，他還要「痛自鞭策」地走下去。恰在此時，因宗泐推薦，道衍第三次被選赴京師，這次，才是他畢生事業的真正開端。

朱棣在皇宮中見到道衍，當即被這個「形如病虎」的怪僧吸引住了。道衍望著面前這位年輕英武的燕王，那與眾不同的風度和氣魄，也使他感到，這正是他多年來尋求而不遇的「明君」。兩人可謂一見如故。

沒有人知道朱棣和道衍初次見面究竟談了些什麼，後人只是從他們投契及此後的活動去揣測，並且編造出這樣一段故事：

道衍入京，覲得燕王朱棣有天子氣，乘間對他說道：「大王骨相非常，英武冠世。如今國家初定，東宮太子生性仁柔，希望大王多自珍重。如若能讓我隨您赴燕，一定是奉一頂白帽子給大王戴。」朱棣當然明白他的暗示──「王」字上面加上「白」字作帽子，則成為「皇帝」的「皇」字。

這個故事的可信程度實在不高，因為道衍在與朱棣初次見面時，竟敢冒著殺身之禍，做如此露骨的表示，看起來似乎不太可能。事實上，朱棣對人才的渴求及道衍的滿懷抱負才是他們一見如故的真正原因。在茫茫的大千世界中，這對未來的君臣就這樣結合到一起了。人們不能不慨歎歷史的巧妙安排。

北平燕王府西邊不遠，有座大慶壽寺。道衍來到北平後，便成為這座寺廟中的住持。這座創建於金代的廟宇不僅建築宏麗，而且多有名僧住侍。廟內的兩座磚塔中，有一座是元初名僧海雲國師之塔，怪僧劉秉忠就是這位海雲國師的弟子。寺中保存的海雲畫像上，還有劉秉忠所撰贊文。這使素以劉秉忠自命的道衍感到既驚且喜。在北平期間，他還兩次去邢台拜謁劉秉忠的墓地，並寫下了這樣的詩句：

良驥色同群，至人跡混俗；知己茍不遇，終世不怨讟。……一朝風雲會，君臣自心腹。大業計已成，勛名照簡牘。

從詩中不難看出，他決心輔佐燕王朱棣成就帝王大業，青史垂名。在道衍的心裡，深深埋藏著對朱元璋的憤懣之情。他自幼生長的蘇州因為是張士誠的根據地，因此在明初被朱元璋整治得很慘。不僅大批富戶被迫遷徙破產，而且那些重新投靠朱元璋為官的文人們也大多成了屠刀下的冤魂。每當他思念起那些故友時，常常獨自淚下。他對朱元璋濫殺無辜深惡痛絕，並把這種憤恨和他的事業一起寄託到幫助藩王奪嫡的謀劃之中。

但這時朱元璋還健在，朱元璋親自選定的繼承人太子朱標還在，更何況還有秦王、晉王這兩位兄長，在燕王朱棣奪嫡登極的征途上，困難重重。朱棣與道衍開始圖謀此事的具體時間已無從得知，大概是在道衍入北平後不久，他便經常出入燕王府，避人與朱棣密談，他們在為奪嫡的大事謀劃著，等待著。

七　首征北元

朱棣就藩北平的頭幾年，北方軍務一直是由魏國公徐達主持的。他是朱棣的岳父，二人自然能很好地配合。但由於過度勞累，徐達於洪武十七年（一三八四年）一病不起。朱元璋得知他的病情後，派其長子徐輝祖趕往北平探望，後又接回京師養息。誰知徐達回到南京後病情突然惡化，延至次年二月病故。儘管徐達病危之際，朱元璋曾四處召求名醫為其診治祈禱，在其病故後，又追封中山王，並命其長子徐輝祖襲爵魏國公，表示了對這位開國功臣的最大恩典。可是仍然有人傳言，徐達係因朱元璋謀害致死，據說徐達身患背疽，忌食蒸鵝，臨危之際，朱元璋卻偏偏賜蒸鵝給他。徐達自知不免，淌淚吃下，病發而卒。傳說難辨真偽，而徐達於此時病故，既消除了軍權外失之憂，又顯得保全了功臣，這當然正是朱元璋求之不得的。

徐達的故去，對朱棣來說是一件且悲且喜的事情。徐達與他有翁婿之情，王妃徐氏又是一位深明大義的女子，與朱棣感情素洽，她有喪父之哀，朱棣自然難免陪著傷感一番。但是徐達生前為主持北方軍務的主帥，他死後，很難再找到一個像他那樣眾望所歸的人選。朱元璋封藩的目的正在於以諸子取代功臣，朱棣則可趁此機會發展勢力。由此看來，徐達的病故又成為可喜之事了。

代替徐達主持北方軍務的是大將軍馮勝，他也是一個很有韜略的開國名將。洪武二十年（一三八七年），北元丞相納哈出率眾二十萬窺伺遼東，馮勝領兵征討，大獲全勝。但就在班師途中，馮勝被宣布有罪，回京後喝了朱元璋賜給他的毒酒死去。

代替馮勝的是原左副將軍藍玉。他是開平王常遇春的內弟，也是皇太子妃的舅父。聽說朱棣喜歡騎馬馳騁，他在征納哈出回來後，特意將一匹俘獲的名馬獻上。沒想到朱棣並不感興趣，不但沒有收下這馬，還說了一番頗有訓斥意味的話：「俘獲的名馬尚未進獻朝廷，卻先讓我收下，豈不是對父皇不敬不孝嗎？」藍玉遭到拒絕，心裡很不高興。但未敢發作，只得自認倒楣。朱棣這樣做，雖是故意取信於父皇，卻與藍玉漸生嫌隙。後來，藍玉曾私下對皇太子朱標說：「**燕王在國，撫眾安靜不擾，得軍民心。眾咸謂其有人君之度。又聞望氣者言，燕地有天子氣。**」意在提醒太子多多留意提防。幸虧幾年以後他也被朱元璋殺掉，否則，對朱棣的奪位繼統將是極大的障礙。

洪武二十三年（一三九〇年），朱棣獲得了一次表現才能的極好機會。當時北元太尉乃兒不花等擁眾邊陲，有南下的動向。正月初三，朱元璋正式下令晉王朱棡、燕王朱棣分路率師北征。隨同晉王出征的有定遠侯王弼等，隨同燕王出征的有潁國公傅有德、南雄侯趙庸、懷遠侯曹興等。

接到出征的命令，朱棣感到既興奮，又緊張。雖已就藩數年，但還沒有與這類大股敵人交過手。打了勝仗，自然可以在父皇面前表功；但如果打了敗仗，也可能從此一蹶不振。因此，這一仗必須竭盡全力，志在必得。

對這次出征感到興奮而緊張的，不僅是朱棣和他的最大競爭者晉王朱棡，而且還有朱元璋本人。他選擇這樣一次易得而無失的機會使用藩王將兵出征，希望他們能獲得成功。這樣，二十年來封藩的一個重要目的，便可得以實現了。

三月初二，朱棣率師浩浩蕩蕩地出了古北口，開始了他的首次征戰。從季節上看，此時已是陽春，江南早已鶯飛草長，而北國依然是春寒料峭。一望無際的沙丘荒原和瞬息萬變的天氣，更使出征者感到茫然。朱棣臨塞召集諸將說道：「我與將軍們受命出征，但卻不知敵人蹤影。他們既無城郭居止，塞外之地又如此廣闊無垠。我們必先有耳目，方能做到出師致勝。」於是派出騎哨四出偵察，終於獲知乃兒不花駐紮在迤都的情報。

正當朱棣率大軍向迤都挺進時，天公不作美，竟紛紛揚揚地下起漫天大雪來，未露春意的荒原又被鋪成一片銀白。不慣於北方嚴寒的明軍將士們有些畏縮不前了，但朱棣不願失此良機，對諸將說：「天氣如此惡劣，敵人必不料我至，乘雪速進，正可出奇致勝。」趕到迤都，朱棣將隊伍隱蔽在沙磧之後，雖是大軍壓境，他並不想貿然使用武力，而是採取武力與懷柔相結合的策略。隨征的指揮觀童原是北元的全國公，憑勝北征時投降明廷，他與乃兒不花是舊交，被朱棣派往勸降。

乃兒不花無論如何想不到會在此時此地與故人相見，他們不禁相持而泣。正當他們述說離別之情時，朱棣突然率軍壓逼營門。乃兒不花聞訊大驚，趁亂上馬欲逃。這時觀童攔住他，向他轉陳了朱棣的勸降之意。乃兒不花見大勢已去，不得不依從了。朱棣對他以禮相待，請他到行帳中，並設宴款待，慰勞備至。乃兒不花受寵若驚，自告奮勇願勸北元丞相咬住一起歸降，於是酒足飯飽後將部眾安排妥當，親自前往咬住營，不幾天便偕同咬住一起前來歸附。這實在太令朱棣高興了，第一次受命出征，竟兵不血刃而大獲全勝，降獲了乃兒不花及其名王酋長男女數萬口，羊馬無數，橐駝數千。

朱元璋本來寄厚望於晉王朱棡。出征之前，他還曾派人運鈔一百萬錠賞賜給晉王，但結果晉王卻未見敵蹤，無功而還。朱元璋接到了朱棣派人送來的捷報，抑制不住內心的喜悅，對群臣說道：「掃清沙漠的是燕王，朕從此再無北顧之憂。」他立即傳令運送賞鈔一百萬錠給朱棣，朱棣則將這些賞鈔分給了此次出征有功的將士們。他憑著自身的勇氣、毅力和才能，贏得了政治途上的第一個勝利。此時的朱棣正值而立之年。

首征北元的成功，使朱棣的地位發生了微妙的變化。

原先，朱棣作為燕王，不過是諸王中的一員，至少地位在秦王、晉王之下。秦王所封之西安，晉王所封之太原，燕王所封之北平，在當時人看來，重要性是依次而降的。朱元璋建國，行南北兩京之制，以應天為南京，開封為北京，但一直想遷都西安。御史胡子祺曾上書說天下形勝，其可都者首推西安，理由是：「**據百二河山之勝，可以聳諸侯之望，舉天下莫若關中。**」其餘有河東、有汴梁、有洛陽，而北平竟不與其列。後來朱元璋也說過：「**天下山川惟秦地號為險固。**」在朱元璋和時人看來，北平不過是胡人乘運而興之地。因此，秦、晉、燕三王中，朱元璋實以秦王為首；晉王封於太原，其地迫於西北，當次之；第三才是燕王。

朱元璋等人的這種見解，其實是一種陳舊的觀念，拋開自然的地理形勢不談，他們未把宋遼金以來——特別是元朝近百年以來——全國政治地理形勢發生的重大變化估計進去，可說是極大的偏頗。這變化簡而言之，就是政治中心向東北方轉移。如將關內外東北西北連為一體來看，惟北平最為重要，這種形勢並不受朱元璋等人的觀念影響。在明初二十餘年與北元的鬥爭中，北平的地位已經顯露出來。這不僅因為政治中心的轉移，而且還因為元勢力退出塞外，先後以上都、應昌為中心，這些地方都迫近北平，而他們南下奪取的最終目標仍然是元帝國昔日的統治中心北平，這些都使得北平處於首當其衝的地位。另外，元朝在舊都留下的影響要遠遠大於其他地方，因而加強對北平的統治又成為割斷元朝遺民的故國之思，從而鞏固明政權的有效手段。同時，牢固地控制北平，也比控制其他地方對塞外的蒙元勢力有更大的威懾力，對於那些準備歸降明朝的人也有更大的吸引力。如此種種，使得以北平為封國的燕王地位大大突出。而當歷史和現實發出呼喚的時候，朱棣以他的智勇和機運不負重望地承擔起這種責任，則保證了自身地位的穩步上升。當然，這裡所指的主要是實力地位，在名份上，他暫時還是無法超越秦晉二王的。

八　諸子代功臣

朱棣這次出征北元的成功，使朱元璋感到可以更加肆無忌憚地誅殺功臣。就在朱棣北征凱旋的第二個月，十年前已經處理過的「胡惟庸之獄」舊案重提。

從胡惟庸被殺以後，胡案便成為朱元璋翦除功臣宿將最方便的藉口。凡是他認為心懷怨望、行為跋扈、對皇家統治可能有潛在危險的人，都陸續被他羅織為胡黨罪犯，處死抄家。胡惟庸的罪狀也隨著這種屠殺的發展而繼續擴大。最初增加的罪名是私通日本，接著又是私通蒙古，日本和蒙古是當時的兩大敵國，通敵當然是謀反了。胡惟庸的新陰謀和新同黨不斷被發現，朝廷內外籠罩著一片肅殺之氣。

監察御史在朱元璋的授意之下，彈劾了太師韓國公李善長，罪名便是「胡惟庸同黨」。與這位七十七歲的老太師一起屈死刀下的，有延安侯唐勝宗、吉安侯陸仲寧、平涼侯費聚、南雄侯趙庸、滎陽侯鄭遇春、宜春侯黃彬、濟寧侯顧敬、靖海侯吳忠等，連同他們的家屬姻親共有兩萬之眾。為了說明這次誅殺功臣有理，朱元璋還親頒《昭示奸黨錄》公布於天下，列名坐誅的公侯一級元勛就有二十二人。當時人們似乎都明白這場屠殺的真正內情，只不過不敢道破罷了。

第二年，工部郎中王國用上疏對李善長之案提出置疑，他說：

善長與陛下同心，出萬死以取天下，勛臣第一，生封公，死封王，男尚公主，親戚拜官，人臣之分極矣。籍令欲自圖不軌，尚未可知，而自謂其欲佐胡惟庸者，則大謬不然。……使善長佐惟庸成，不過勛臣第一而已矣，太師國公封王而已矣，尚主納妃而已矣，寧復有加於今日？……臣恐天下聞之，謂功如善長且如此，四方因之解體也。今善長已死，

言之無益，所願陛下所戒將來耳。

朱元璋見到這封微露指謫之意的奏疏，竟然沒有怪罪，因為他心裡很清楚這是一個冤案，自知理虧，只好不了了之罷了。

屠殺影響所及，連朱元璋的第八子潭王朱梓也成了陪葬。這位文弱多情的藩王，因岳父都督于顯父子入「奸黨」被殺，恐怕王妃于氏難逃殺身之禍，夫妻抱頭痛哭一場，相攜投火自焚而死，為這場大慘案又添上一抹悲劇色彩。

朱元璋為翦除異己大開殺戒的手段，顯然給朱棣留下了深刻的印象。但這位躊躇滿志的藩王，此時卻無暇顧及朝中之事，他正在塞外追擊阿失里和元遼王，已經全心傾注於北方軍務之中。

最早就藩的秦、晉、燕三王中，秦王朱樉最不爭氣，洪武二十三年（一三九〇年）的北征他沒有參加。第二年，因為過失太多，朱元璋將他召至京師訓斥了一番，並且派太子朱標出巡秦地。太子回京後幫秦王說了不少好話，朱元璋才又讓他歸藩西安。當時也有人告發晉王「心懷異謀」，太子又忙為他解釋，朱元璋本來就偏愛晉王，教訓一番也就算了。晉王朱棡生性聰敏，從此以後一改驕狂的舉止，像是換了個人。

若論「心懷異謀」，朱棣的行跡也並非謹慎到一絲不露的程度，只是朱元璋尚未察覺。朱棣很注意自己的所作所為，主要著力於北方軍衛中結交英豪智勇之士，這是他擴大勢力的重要步驟。傅友德旄下的濟南衛指揮僉事李彬，北征時多有擒獲之功。朱棣得知後，連忙請他到王府，表現得格外親近。朱棣所結交的大多是這類中下級軍官，對於那些功臣主將，他絕不表示一點逾分之交。

由於秦王不才，朱元璋最初設計的三藩鼎立之勢，也就只能兩強並立，特別是在連續殺戮功臣之後，晉、燕二王軍事地位日趨重要，除去一些軍中大事須尚向朱元璋本人報告外，朱棡與朱棣兄弟二人被授命全權處理北方日常軍務。

太子朱標出巡西北歸來後便病倒了，找來不少醫生診治，卻不見效果，終於在洪武二十五年（一三九二年）四月間病故。朱元璋以白髮人送黑髮人，自然受到比十年前喪妻更為沉重的打擊，他不得不在悲痛之餘重新考慮一個新的皇位繼承者。九月，朱標之子朱允炆被立為皇太孫。

立皇太孫的第二年，朱元璋又一手製造了「藍玉案」，藉此大開殺戒。開列於《逆臣錄》中的功臣除涼國公藍玉外，還有吏部尚書詹徽、戶部侍郎傅友文、開國公常升、景川侯曹震、鶴慶侯張翼、舳艫侯朱壽、東莞伯何榮、普定侯陳桓、宜寧侯曹泰、會寧侯張溫、懷遠侯曹興、西涼侯濮璵、東平侯韓勛、全寧侯孫恪、瀋陽侯察罕、徽先伯桑敬和都督黃輅、湯泉等人，被指為「藍黨」而殺掉的大約一萬五千餘人。此時，朝中剛勇之士幾乎誅殺殆盡，僥倖未入案的少數功臣，也都是朝不保夕。藍玉被殺之後不久，統兵在外的潁國公傅友德也被召歸京師，「賜死」竟連罪名都沒有。

洪武二十八年（一三九五年）三月，年過四十的秦王朱樉病死。他在輩份上僅次於太子朱標，因而朱元璋給其的諡文中說：「**爾以年長者，首封於秦。**」期於永保祿位，藩屏帝室。但他有負所託，備禦北邊時並無突出表現，而且屢有過失，所以諡號竟是一個多有貶意的「愍」字。對於秦王的死，朱元璋是很悲傷的，老年喪子，人同此心。但他的死又使朱棣的地位無形中上升了，至少可以看作一位競爭對手的自然退場。

歷史的安排有時絕妙到了令人稱奇的程度。洪武三十一年（一三九八年）三月，晉王朱棡也病故了。朱元璋對晉王比對秦王更加鍾愛，聞知晉王的死訊幾乎悲痛欲絕。這是太子和秦王之死後對他的又一個沉重打擊。晉王的諡冊是這樣寫的：

朕曰惟先王之典，先有名，歿有諡，所以彰其德表其行也。曩者封建諸子，王爾於晉，為曩國藩屏，於茲有年。爾者因疾永逝。特遵古典，賜諡曰恭。嗚呼！諡法者古今之公議，不可廢也。爾其有知，服斯寵命。

這與稱秦王「不良於德」諡為「愍」，真不可同日而語了。為了表示對晉王的哀悼，朱元璋還下令輟朝三日。

被朱棣視為爭奪皇位的兩個最大競爭者都被自然淘汰了。朱棣不但成為諸王中年紀最長者，而且在實力上，其他諸王也無法與他相抗衡。朱棣地位的穩步上升，既有他個人的努力，上天也給了他機會。他是個幸運者。

這時的朱元璋已經七十一歲了，幾位年長的兒子先他而去，使這位老皇帝傷心至極，身體一天天垮了下來，頭髮鬍子全變白了。五月間，他終於一病不起。七十年的風雨坎坷、殫慮焦思，他的確太疲勞，但此時仍然念念不忘北邊的防禦，在御榻上再次敕令燕王提兵備邊：

朕觀成周之時，天下治矣。周公猶告成王曰「詰爾戎兵」，安不忘危之道也。今雖海內無事，然天象示戒，夷狄之患，豈可不防？朕之諸子，汝獨才智，克堪其任。秦晉已薨，汝實為長，攘外安內，非汝而誰？已命楊文總北平都司、行都司馬軍，郭英總遼東都司並遼府護衛，悉聽爾節制，爾其總率諸王，相機度勢，周防邊患，乂安黎民，以答上天之心，以副吾付托之意。其敬慎之勿怠。

這是朱元璋在三十一年皇帝生涯中發出的最後一道敕書。

第二章　帝室叔侄

一　帶刺的棘杖

明洪武三十一年（一三九八年）閏五月十日，一向肅穆閴寂的南京皇城內，傳來了陣陣不祥的鐘聲。七十一歲的明太祖朱元璋，在病榻上結束了他「雄猜好殺」的一生。

洪武一朝旦夕惕厲的文武百官們，此時正跪伏奉天殿前。對這位開國皇帝的去世，他們似乎並沒有多少悲戚之情；不少人心中還隱隱泛起鬆下一口氣來的感覺。

司禮秉筆太監用乾澀的語調，宣讀著朱元璋早已備下的遺詔：

朕受皇天之命，膺大任於世，三十有一年。憂危積心，日勤不怠，專志有益於民。奈何起自寒微，無古人之博智，好善惡惡，不及多矣。今年七十有一，筋力衰微，朝夕危懼，慮恐不終。今早萬物自然之理，其奚哀念之有？皇太孫允炆，仁明孝友，天下歸心，宜登大位。中外文武臣僚，同心輔佑，以福吾民。葬祭之儀，一如漢文帝勿異。布告天下，使知朕意。孝陵山俱因其故勿改。諸王臨國中，無得至京。王國所在，文武吏士聽朝廷節制，惟護

衛官軍聽王。諸王不在令中者，推此令從事。

於是，皇太孫朱允炆正式成為大明朝第二代君主。在歷史的安排下，這個年僅二十一歲的文弱青年，被遽然推向了政治權力的巔峰。

朱元璋去世後的第六天，明宮中舉行了新帝登極大典。朱允炆先告祀天地，然後由皇帝鹵簿儀仗威儀導從，到太廟祭告祖宗，最後才來到奉天殿內，高坐在祖父坐了三十一年的金鑾寶座上，接受百官的宣表致賀。按照慣例，他宣布了大赦天下詔令，定於來年改元建文。接著，又舉行了隆重的葬儀，太祖高皇帝朱元璋被埋進了自己生前選定的鍾山孝陵。

大臣們很快便發現，在這位青年皇帝的臉上，絲毫也看不出那種新主君臨天下的興奮之色。二十一歲，本該是一個無憂無慮的年紀，而身為一國之主的朱允炆，稚嫩的肩膀上卻壓著普通人難以想像的重負。他清楚意識到，隨著皇位的更替，統治圈內一場你死我活的權力鬥爭已經悄然開場，祖父交給自己的這艘航船，正行駛在隨時可能面臨滅頂之災的政治漩流之中。

朱允炆面臨的危險，首先來自那些由祖父親手封立，又重兵在握的藩王們！

朱元璋一生共封了二十四個兒子為王。除去第一次受封的朱棣等九王外，洪武十一年（一三七八年）正月和洪武二十四年（一三九一年）四月，又先後有皇子十五人被封為蜀、湘、代、肅、遼、慶、寧、岷、谷、韓、沈、安、唐、郢、伊諸王。其時，秦王、晉王、潭王、魯王已死，但分鎮各地的二十個叔父足以使朱允炆感到芒刺在背，難以自安。

建藩之後，朱元璋唯恐兒子們事權不重，下詔使之府置官屬，藩王護衛甲士少則三千，多則數萬，被授以「外鎮偏圉，內控雄域」的重要使命。他在祖訓中明言：「**朝無正臣，內有奸惡，親王訓兵待命，天子密詔，諸王統領鎮兵討平之。**」這使親王招兵買馬的行為成為合法，也給日後發動兵變提供了堂而皇之的理由。特別是燕王朱棣，受命總領北方軍務，數次帶兵出塞作戰。他的軍事力量何止編制上的區區護衛軍士？在常年征伐中，燕王已逐漸控制了北方的軍權，成為強藩之首。

這種封藩的格局，不僅動搖朱棣和朱允炆叔侄兩人的關係，而且對有明一代的政治走向都產生了極為重大的影響。

在皇位繼承的安排上，精明的朱元璋無疑犯了一個不該犯的錯誤。他將諸子封為藩王，領兵分鎮，卻將選定的皇位繼承人留在自己身邊，讓其終日接受儒臣們的教育，結果不可避免地導致了外藩強悍而皇儲仁柔的局面。由此說來，朱元璋死後的皇位之爭，實際上正是他自己一手造成的。難怪當時便有人這樣評論：「**天下有三大憂（指宗藩、邊防、河患），而宗藩居一焉。**」

朱元璋安排的第一個繼承人是自己的長子，就是以後被稱作懿文太子的朱標。

朱標出生於元至正十五年（一三五五年）。其時朱元璋駐軍太平，正是他奉郭子興之命節制諸將之始，軍情急迫，戰事頻仍。朱標生在後來官至建文朝禮部尚書的陳迪家中，並寄養在那裡。可惜朱標其時年紀還小，那些艱難征戰的歲月，並未給他留下什麼深刻的印象，卻是自從少年時代起，周圍一群儒臣終日關於「聖人之道」的說教，給予了他極大的影響。朱元璋稱吳王那年，便立朱標為世子，令他從師於名儒宋濂，建國之初冊封為太子後，更安排了一群儒臣作太子之師。作為開國皇帝，朱元璋希望太子能夠與其餘諸子敦睦相處，以鞏固朱氏的天下，因而對太子的教育特別關注。在他看來，太子的學問雖然重要，德行更為重要。於是，朱標被教養成了一個忠厚仁柔的儒生型人物。

朱元璋沒有按照元朝舊制，以太子為中書令，因為他不願意東宮官屬與朝臣之間產生衝突，影響政局的穩定。當時太子的官屬一律由朝廷勛舊和朱元璋物色的「新賢」兼任。左丞相李善長兼太子少師，右丞相徐達兼太子少傅，中書平章錄軍國重事常遇春兼太子少保，右都督馮宗異兼右詹事，中書平章政事胡廷瑞、廖永忠、李伯升兼同知詹事院事，中書左右丞相趙庸、王溥

宋濂

宋濂（1310 年～1381 年），字景濂，又號玄真子，是明初有名的文學家及政治家，也是明代大儒方孝孺的老師。曾為太子講學，擔任翰林，主持修《元史》。宋濂於洪武四年因獻詩之中有「自古戒禽荒」一語激怒朱元璋，又牽連胡惟庸案，本應遭朱元璋賜死，但在皇后和太子力勸之下改為全家流放茂州，但宋濂於流放途中病死。

宋濂與高啓、劉基並稱明初詩文三大家，朱元璋稱他為明代開國文臣之首。他尊崇儒學，主張宗經師古，取法唐宋，著有《王冕傳》、《秦士錄》、《宋學士文集》等。

兼副詹事，中書參政楊憲兼詹事丞，傅瓛兼詹事，同知大都督康茂才、張興祖兼左右率府使，大都督府副使顧時、孫興祖兼同知左右率府事，僉大都督府事吳禎、耿炳文兼左右率府副使，御史大夫鄧愈、湯和兼諭德，御史中丞劉基、章溢兼贊善大夫，治書侍御史文原吉、范顯祖兼太子賓客。朝廷的文武要臣大都兼任東宮官，於是出現了一套人馬、兩套官職的狀況。

就在朱允炆出生的那一年，太子朱標開始在太祖的指導下見習處理政事，這也正是秦、晉、燕三王府增進護衛軍士，準備就藩的同一年。當時朱元璋建國已有十個年頭，統治局面日趨穩定，這位五十歲的皇帝想要讓已經成年的兒子們盡快擔負起國事之任。然而，太子朱標的寬仁之心，卻和朱元璋的嚴猛之治格格不入。

朱元璋藉胡惟庸案大開殺戒，太子表面上不持異議，內心卻不以為然，聽說老師宋濂因其長孫宋慎牽連於胡惟庸案而獲罪下獄，便急忙趕去為老師求情，遭到了父親的嚴厲拒絕。師生之情甚篤的太子再三懇求，說著竟流下淚來，朱元璋不由大怒道：「宋濂之罪，等你作了皇帝再赦免吧！」太子為此深感悲哀與惶恐，於是以投水自殺來表明心跡，卻仍然無濟於事。後來因為有馬皇后求情，宋濂總算被免去死罪安置茂州。

據說，朱元璋見太子生性仁柔，便想辦法去試探他是否具備帝王的剛戾之氣。一天，朱元璋悄悄令人將死人屍骨裝滿轝中，故意從太子面前經過，太子見了不勝慘蹙，連連撫掌說：「善哉！善哉！」朱元璋不禁大為失望。朱標自幼熟習儒家禮教，並對此篤奉不移。一次，朱元璋的一位貴妃病故，心情很悲痛，命太子「齊衰杖期」。太子卻認為，按禮的規定，只能為庶母服「緦」，說：「諸侯之庶子不為庶母服，而況天子之嗣乎？」他企圖以嚴格的禮制來約束父親，這使朱元璋不禁大怒，拔劍擊向太子，太子一邊跑還一邊說著禮制中的話：「**大杖則走**。」翰林正字桂彥良趕忙來勸太子說：「禮可緩，君父之命不可違也。」看來桂彥良比朱標更能掌握「禮」的本質，「禮」是為專制主義皇權服務的，如果「禮」的存在是作為可以約束包括皇帝在內的任何人的教條，那對皇帝以及封建政治來說就失去了存在的價值。太子明白了皇權要大於「禮」，便服了齊衰去見父親謝罪，朱元璋的怒氣才慢慢消釋。然而從這件事起，父子二人留下了嫌隙。

其實這些記載是在故意貶斥朱標。從另外一些記載看，朱標決然不致如此迂闊，只是缺少朱元璋身上那種陰篤慘鷙的性格而已。在唐肅的《密庵稿》中有〈送陳中寶之汧陽〉、〈錢季貞應水河縣丞〉等序文，都把太子與朱元璋並列，可見太子在當時政治中已處於重要地位。大儒方孝孺的挽詩中更有「監國裨皇政，憂勞二十年」和「文華端國本，潛澤被寰區」的句子，流露出時人對他的稱頌。

朱元璋用儒臣教育太子，挑選明秀雅重的國子生陪伴太子讀書，目的本是期望他成為一個溫文和禮、寬厚多德的皇帝，以免將來宗室中仇恨、君臣間猜忌。但沒想到結果卻把太子培養成了一介文儒，這使朱元璋感到極為憂慮。他考慮再三，決定找個機會，好好教育一下太子。

這天，朱元璋命人找來一根長滿利刺的棘杖，命太子去拿。太子面有難色，不敢下手，他便乘機開導說：「如今為父所誅殺者，皆為天下的險惡之徒，就好比這根棘杖上的利刺，把它們除掉後，再把木杖交予你，難道有比這更好的事情嗎？」

不料太子立即回答道：「**上有堯舜之君，則下有堯舜之民。**」意思是說，有怎樣的皇帝，就有怎樣的臣民。

這話正刺中了朱元璋的痛處，他沒想到太子居然敢當面指責他不是堯舜之君，不由得勃然大怒，猛地站起身來，抓起座下的椅子，朝太子扔擲過去。太子見狀大驚，自知失言，慌忙跑開了。

父子間的談話就這樣不歡而散。

儘管看法有所不同，朱元璋與太子朱標之間並沒有根本的不合，他對太子基本上還算是滿意的。太子朱標身為長兄，對諸弟頗為關懷愛護，深合眾望；處理事務時明睿審慎，有條不紊，這些都是日後作皇帝所應必備的條件。朱元璋只是感到太子過於仁柔，因此一心想留給他一根無刺的木杖。

為此，朱元璋確實費了不少心機。可悲的是，朝中大批功臣宿將竟因而慘遭屠戮。太子雖然對這種肆無忌憚的屠殺深懷憚懼，但在剛愎而多疑的父親面前，卻也無可奈何，只有保持緘默。

二 窺伺皇位的叔父們

天有不測風雲。

洪武二十五年（一三九二年）四月，正當朱元璋為自己選定的繼承人鏟削危害時，年僅三十八歲的皇太子朱標卻突然病故。老皇帝看到太子竟先於自己死去，自然十分悲痛。大明朝的第一次立儲安排就這樣被打亂了，朱元璋不得不考慮選擇新的繼承人。

按照嫡長繼承制，嫡長子朱標死後，應由朱標的嫡長子來繼承。但朱標的嫡長子朱雄英在幾年前就死了，他的弟弟就是朱允炆。朱元璋本可以再從諸子中選定一人，如若按照長幼順序，這個人只能是第二子秦王朱樉。可秦王太不爭氣，去年剛被朱元璋召到京師訓斥了一頓，要不是太子朱標勸解，他連王號都險些被廢掉。因此，秦王是沒有可能被立為太子了。這著實使朱元璋煩惱不已，朱允炆雖也聰明，但和他剛去世的父親一樣，顯得過於儒雅文弱，尤其是他還有那麼多擁兵在外的叔父，朱元璋的確擔心他難於統治。諸子之中，朱元璋倒是感到燕王朱棣與自己相類，然而礙於燕王只是個第四子，也難下決心。

一天，朱元璋與幾個親近大臣密議立儲之事，他流露出立燕王為太子的想法。翰林學士劉三吾說：「立燕王，置秦、晉二王於何地？且皇長孫富於春秋，正位儲極，四海繫心，皇上無憂矣。」劉三吾確實說出了問題的要害，秦、晉二王都比燕王年長，不立秦、晉二王而立燕王，於宗法倫理實在不合。於是，朱元璋決心拋開諸子，選擇了年僅十六歲的皇孫朱允炆。回宮後，他還焚香向上天祈禱，謂國祚長短「惟聽命於天」，希望上天保佑他創立的大明江山傳之永久。

這一年的九月十二日，朱元璋正式宣布立朱允炆為皇太孫，新的繼承人就這樣確定下來。為了保證這個年少仁柔的繼承人不致受到威脅，朱元璋加快了誅戮功臣的步伐。

其實，朱元璋只注意到一些功臣對皇位的威脅，他當時大概沒有想到，真正覬覦皇位的卻是自己的兒子們。他留給皇太孫朱允炆的仍是一根長滿利刺的棘杖，然而這些利刺絕非功臣勛舊，而是那些擁兵在外的藩王——朱允炆的親叔父們。

對於皇帝來說，他的兒子們或多或少有資格繼承皇位，而他們又幾乎每個人都想當皇帝。因此，皇子們都很關心皇位繼承的事，這也在情理之中。秦王雖然在藩多有過失，惡名昭彰，但太子死後居於長兄之位；晉王性情驕縱，肆無忌憚，經常與燕王暗中較勁。有一次，兄弟兩人同至南京朝覲，晉王數次對燕王說一些侮辱性的話，燕王隱忍沒有發作，只是藉口有病提前歸藩。晉王還派人到北平偵察燕王動靜，經常將燕王的一些瑣碎小事報告朝廷。甚至那些勢力較弱的藩王們，也幾乎無時不在夢想著被立為太子，由自己來繼承父親的皇位。

燕王朱棣又何嘗不在覬覦皇位呢？他在名義上也是嫡出，自信是諸藩王中的出類拔萃者，因而也無時無刻不在關注著朝中有關立儲的一舉一動。他利用自己燕王的身份，廣泛結交才能之士。除了道衍和尚這樣的心腹之士之外，像張玉、朱能這樣文武全才的將領，也都成了他的心腹。也正是因為他身邊聚集了一批能幹之才，所以在與蒙元勢力的多次周旋中，他總是打勝仗。元勛宿將陸續被翦除以後，朱元璋便越來越倚重他的兒子們，尤其是北方的幾個藩王，在抗擊蒙元勢力的侵擾方面事權越來越大，這也給燕王提供了更多表現才能的機會。

當時，朝鮮的使臣經常到中國朝貢，一般是一年兩次，有時一年數次。當他們路過北平時，總要去拜見燕王。所以在朝鮮《李朝實錄》，留下了一些有關燕王的記載。一位叫趙浚的朝鮮使臣見過燕王一面，便私下對同行的使臣說：「燕王有大志，他是不會安居外藩的。」

據說，朱元璋在一天夜裡看見黃白兩條龍衝進大殿，爭鬥得難解難分，最後，黃龍得勝騰飛而去，白龍戰敗蜿蜒於地。朱元璋頓時驚醒，原來是一場夢。第二天早上，朱元璋視朝，一入殿門，就見到皇太孫在殿的右角，而燕王卻在他的左前方。當時以左為上，皇太孫身為皇儲，與至尊無二，燕王竟敢對他如此侮慢！朱元璋不由暗自心驚，他或許從這件事中悟出燕王奪嫡的野心。對此，他沒有聲張，卻命令朱棣離開宮中搬到別苑去住，並且不許宮中送飲食給他。馬皇后可憐朱棣的境遇，於心不忍，便偷偷地給他送去飲食，朱棣因而得以不死，過了很久才被釋放。這件事也許是出於附會，但卻說明在太子死後，諸藩對皇位的窺伺較前更為張狂。

諸藩之中，除秦、晉、燕三王外，參與北方軍務的還有齊、代、肅、遼、慶、寧等王。其中齊王曾率護衛及山東徐、邳諸軍從燕王北征，數歷塞上，常以武略自喜。但他生性凶暴，行為多不法，是個跋扈不羈的惡藩。代王曾受命立衛屯田，又率護衛隨晉王出塞，頗習軍旅，和齊王一樣，也是個暴虐之徒。肅王原封漢王，後改駐甘州，管理陝西行都司甘州五衛軍，督軍屯糧，遇有征伐之時以長興侯耿炳文從之。遼王就藩廣寧時宮室未竣，樹柵為營暫駐，亦為習軍旅、通武略、屢樹軍功的藩王。慶王受命管理慶陽、寧夏、延安、綏德諸衛軍務，其地處晉、秦鋒翼，位置十分重要。寧王就藩的大寧，地處喜峰口外，東連遼左，西接宣府，屬北方軍事重鎮，當地有朵顏三衛突厥族騎兵，驍勇善戰，史稱「帶甲八萬，革車六千」，可見軍力之盛。由於他曾數次會同諸王出塞，以善謀著稱，是北方諸藩中實力僅次於晉、燕二王的一個。當時不僅這些封藩邊陲的藩王，就是封藩於內地的楚、湘等王，也都練兵守備，具有一定實力。有這些如狼似虎的叔父們在外分鎮，難怪朱允炆要感到憂心忡忡了。

三　詩聯之讖

史書記載，皇太孫朱允炆年幼時頂顱頗偏，這對一位皇儲的外貌來說，不免使人感到有些缺陷。朱元璋曾撫摩著他的頭，歎著氣說：「怎麼像半邊月呢？」很擔心他將來不得善終。但朱允炆長大後，聰穎好學，性情慈愷，終於得到了祖父的喜愛。由於長期接受儒家教育，他在被立為皇太孫時，已被培養成為一個處事仁柔、專心文治的讀書人。而這對一個帝王的政治生涯來說，無異於在性格上悄悄種下了意想不到的禍根。

一天晚上，新月當空如鈎，朱元璋便命隨侍在身邊的太子朱標和朱允炆各以新月為題詠詩一首。太子朱標隨即吟道：

昨夜嚴陵失釣鉤，何人推上碧雲頭？

雖然未得團圓相，也有清光照九州。

朱允炆也吟詩一首：

誰將玉指甲，掐作天上痕；

影落江湖裡，蛟龍不敢吞。

朱元璋聽罷，默然無語。人們猜測他已經從詩意中預知太子必將早逝，而皇太孫朱允炆則將得免於殺身的噩運。這當然屬於附會之辭。

據說還有一次，朱元璋在宮禁中看跑馬，興之所至，便命朱允炆與燕王朱棣對聯。朱元璋出的上聯是：「**風吹馬尾千條線。**」朱允炆對道：「**雨打羊毛一片氈。**」朱棣則對道：「**日照龍鱗萬點金。**」於是，後來的史家由此評論說，這兩個下聯，一個淳柔，一個精悍，儲君的遜國和藩王的奪位，已未卜先知了。

是的，人們都說朱允炆的寬仁酷似乃父，不啻太祖心目中的守成君主。可惜，他的處境卻無法和父親相比。他的身份不是太子，而是太孫；擁兵在外的諸王，不是尊他為兄長的弟侄，而是他的長輩叔父。在宮廷生活中變得早熟的朱允炆心裡也十分清楚，自己被立為皇位繼承人後，那些皇叔們是很不服氣的，每次返回京城，都要以長輩的口吻教訓他。

洪武二十九年（一三九六年）八月，朱元璋命令廷臣重新議定諸王見東宮禮。廷臣說，諸王見東宮之禮已有定儀，便是在洪武十二年（一三七九年）制訂的禮儀：

凡親王來朝，具冕服見天子畢，次見東宮，引禮官引王由文華門東門入至文華殿前，西向立。東宮具冕服，執大圭，詹事府六員導出，升座。東宮臣左右侍從，引禮官引臣就拜位行四拜禮。東宮坐受畢，東宮與王俱衣常服，至後殿敘家人禮。

這次重新議定的是家人禮。原來，長兄朱標作為太子，諸王下之猶自有言，諸王的侄兒朱允炆作為皇太孫，家人禮就要重新規定了。議定的結果是諸王見過東宮後，由文華殿東門入至後殿，諸王要與東宮敘家人禮。這時他們都改換常服，王面西而坐，東宮面東而坐，皇太孫要向諸王行四拜禮，王坐而受禮。禮畢敘坐，皇太孫仍坐中南向，諸王列於東西兩側。

這是個矛盾而尷尬的場面，諸王以叔父之尊而屈居後位，要向侄兒跪拜，心中自然不服；皇太孫以皇儲之尊又要向諸叔四拜，必然也感到威脅。這裡隱藏著極深的矛盾。宮內傳說，一次燕王朱棣與皇太孫朱允炆在一起，曾以手拍侄兒的背，開玩笑地說：「不意兒乃有今日！」朱元璋老遠望見這個場面，不禁說：「何為撻皇太孫？」朱允炆搶著回答：「臣叔父愛臣故耳。」作為儲君，他表面上維護叔父，內心卻不能不憂慮著日後如何處理與諸王的關係。

「我以禦虜防患之事付之諸王，可使邊塵不動，給你個太平天子作。」朱元璋曾將自己這種安排示以太孫。

「虜不靖，諸王禦之；諸王若不靖，誰去禦防呢？」朱允炆講出了自己的顧慮，大大出乎朱元璋的意料之外。他沉吟良久，才反問道：

「你的意思如何？」

「以德懷之，以禮制之。不可，則削其封地；再不可，則廢置其人；還不可的話，只有舉兵討伐了。」雖然脫不開先德先禮的一套，但總算講出了舉兵討伐的主張。

覺悟。

「是的，再沒有比這更合適的辦法了。」朱元璋大概也感到只能如此而已，他實際上仍然無所

朱允炆也無法再講下去，忠厚孝義的儒家教育和封建宗法制度桎梏下的皇太孫，是無法向祖父直接要求削藩的，何況封藩還是太祖一直引為得意的事情。

雄才大略的君主們雖然總是比別人更注重歷史治亂興衰後的經驗教訓，但他們卻常常在犯同樣的錯誤。以朱元璋之梟雄，並非不知道分封諸王會伏下隱患，但是宋末、元末的結局，卻又在不斷啟迪著他對宗室拱衛藩屏的依戀。他在建藩的同時，一方面教育藩王按封建禮法行事，連諸王宮殿城門也統一定為「端禮」、「廣智」、「體仁」、「遵義」等名稱，以使諸王睹名思義，誠心藩屏帝室；另一方面，又苦心設計了一套防範措施：

凡朝廷新天子正位，諸王遣使奉表稱賀，謹守邊藩，三年不朝。許令王府掌兵各一員入朝。三年之後，諸子依次來朝。

朱元璋自以為，有了嚴格的封建禮法教育和入京朝覲規則，便可以避免篡位悲劇了，但是用心雖苦，卻終是好處想得多了些，壞處想得少了些。以皇權的誘惑力之大，這些寫在紙上的教義和規矩，不但無法阻遏諸王覬覦帝位的野心，連朱允炆本人也不敢過份依賴。憂心忡忡的皇太孫，只好將

自己的心思說給身邊的近臣聽。

一天，朱允炆把伴讀東宮的翰林修撰黃子澄召至東角門，悄悄問道：「諸王是我的尊屬，各擁重兵，所作所為多不法，你看祖父百年之後，我該如何辦才好呢？」

「此事不難處置。」黃子澄對此顯得胸有成竹，「諸王府的護衛軍士，僅足以自守，而朝廷軍衛，犬牙相制。如若諸王有變，只需臨之以六師，誰能抵擋？漢朝七國並非不強，最終還是滅亡，這便是以大制小，以強制弱的道理。」這番話，使朱允炆愁悒的心情略覺舒展。

「到時全拜託先生了。」這對未來的君臣此時都已彼此心照不宣。

朱元璋做夢也沒有想到，就在自己為完成分封的戰略設想而長舒一口氣的時候，看上去貌不驚人、仁柔寡語的皇太孫，已經開始著手準備削藩了。人們很難想像，這位剛愎自用的老皇帝會如何看待這件違背了自己初衷的事情。

在朱元璋來說，他有種種必要給予子嗣宗親特殊的權力、地位，但分潤了君主特權的親王們是否能起到維護君主的作用卻並不一定。從這一點看來，還是朱允炆更清醒一些。他熟讀史書，自然明白君主的宗族弱之有其弊，強之亦有其弊。何況在封建政治下，君權的任何分剖轉授，隨時都可能成為君主本身的威脅。事實上，漢、晉之初的分封，最後無一不走往分封者意願的反方向，而在大一統趨向持續加強的明代，也依然沒有擺脫這種兩難的處境。

朱元璋在病榻上最後一道提兵備邊的敕令是發給燕王朱棣的，因為這第四個兒子此時已經成為諸子中最年長的一個。後來有人認為，如果這時改立燕王朱棣為皇太子，於倫序上已不會受到什麼指責，可以「貽一世之安」，後來那場爭奪皇位的戰爭悲劇便不會發生了。但是朱元璋並沒有這樣做，他確實是希望將皇位傳給自己所鍾愛的皇太孫朱允炆。歷史，終究是不能以「如果」來假設的。

一生嗜殺的太祖皇帝在遺詔中稱皇太孫「明仁孝友」，並非虛誇，朱允炆十四歲時，父親身上長了個大瘤子，疼痛起來呼天搶地，苦不堪言。他侍候在父親身邊，含淚撫摩，晝夜不離。朱元璋曾感動地說：「有子孫如此，朕復何憂？」太子重病期間，朱允炆侍病曲盡了苦心。太子死後，儘管他十分悲痛，還是事事不逾禮制。居喪期間，朱元璋見他搞得形銷骨立，心疼地安慰他說：「毀不失性，禮也。爾誠純孝，獨不念朕乎？」這時，他已經五天沒吃沒喝了，聽了祖父的話才喝了一點粥。他提出要為父親服喪三年，朱元璋沒有同意；但三年內他不飲酒食肉，不舉樂，不御內。有人勸他，他回答說：「服可例除，情須自致。」這時三個弟弟都還年幼，朱允炆親自撫養他們，白天一起吃飯，晚上一同睡覺。朱元璋對此十分滿意。有一天他來到朱允炆的寢宮，見兄弟四人都在，便隨口說道：「**兄弟相懷本一身。**」朱允炆立即對道：「**祖孫繼世宜同德。**」得到了朱元璋大大誇獎。

臨死前不久，朱元璋因病魔纏身常常無端暴怒，許多人因此遭禍，朱允炆總是和顏悅色地服侍他，吃藥要親自嘗，如廁則親扶起，唾壺溺器都親手提獻。夜裡大家都睡了，朱元璋叫朱允炆卻呼無不應，應無不起，常常是一夜一夜地無法安寢。這樣，朱元璋的心情也稍稍好些，因此許多獲罪的人得了救。朱允炆的這些品性道德，很得宮內外的讚頌。

仁厚往往與柔弱相連。彌留之際的朱元璋似乎感到自己身後之事尚未安排妥當，對於年輕的皇太孫能否接替好皇位、維持好統治，他感到難以放心。雖然經過多年殺戮，已經不會再有異姓功臣來威脅他所安排的這個繼承人，但是那些擁兵在外、虎視眈眈的藩王們，尤其是燕王，將會如何呢？朱元璋為此秘密召見了駙馬都尉梅殷，命他輔佐皇太孫朱允炆。瞑目前，朱元璋對左右侍臣說：「燕王不可不慮。」

然而，這一切安排與擔心都已為時過晚，太祖在世時沒能解決的問題，梅殷更無能為力了。事態正像朱元璋所憂慮的那樣。隨著他的去世，一場圍繞著皇位繼承權的鬥爭，便在燕王朱棣和朱允炆叔侄之間更為激烈地展開。

關於朱元璋之死，《明太祖實錄》上這樣記載：「**上崩於西宮。上素少疾，及疾作日，臨朝決事，不倦如平時。**」《明太祖實錄》是後來朱棣兩次修改留傳下來的，這段話試圖給人這樣的印象——朱元璋好像是暴死的。明眼人一眼就可以看出來，這實際上是影射朱元璋病況不明，為他後來的起兵奪位提供藉口。

《明太祖實錄》還接著記述道，朱元璋在臨死前，派宦官召燕王朱棣進京。朱棣赴京趕到淮安，朱允炆矯詔命其返回北平。「上不知也。疾亟，問左右曰：『第四子來未？』言不及他。」這段話實際上是告訴人們，太祖本想把皇位傳給朱棣，只是因朱允炆「矯詔」將其阻回，皇位才落到自己手裡。這與上段記載一樣，實在不足為憑。以朱允炆儒雅的品性，他絕不會迫害太祖，特別是他還很年輕，很希望祖父能夠再多保護他幾年。因而可以肯定，那些所謂朱元璋未得善終的說法都是不可信的。

四　微臣的預言

鍾山明孝陵，太祖高皇帝的葬禮正在隆重舉行。雖然是法駕連綿，儀杖如林，但置身於祖父靈前的朱允炆，卻感到一種前所未有的孤獨。他驀然記起被祖父殺掉的葉伯巨。

那是洪武九年（一三七六年）的事了。欽天監從年初開始便不斷報告星象異常——二月歲星逆行入太微；三月熒惑犯井；四月熒惑犯鬼；五月太皇犯畢、井，又有客星大如彈丸，白色，止於天倉，幾天之內越來越亮，最後進入紫垣，一直鬧了四十多天。這件「五星紊度，日月相刑」的事引起舉國上下的不安。皇帝既然受命於天，五星紊度自然是上天垂戒，按照當時人的說法，這是「七政皆亂」，屬於災禍之兆。太祖照例詔求直言：「**靜居日省，古今乾道變化，殃咎在乎人君。思之至此，皇皇無措，惟冀臣民，許言朕過。**」並說：「**於斯王道惟忠且仁者能鑒之。**」

寧海人葉伯巨，其時以國子生被選拔擔任平遙縣儒學訓導之職，早就看出朱元璋政策的失誤，便呈上了一份「萬言書」。一些朋友勸他不要上書，以免招致殺身之禍。他卻說：「如今天下有三事可慮，其中二事易見而患遲，一事難見而患速。即使沒有求直言的詔書，我尚且要講的，更何況皇帝已下明詔。」他講的「易見而患遲」的二事，是指「用刑太繁」和「求治太速」，那所謂「難見而患速」的一事，則是指「封藩太侈」。他在「萬言書」中寫道：

> 今裂土分封，使諸王各有分地，蓋懲宋、元孤立，宗室不兢之弊。而秦、晉、燕、齊、梁、楚、吳、蜀諸國，無不連邑數十，城郭宮室亞於天子之都，優之以甲兵衛士之盛。臣恐數世之後，尾大不掉，然則削其地而奪之權，則必生觖望，甚者緣間而起，防之無及矣。議者曰，諸王皆天子骨肉，分地雖廣，立法雖侈，豈有抗衡之理？臣竊以為不然。何不觀於漢、晉之事乎？孝景，高帝之孫也，七國諸王，皆景帝之同祖父兄弟子孫也，一削其地，則遽構兵西向。晉之諸王，皆武帝親子孫也，易世之後，迭相攻伐，遂成劉、石之患。由此言之，分封逾制，禍患立生，援古證今，昭昭然矣。此臣所以為太過者也。昔賈誼勸漢文帝盡分諸國之地，空置之以待諸王子孫。向使文帝聽從誼言則必無七國之禍。願及諸王未之國之

先，節其都邑之制，減其衛兵，限其疆理，亦以待封諸王之子孫，此制一定，然後諸王有賢且才者入為輔相。其餘世為藩屏，與國同休。割一時之恩，制萬世之利，消天變而安社稷，莫先於此。

同樣是在總結歷史經驗，葉伯巨得出的結論卻與朱元璋完全相反。他以漢晉兩代的事例詳盡地剖析了這一問題。漢朝初年，高祖劉邦鑒於秦室孤立無援，仍行分封制，後來又規定「非劉不王」。但天下諸藩日臻強大，專恣自為，形成尾大不掉之勢。賈誼向漢文帝建議眾建諸侯，以削弱諸侯的勢力，但未被採納。漢景帝時吳楚七國更加驕橫，勢在必反，晁錯再建削藩之議，說：「今削之亦反，不削之亦反，削之其反亟，禍小，不削反遲，禍大。」於是相繼削趙王、膠西王、楚王之地，吳王乃與六王相約而反。待七國次第平定，朝廷將地方用人之權收歸中央。其後諸王的權力雖然削減，但封地仍很大，漢武帝又用主父偃的建議，施行推恩令，命令親王在自己封地內分封眾子弟為侯，從而諸王的領地塊塊分割，避削地之名而行弱藩之政，從此地方權力全歸朝廷控制，漢室得以安定。一百五十年以後，晉武帝再次重蹈漢初覆轍，企圖眾建親王羽黨皇室，分封子弟二十餘人為王，並給以兵權。晉武帝死後，八王相繼為亂，綿亙十六年之久，國勢陵夷，地方大亂，遂至匈奴劉氏舉兵南下攻破洛陽，懷帝被俘。

葉伯巨擔心明朝再走歷史的老路，因尾大不掉而致亂，其策略與賈誼、主父偃如出一轍，其拳拳忠心可嘉，切切之議可行，本該算個「忠且仁者」吧？然而天心難測，朱元璋早忘了自己說過「惟冀臣民，許言朕過」的話，竟固執己見，想要在並不通行的老路上再做一番嘗試。他讀到葉伯巨的奏疏，大發雷霆，高呼：「小子間吾骨肉，速逮來，吾手射之！」他愛諸皇子太深了，因而過份相信他們之間的骨肉之情；他忌異姓功臣也太深了，因而認為除依靠骨肉之情外別無他途。葉伯巨的一番話攪得他心緒不寧，他一定要親手射殺葉伯巨，才能解心頭之恨。彷彿葉伯巨一死，朱姓江山便會從此太平無事。

葉伯巨被逮至京師，但中書省的官員們都不忍心見他馬上遭到極刑，也許他們與葉伯巨對形勢有著相似的見解，也許只不過是出於有限的同情心罷了。中書省等朱元璋怒氣稍稍平息，向他奏請對葉伯巨的處置。結果，這位目光敏銳的預言者被送入刑部大獄，一直關到離開人世，總算比梟首凌遲好得多了。只是從此以後，再沒有人敢提及宗藩之事。

想到這裡，朱允炆暗暗慨歎這位不入流的小官，竟有如此忠心和遠見，不由得對祖父濫殺言事者的做法產生了一股莫名的怨懟之情。

歷史上從來不缺少聰明洞達之士，二十多年前的葉伯巨就是這樣的人。他們會根據歷史的經驗對複雜的現實做出精闢睿智的判斷，但卻往往得不到重視，甚至因為發表意見而遭到慘禍，哪怕這意見是應統治者的要求而發表的。只有當他們的論斷被歷史無情地證實之後，人們才發現它真正的價值。這時便會有一大批人出來稱頌他如何如何高明，不聽其言教訓如何如何沉痛。照理說，這樣一來，類似的錯誤以後便不會再犯了，然而事實上後人還是常常要重複前人的錯誤，當然失敗也常常是同樣慘痛。難道人們不能接受歷史的教訓嗎？「**口之於味，有同嗜焉。**」千古萬國人同此心，人們的欲望大體一致，而歷史規律也亙古如一，絕不更改。兩者相遇，就看誰能屈服於誰了。

朱允炆著實感到了形勢的危迫，但他別無選擇。他硬著頭皮做好接過一根棘杖的準備，他只能靠自己的本領去削平這根棘杖上的利刺了。

一切似乎都在按照葉伯巨當年的預言發展著。

五　秀才朝廷

朱允炆為自己確定的新年號是「建文」。這個年號與太祖朱元璋的「洪武」，恰好是一文一武，形成了鮮明的對照。大臣們不難從中窺見他的治國意向——他要結束祖父重武的政風，開創明代「郁郁乎文哉」的新格局。

封藩在外的藩王們，這時還來不及對新帝的政策做出什麼猜測，得知太祖駕崩的消息，便紛紛動身趕往京師奔喪。燕王朱棣師日夜兼程趕到淮安時，卻遇到了朝廷派出的使臣，向他宣讀了太祖遺詔，其中明文規定：「**諸王臨國中，無得至京。**」他看到江口已有重兵設防，不敢貿然前進，只得聽從道衍和尚的建議，派三個兒子朱高熾、朱高煦和朱高燧代表自己去京師奔喪，然後悻悻而歸。自然，他對此感到十分惱怒，這分明是朝廷用事者矯詔阻攔，而且也說明朱允炆的新朝廷對朱棣和其他藩王們已經有所戒備。

這裡所謂的「用事者」，指的便是首先受知於新帝並被委以重任的齊泰、黃子澄等人。

剛剛擢升為兵部尚書的齊泰，是洪武十七年（一三八四年）應天府鄉試第一，次年又得中進士，歷官禮部、兵部主事。洪武二十七年（一三九四年）因歷官九年無過失，被選中陪祀郊廟，朱元璋親賜其名泰，原名齊德便漸漸少為人知了。齊泰精明強記，朱元璋偶然問起守邊將領的情況，他竟能一個不漏地講出來；再問諸圖籍，他便從袖中取出一本手冊獻上。朱元璋翻開來看，上面所記簡要而且詳密，不禁對他的才幹感到驚奇。朱允炆作皇太孫時也聽說過這些事情，因此對齊泰十分敬重。

另一名用事的謀臣黃子澄，便是曾在東角門向朱允炆談過治藩之策的翰林修撰。他本名黃湜，字子澄，洪武十八年（一三八五年）會試第一名，與齊泰同榜，也是個才高自負之人。朱允炆即位後，命他以太常寺卿兼翰林學士，與齊泰同參國政。

朱允炆身邊還有一位名聲赫赫的士林人物，就是翰林侍講方孝孺。其父方克勤為洪武年間頗有政聲的循吏，於「空印案」中無端被殺。方孝孺自幼便以聰敏機警著稱，年長後從師名儒宋濂，文章之名甚著。當時有人向朱元璋推薦他，但是這位以武功得天下的皇帝看不中他這樣的文人，又不願讓別人指為不愛惜人才，只是推說「今非用孝孺時」，給了他個漢中府教授了事。素有「蜀秀才」之名的蜀王朱柏卻十分器重方孝孺，聘請他作世子傅，並且親為其書廬題名「正學」二字，因此，時人又稱方孝孺為「正學先生」。朱允炆即位後，立即將他召至京師，主持朝中改革事務。

以上三人都是有學識、富理想、積極改革、勇於任事的文人。他們雖然缺乏處理政務的經驗和領導統御能力，但皆為朱允炆倚任至重，被視作建文朝最有影響力的輔臣。這個新朝廷因而被人稱作「秀才朝廷」。

早在明代開國之初，文人們曾懷著對文治的熱望走向仕途。不少人認為，異族統治的黑暗時代已經過去，新皇朝應該像歷史上的漢唐盛世一樣，呈現出一派蓬勃祥和的氣氛。然而，他們的這種熱望很快就被現實所擊碎。

空印案

空印案發生於明洪武九年（一說為洪武十五年）。當時規定每一年，地方都需派官員至戶部報告財政收支，所有賬目都必須經戶部審核，完全相符後方能結算。如果其中有任何一項不符，就必須駁回重新造冊，再蓋上原地方機關大印才算完成。但古時交通不便，地方官員為了省去來回奔波的麻煩，所以在前往吏部進行財政結算時，都持一本蓋過印的空白冊以備不時之需。這原本是從元朝以來沿用的既有習慣性做法，也從未被明令禁止過。但明太祖朱元璋獲知此事後大為震怒，認為這是官員相互勾結的欺君重罪，因而下令處罰所有相關官員，有數百人招致牽連。

太祖朱元璋是個專制獨斷得出奇的皇帝，身居九重，卻時時不免強烈的猜疑心，唯恐他人分潤太多，更擔心天下被他人所篡取。他在全國各地設立了十分嚴密的特務網，迭興詔獄，殺人如麻，為了震懾群臣，還發明了廷杖的刑法，正所謂「血濺玉階，肉飛金陛」。官員每天早上入朝，即與家人訣別，到晚上平安回來，闔家才有笑容。

洪武一朝的文字獄，更令讀書人膽戰心驚。不但議論朝政要遭殺身之禍，連逢迎拍馬也會由字義或字音引起莫名其妙的曲解而誅及九族。文網之密，搜求之細，簡直到了無以復加的地步。暴力統治加思想牢籠，知識份子除了作皇帝的家奴外，便再無別的出路。就連那些入仕高官者，在君主的淫威面前，也不過狗彘而已。

對朱元璋的做法，不但方孝孺當年私下裡頗有微詞，就是朱允炆也早有改弦易轍之心。

隨著洪武政治的自然結束，舉朝上下都迫切希望有一個緩和、寬鬆的社會環境，萬民望治如大旱之望雲霓。這不但對正值盛年的朱允炆急欲思突破現狀的心理產生了極大激勵，也為他刷新政治、革故鼎新提供了正面的社會背景。為適應這種「政治解凍」的客觀要求，朱允炆即位伊始，便在人事上進行了大規模調整，歸重左班，尊右文教，大興科舉，為平民知識份子打開了進入政權的大門。

六月的南京，夏雨淅瀝不斷。

宮燈在夜來的雨中飄搖不定，乾清宮的屋檐上響起一片沙沙之聲。朱允炆將方孝孺召到這裡，正在與他討論國家大事。

「陛下君臨天下，於為君之道可有所思嗎？」以扶持世教自任的方孝孺目光炯炯，朗聲發問。

「朕正要聽聽先生的主張。」朱允炆頗有思賢若渴的氣度。

「請陛下赦臣妄言之罪。竊以為，君者，能均天下之謂。天立之君所以為民，非使其民奉乎君也。可惜後世人君知民之職在乎奉上，不知人君之職在乎養民。是以求於民者致其詳而盡，於己者率怠而不修。如此立君而無益於民，則於君何取哉！」

「先生所言極是，當細陳之。」君臣二人相得甚篤，越談越深。

「治理天下，當以德為主，以法為輔。」方孝孺針對洪武年間的嚴猛之治提出了委婉的批評：

無法不足以治天下，而天下非法之能治也。聖人之治不恃斯民畏吾之法，而恃其畏乎名；不恃其畏乎名，而恃其畏乎義。政治人之身不若治其心，使民畏威不若使民畏義。畏義者，不善不禁而不能為；畏威者，不善盡之而不敢為。不敢與不能，相比何啻陵谷！

「誠如先生所言。」朱允炆聰明絕頂，與方孝孺一拍即合，「朕觀大明律，就較前代往往加重。先帝在世時，朕曾遍考經禮，參之歷朝刑法志，改定畸重七十三條，現在看來還很不夠。夫律設大法，禮順人情，齊民以刑不若以禮。就請先生主持變法改制，諭天下有司務崇禮教，赦疑獄，寬刑罰，以稱朕嘉與萬方之意。」

見皇上能從諫如流，方孝孺十分欣慰，但改制事關身家性命，話說重一些還是必要的。「太祖皇帝賓天前，方申刑法劃一之制，令子孫世守，群臣有稍議更改，即坐變亂祖制之罪。望陛下慎思。」

「先生不必過慮，蓋亂國之典，非百世通行之道。知其善而守之，能守之法者；如其不善而更之，亦能守法者。」看來朱允炆決心已定。於是，一場被朱棣指為「變古亂常」的改革運動開始了。

對每一個新上臺的皇帝來說，減除逋賦、赦免罪囚是照例要做的文章，但朱允炆並不完全是在例行公事。這個天真的政治家確實誠心希望天下百姓得受其惠。他自稱：「**德惟善政，政在養民。**」故大膽變更祖制。「**寧屈國法，不忍以法病民；寧缺儲積，不忍以斂妨農。**」其言似乎不在權術和欺騙。而這一點，後來正可能成為他失敗的一個重要原因。

洪武三十一年（一三九八年）七月，朱允炆即位僅一個多月，即下詔行寬政，赦有罪，蠲逋賦。規定凡軍民有犯五刑者，法司按律科斷，不得深文周納；洪武時代的榜文峻令，也不再張掛；對那些罪證不足或可以原諒的囚犯，均予赦免。由此，朱元璋當年製造的一些冤案、錯案陸續得以糾正，不少流放的官員被赦還，許多被殺的功臣子弟也受到錄用。史書記事：「**罪至死者，多全活之。於是刑部、都察院論囚，視往歲減三分之二。**」

洪武三十一年八月，朱允炆詔令興州、營州、開平諸衛軍全家在伍者，得免一人；全國衛所軍中單丁者，放其為民。許多軍戶得以擺脫五軍都督府的殘酷盤剝，百姓稱善。

洪武三十一年十二月，朱允炆詔稱：

朕即位以來，大小之獄務從寬省，獨賦稅未平，農民受困。其賜明年天下田租之半。

老百姓因災變賣子為奴者，他命地方官府為之贖身。詔書一下，又贏得了百姓的一片稱頌。建文元年（一三九九年）正月，朱允炆作出了平均江浙田賦的決定。江浙地區賦稅重於他地，是朱元璋初取天下時憤恨江浙士紳依附張士誠而採取的一種掠奪性措施。這一地區是全國經濟的重要支柱，他害怕「精於握算」的浙東人掌握財政大權，還專門作出了不許浙東人任職戶部的規定，實際上也是一種歧視政策。這不僅給江浙農民帶來禍害，而且阻礙了當地經濟文化的發展。人民不堪其苦，就用逃亡和逋欠的方法加以抵制，使重賦往往成為無賦。對此，朱允炆的詔書指出：

江浙重賦乃用懲一時，豈可定則以重困一方？宜悉與減免，照各處起科，每畝徵賦不得超過一斗。田賦既均，蘇松人仍任戶部。

賦稅科則調整以後，有效地紓解了民困，為解決江南經濟負擔過重的問題邁出了重要一步。

建文元年二月，官制改革開始實行。當年朱元璋罷相後升六部秩以分權，而六部尚書都是二品，這是除宗人府官和公卿傅保以外文臣的最高品級，其目的在於壓抑大臣，以保證「天子威福不下移」。為了糾正廢相造成的弊害，朱允炆將六部尚書品秩提升到正一品，改變了六部尚書低於五軍都督府長官的狀況；並以參預軍國機務的方式，使他們分享到較大的議政權力。原來以監察官吏為主要職責的六科給事中被改為左右拾遺，突出了規諫皇帝的職能。太祖時用於摧殘大臣的廷杖，建文朝再也沒有出現過。這些改革，多少增加了統治集團內部民主管理的色彩，甚至表現出以官制限制皇權的積極作用。與此同時，在地方上省州併縣，精簡機構，革除冗官冗員。特別是稅課局、稅課司等一大把稅收衙門的撤銷，受到了百姓們的歡迎。

建文元年三月，朱允炆任命刑部侍郎暴昭、戶部侍郎夏原吉等二十四人為采訪使，分巡天下，問民疾苦，獎廉黜貪，免除不急之務，得便宜行事。建文元年四月，朱允炆下令合併衛所，裁減軍隊，詔軍衛舉通經軍士，進一步改變了太祖的重武輕文政策。建文元年五月，針對洪武末年僧道多佔腴田、蠶食百姓的現象，朱允炆又下令：

每僧道一人各存田五畝，以供香火，餘田入官，均給百姓。

正像後來許多史家所評論的那樣，建文新政中也有一些不合時宜的內容。一些沿用了上千年的官名，朱允炆卻改用《周禮》上的官名；一些機構的設置，也作了無謂的變更。特別是他按照方孝孺的建議，甚至要恢復西周的井田制，這在當時便遭到一些大臣的反對。方孝孺對他說：「但使陳勝、韓信有一廛之宅、一區之田，不仰於人，則終身為南畝之民，何暇反乎？」對這番話，朱允炆是非常讚賞的。顯然，他企圖以復井田之制來避免貧富分化，消除禍亂之本，這在封建社會根本無法實現；但他以洪武一朝民變就達一百八十餘次之多作為立論的出發點，這種以復古為口號、旨在為封建社會尋找出路的主張也就變得容易理解了。

在推行新政中，年輕的朱允炆表現出了一個封建皇帝難得的虛心和雅量。一天，他偶感風寒，上朝稍晚，讓大臣們等了一會兒。監察御史尹昌隆立即上疏批評，頗有點小題大作：

昔高皇帝雞鳴而起，昧爽而朝，未日出而臨百官，故能庶績咸煦，天下乂安。陛下嗣守大業，宜追繩祖武，憂勤萬幾。今乃即於晏安，日上數刻猶未臨朝，群臣宿衛疲於侍候，曠職廢業，上下懈弛。播之天下，傳之四裔，非社稷福也。

朱允炆這時才二十一歲，上朝晚的事情時或難免，尹昌隆的話卻說得如此尖銳，連左右近臣都有些聽不下去了，要求曉以疾病。朱允炆則認為直諫難得，不肯怪罪他的魯莽，反而稱說：「昌隆之言切直，禮部可頒示天下，使知朕過，朕亦用自警。」正是這個不識眼色的尹昌隆，後來因彈劾執政大臣遭到貶謫，又是朱允炆知道後，親下御旨命他官復原職。以至於連宮女們於後宮毆嘩，這位年輕的皇帝也以「一宮未齊」而悱然自責不已。他不但屢次詔求直言，虛心訥諫，更倚重大臣們，放手讓他們去做事。這些都與朱元璋的極端專制主義作風判然兩別。

明初的文人士子們，在洪武年間吃盡了嚴猛之治的苦頭，出仕為官的常會招來殺身之禍，不肯出仕的又被指為「不為君用」，也要罪及全家。朱允炆實行寬仁政治，無異於霜鋒雪劍之後帶來了陽春煦日，自然贏得了真心實意的擁護。可惜的是，經歷近百年蒙古貴族的歧視壓抑和元末農民戰爭打擊的知識份子們，在洪武朝的高壓控制之後，並沒有很快恢復起來，朱允炆靠他們來支持新政，與維護極端專制主義的藩王軍人集團進行鬥爭，便顯得十分軟弱無力。這使建文新政從一開始實行，就籠罩在一層陰影之中。

六　削奪五藩

朱允炆的各項改革措施，不可避免地觸犯了以燕王朱棣為首的藩王集團利益，隨著新政的推行，朝廷與諸王的關係漸趨緊張。洪武年間便已心懷異志、驕橫跋扈的藩王們紛紛串通，說朝廷有人挑撥諸王和皇帝的關係，製造叔侄不和。燕、周、齊、湘、代、岷諸王同時操練兵馬，準備興師問罪的風聲不斷傳來。能否制服藩王，已成為這場改革生死存亡的關鍵。於是，朱允炆又向太常寺卿黃子澄提起當年談過的舊事。

「先生還記得在東角門說過的話嗎？」

「臣不敢忘。」黃子澄頓首答道。

他聽出了朱允炆問話的弦外之音，回去後便找來兵部尚書齊泰，共商削藩之策。他們二人對朱允炆都盡心輔佐，在削藩問題上也見解一致，因而成為朱允炆削藩的左膀右臂。

按照齊泰的主張，既有削藩之舉，必當首指燕王，因為燕王勢力最強、野心最大，一旦能夠翦除，其餘諸王自然更無力抗衡。但當初對削藩胸有成竹的黃子澄，這時卻有些猶豫不決。

「周、齊、湘、代、岷諸王，在先帝時就多有不法之事，削之有名。今欲問罪，應先從周王下手。周王乃燕王同母兄弟，削奪周王就好似翦去燕王手足。」黃子澄考慮到燕王勢大，恐難於猝成，計劃先從周王開始，再一步指向燕王；卻不曾慮及此舉可能打草驚蛇，且為朱棣發兵提供了藉口。

兩人密謀已定，次日上朝時便啟奏朱允炆。

周王朱橚是朱元璋第五子，與燕王朱棣同為碽妃所生。洪武三年（一三七〇年）封為吳王，後因吳地為國家財賦重地，不宜封藩，改封為周王。朱橚是個不安本份之人，平素恃才妄為，洪武二十二年（一三八九年）擅自離開王府去鳳陽，朱元璋知道後很生氣，準備將他徙往雲南，後改變主意，把他留在京師，讓他的長子掌管王府事，兩年後才讓他歸藩。王府長史王翰是個有心計的人，一再勸他處事小心謹慎，朱橚卻只當作耳邊風，從來不放在心上。王翰恐怕日後禍及己身，佯狂而去。

周王的「異謀」是他的次子汝南王朱有爋出面告發的。兒子告發父親，在一般百姓中也很少見，但在明朝歷代藩王中，此類事卻時有所聞。只要在王位繼承上發生了問題，他們就互相到朝廷告狀。朱有爋告發父親「謀逆」，肯定不是出自什麼「大義」，而是由繼承上的問題所致。這當然正是朝廷方面求之不得的機會。於是朱允炆密令曹國公李景隆佯作北上備邊，兵臨開封，突然包圍周王府，將朱橚逮送京師，謫遣到雲南蒙化。

當時的雲南，素有「煙瘴」之稱。周王被流放到這裡，自然覺得苦不堪言。想起王翰當初的勸諫，悔之已晚。不久，朱允炆又將周王召歸京師，禁錮於高牆之中。

起初，將周王逮繫京師後，朱允炆還把周王的罪狀寫成敕書，送給諸藩王議罪，實際上也是對諸藩王的警告。朱棣見到敕書後很吃驚，朝廷真的動手了，第一個被削除的竟是自己的同母兄弟，下一個目標可能就是自己了。但周王的罪狀言之鑿鑿，他也不便公開反對，於是一面密令手下親信簡選壯士，加緊兵變的準備；一面寫好一份言辭懇切的奏書，為周王求情：

若周王橚所為，形跡曖昧，幸念至親，曲垂寬貸，以全骨肉之恩。如其跡顯著，祖訓具

在，臣何敢他議？臣之愚議，惟望陛下體祖宗之心，廓日月之明，施天地之德。

奏書話中有話，卻又無可懈可擊。他並未說周王無罪，只是要皇帝「曲垂寬貸」；如罪證確鑿，就按「祖訓」處置，威脅朝廷不得逾越祖制任意而為，語氣裡軟中帶硬。

朱允炆看過奏書後，果然顯露出猶豫不定的神色。齊泰和黃子澄很是著急，私下商議道：「皇上這是婦人之仁，將壞大事的。」次日上朝，極力陳述利害，才使得朱允炆又堅定起來。

接著被廢的是湘王朱柏。他是朱元璋的第十二子，就藩荊州，是個頗有文武才能的人物。有人出首告發他謀反，朱允炆降旨切責，朱柏很害怕，闔宮自焚而死。看來他確有覬覦皇位之事。

齊王朱榑是朱元璋的第七子，就藩在青州。他是個驕悍的武夫，「性凶暴，多行不法」。有人告他叛逆之罪，被召至京師後，削除王爵，廢為庶人，與周王關在一起。

大約和齊王被廢的同時，代王朱桂也被廢黜。他是朱元璋的第十三子，就藩大同，由於平素作惡多端，官民恐懼，這次削藩自然是勢所必及。他被廢為庶人後，平日被搶入代王府的大批宮人，都被如數放出。

其後，岷王朱楩也未脫逃被廢的命運。他是朱元璋的第十八子，就藩岷州，西平侯沐晟上書揭發了他諸多不法行為，朱允炆遂將其廢為庶人，徙往漳州。

諸藩的善惡雖然不同，但對於朝廷的威脅卻並無二致。因此，削藩集權本是符合明初政治潮流之舉。可惜朱允炆所倚重的齊、黃等人均係文人士子，為人雖屬聰敏幹練，運籌平亂則非所長。再加上作為削藩領導者的朱允炆，生性過於仁柔寬厚，致使削藩計劃難以順利進行。

對於一個在政治風浪中搏殺的帝王來說，仁柔寬厚不啻是一種十分致命的性格缺陷。五王連續被削，特別是湘王朱柏的自焚，對朱允炆產生了沉重的心理壓力。他不時感到，削奪諸藩似乎違背了人之倫常，因而不免心有愧疚，在下手時遲疑不定，甚至進退失據，舉措乖張。處於權位與人格矛盾中的朱允炆，時時希望按照親親之誼來解決他與燕王之間的問題，化干戈為玉帛，而朱棣也總是設法用這種思想來動搖他的削藩決心。朱允炆的這一優柔性格，對整個削藩的進程和結局，產生了十分不利的影響。

朱棣不失時機地抓住了朱允炆的弱點，他一方面抓緊備兵，另一方面不斷上書為諸藩申訴。就在朱允炆擴大打擊面的同時，朱棣卻成為諸王心之所向。

七　御前爭論

削藩政策的推行，在建文朝中引起了一場不大不小的御前爭論。這對於當時政局的發展，也直接間接地產生了某種微妙的影響。從大處來看，爭論的意見可分為三種——一是嚴厲削藩派，二是曲線削藩派，三是反對削藩的睦親派。

嚴厲削藩派自然以齊泰、黃子澄為首。削藩的詔書大都出自方孝孺之手，可見他也是個削藩派。這些人頭腦比較清醒，深知封藩之害，為了使國家長治久安，堅決主張削藩。檢諸明代史籍不難發現，當時一些才華出眾的文人都有這種認識。明初著名大才子解縉在洪武晚年就議論過封藩之弊，朱允炆剛一即位，他就來到京師。因被人彈劾謫往河州衛時，他上書禮部指出：「**分封勢重，萬一不幸，必有厲長、吳濞之虞。**」另一著名文人胡廣，廷對時力陳「親藩陸梁，人心搖動」，實際上就是說，藩王不安本份就會危害國家。這話自然很合朱允炆的心，因而他成了當年的狀元。

戶部侍郎郭任也是個嚴厲的削藩派，但卻對齊、黃削奪五王的方略很不滿意。他流著眼淚對朱允炆說：

天下事，先本末則易成。今日儲財粟、備軍實，果為何者？而北討周，南討湘，削燕之舉則經年無期，實為捨其本而圖其末。用兵貴乎神速，銳氣既竭，姑息隨之，正所謂強弩之末不能穿透魯縞，臣恐朝廷將坐而自困耳。

前軍都督府左斷事高巍和戶部侍郎卓敬主張採用比較溫和的辦法，逐漸削弱藩王的勢力和影響，是朝中曲線削藩派的代表。高巍在上書中提及效法漢代主父偃行實「推恩」。他說：

高皇帝分封諸王，比之古制，既皆過當，諸王又率多驕逸不法，違犯朝制。不削，朝廷綱紀不立；削之，則傷親親之恩。賈誼曰：「欲天下治安，莫如眾建諸侯而少其力。」今盍師其意，勿行晁錯削奪之謀，而效主父偃推恩之策。在北諸王，子弟分封於南；在南，子弟分封於北。如此則藩王之權，不削而自削矣。臣又願益隆親親之禮，歲時伏臘使人饋問。賢者下詔褒賞之；驕逸不法者，初犯容之，再犯赦之，三犯不改，則告太廟廢處之，豈有不順服者哉？

高巍這個建議實際上比主父偃更進了一步。主父偃的「推恩」是在原封國內，除嫡長子繼承外，其他諸子也都要繼承一部份，郡主數目越來越多，力量則越來越小。高巍的建議則提出易地而封，南方的藩王子弟封到北方，北方的藩王子弟封到南方。這對削藩諸王勢力來說更為有力。朱允炆看過高巍的奏書後認為說得有道理，但並沒有來得及實施。

卓敬是個眼光敏銳的人，洪武中曾婉言勸說朱元璋對諸子分清嫡庶尊卑，以樹立太子的威信，此時他又對朱允炆提出燕王徙封到南昌的辦法，他在上疏中指出：

燕王智慮絕倫，雄才大略，酷類高帝。北平形勝地，士馬精強，金、元所由興。今宜徙封南昌，萬一有變，亦易控制。夫將萌而未動者，機也；量時而可為者，勢也。勢非至剛莫能斷，機非至明莫能察。

實際上，卓敬就是建議朱允炆當機立斷，將燕王徙封到南昌，既維護了親親之誼，又削弱了他的力量。應該說，這在當時是一個切實可行的措施。朱允炆見奏後，雖也召來卓敬商議了一番，但不知為什麼未能實行。後人在評論此議時認為，倘若真的按照卓敬的主張付諸實施，燕王當時是不好反對的，歷史可能會完全是另一個樣子。

還有些大臣主張睦親政策，反對削藩。這部份人大都是一些熱衷於講經論道的腐儒。御史郁新就上書朱允炆說：

諸王，親則太祖遺體，貴則孝康皇帝手足，尊則陛下叔父，使二帝在天之靈，子孫為天子，而弟與子遭殘戮，其心安乎？臣每念及此，未嘗不流涕也。此皆豎儒偏見，病藩封太重，疑慮太深，乃至此。夫唇亡齒寒，人人自危。周王既廢，湘王自焚，代府被摧，而齊臣又告王反矣。為計者必曰，兵不舉則禍必加，是朝廷執政激之使然。……彼其勸陛削藩國者，果何心哉？諺曰：「親者割之不斷，疏者續之不堅。」殊有理也。陛下不察，不待十年，悔之晚矣。

郁新的情辭頗為激烈，認為對諸藩王非但不能削奪，還要加以恩遇，否則就是逼他們造反。持這種看法的，在朝廷中不乏其人。禮部左侍郎董倫、行人司右司副楊砥等都曾上書主張「惇睦諸藩，無自剪枝葉」。有人甚至要求「興滅繼絕，釋齊王之囚，封湘王之墓，還周王於京師，迎楚、蜀為周公」。這些建議雖然未被朱允炆採納，但也會對他的削藩行動產生不利影響。

大凡「秀才朝廷」，遇事往往議來議去，很難有結果。廢奪周王以後幾個月的時間中，削藩者們竟然未對燕王採取任何具體的控制措施。

一邊是朝廷的逡巡不前，一邊則是燕王不失時機的準備。有些旁觀者實在看得著急，四川岳池教諭程濟便是其中一個。他假藉通術數之學，上疏宣稱：「**北方兵起，期在明年。**」朱允炆怪他無端妄語，將他逮入京師。程濟高喊：「冤枉！」要求將自己囚禁起來，以待來年驗證其言。後來「靖難」之役爆發，朱允炆才後悔當初誤抓了先知者，赦他出獄，任命為翰林院編修。但這時，削藩的最佳時機卻早已錯過了。

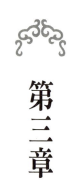

第三章　靖難舉兵

一　「逐燕燕高飛」

從太祖朱元璋一死，燕王府的第一謀臣道衍和尚便感到幫助朱棣成就帝王大業的機會來了，於是千方百計地慫勇朱棣起事。尤其是五王連續被削以後，他更是使用各種方法鼓動這位伺機已久的藩王起兵奪取皇位。據一些野史記載，朱棣讓道衍為自己占卜，還問他是什麼卜術？道衍說是觀音課。他交給朱棣三枚銅錢，朱棣剛擲出一枚，道衍便一本正經地說：「殿下要作皇帝乎？」朱棣連忙止斥他勿妄言，道衍卻不慌不忙地陳述了一番起兵奪位的道理。朱棣對這種預示著自己要當皇帝的卦象，表面上雖指為妄言，內心卻感到由衷的興奮。

明朝人還傳說，朱棣起事前希望得到道衍和尚的幫助，便出了一副對聯進行試探。他出的上聯是：「**天寒地凍，水無一點不成冰。**」道衍隨口對出了下聯：「**世亂民貧，王不出頭誰作主。**」從這個下聯來看，慫恿朱棣起兵的意思已十分明顯。這個故事可能帶有後人附會的意思，但它反映的歷史情況卻是可信的，道衍為促成朱棣起兵的決心，確實花了不少心思。相士袁珙、卜者金忠，都是道衍和尚引薦給朱棣的。

袁珙善於相人，據說曾相士大夫上百人，無不奇中。他初至北平，朱棣故意身著衛士裝束，與眾衛士雜坐在肆中飲酒，袁珙卻一眼認出朱棣，趨跪於前道：「殿下怎麼不自愛呢？」衛士們都故意笑話他，說他瞎說，朱棣也裝作不以為然。袁珙卻認準了朱棣，開口就稱殿下。朱棣怕他信口說出一些有妨礙的話，便急忙帶他回府。袁珙在府裡又仔細為朱棣看了一番相，說道：「**龍行虎步，日角插天，太平天子相也**。」他又給王府校尉看相，全部都許以公侯將帥，說得眾人皆大歡喜。朱棣怕事情張揚出去，佯作以罪驅遣，待袁珙行至通州，又祕密將其召回。

袁珙為朱棣相面的過程是否這樣富有戲劇性，後人似可不必細究，但這類相面之事是大致可信的。朱棣奪位以後，馬上將袁珙召入京師，授官太常封丞，就是對他的回報。

在北平以占卜為生的金忠，是袁珙的朋友，精通《易經》，人稱神人。朱棣謀劃起兵時，曾以生病為名，召金忠前去占卜。結果，朱棣得了一個「鑄印乘軒」的卦。金忠藉以發揮道：「此象貴不可言。」實際上就是說，朱棣有天子之象。從此以後，金忠經常出入燕王府中，並以占卜勸朱棣起兵。後來，金忠便成了朱棣的心腹，在永樂朝官至兵部尚書。

道衍和尚與袁珙、金忠都並非那種空口欺人的相士，他們這樣做的用意在於幫助朱棣堅定起兵的決心。朱棣雖不甘心於坐等削權，但是對起兵之事尚在猶豫未決。他曾向道衍問道：「朱允炆身為皇帝，民心所向，這事如何辦才好呢？」

「臣只知天道，不懂什麼什麼民心向背。」道衍果斷地回答。因為他對當時的形勢已經有了極其大膽而精闢的分析：

主上（朱允炆）猜間宗室，侵漁齊藩，所戮辱囚首隸士伍，蓋五王矣。雖未及燕，燕可覬幸免耶？大王先帝所最愛也，又仁明英武，得士卒心，主上所最忌也。夫燕，勝國之遺，而北方雄鎮也。其民習弓馬，地饒棗栗，悉雄薊屬。郡之材官良家子，彀甲可三十萬，粟支十年。大王護衛精兵，投石超距者，又不下一、二萬。鼓行定山東，略淮南，此勢若建瓴而下，誰為抗禦？大王即不，南機或先發，欲高臥得耶？且旦暮匹夫耳。臣竊謂大王卜之心，與臣卜亡異。

這樣的分析確實很有說服力，朱棣不由得堅定了信念。接著便開始以追捕逃軍為名，廣招智勇異能之士，準備待機起兵。在朝廷與藩王之間這場殊死鬥爭中，朱棣似乎準備得十分從容。他在自己的封國內已苦心經營了十八年，廣交豪傑智謀之士，培植私人勢力，甚至將耳目安插到了朱允炆的宮中。朱棣豈止不甘心於坐等削奪，他是早想作皇帝了。「**燕王之變，削亦反，不削亦反。**」一場以「靖難」為名的軍事叛亂正在悄悄地準備著。

燕王府基於元宮舊址，殿院廣大深邃，道衍和尚終日率衛士在王府後苑操練，並在府中深挖地穴，建造重屋，圍築以高牆厚壁，派工匠於其中日夜趕造軍器。恐怕有人發現，朱棣令人在牆根下埋上大大小小的缸甕，又故意在後苑蓄養了大群鵝鴨，以叫噪之聲掩蓋住操練和打造軍器的響聲。

的確是「沒有不透風的牆」，不論燕王府的圍牆多麼高大，府內的動靜還是露出了一些蛛絲馬跡。魏國公徐輝祖是中山王徐達的長子，也就是燕王妃的哥哥，因兩家來往密切，了解到一些朱棣的備兵動向。他忠於朱允炆，不時向朱允炆報告有關朱棣的消息，要朝廷早作提防。他因而受到朱允炆的信任，下詔加官為太子太傅，協謀圖燕之事。

建文元年（一三九九年）正月，燕王府長史葛誠入京奏事，朱允炆將其召入密室，詢問有關燕王府的事。葛誠把自己所了解的情況全部稟告皇帝，因而深受信任，又被遣回燕王府充當內應。

劉璟是明初著名謀臣劉伯溫之子，很得朱允炆信賴。他受命巡行提調肅、遼、慶、寧、燕、趙六王府事，來北平察看燕王有無反常舉動。這個不速之客不是平庸之輩，不僅飽讀六經，而且喜談兵事，文武全才，頗有其父之風。朱棣知其來意，對他加倍小心。暇餘之時，兩人坐下對奕，朱棣有意試探劉璟的真實態度，就指著棋盤說：「卿不可少讓些嗎？」劉璟聽了這語帶雙關的話，心裡很清楚朱棣的真實意思，便正色答道：「可讓處則讓，不可讓處不敢相讓。」朱棣聽後默默不語，明白對方是無法爭取的。

這段時間內，朝廷與燕王之間的相互猜疑不斷加深。朱允炆明知燕王是最大的威脅，但尚未拿到謀反的確切罪證，總覺得還沒有充分的理由公開將其廢削。更何況對方又是叔輩行中的最長者，朱允炆待他必須格外慎重。朱棣也明知皇帝對他不放心，從各方面提防著他，但要公開起兵反叛，一時尚未做好充分準備。更何況，起兵與朝廷分庭抗禮，在一般人看來是大逆不道之事。因此，沒有十拿九穩的把握或者萬不得已，絕不能輕舉妄動。在這種微妙的時刻，雙方在表面上還都保持著溫情脈脈的叔侄關係，暗地裡卻展開了一場緊張的心理戰。

建文元年二月，燕王朱棣赴南京入覲。他此行目的之一是為了消除朝廷的猜疑，堵一堵主張削藩大臣們的嘴，二是順便探看朝中虛實。

這位野心勃勃的藩王自恃叔父之尊，擅行皇道入宮，到殿上也不下拜，很有些目空朝廷的意味。監察御史曾鳳韶彈劾朱棣有「大不敬」之罪，認為在殿上應行君臣之禮，回宮後再敘叔侄之倫，並主張予以示儆。朱允炆卻說：「至親勿問。」未對朱棣治罪。

也就在這次朱棣入京朝覲之時，戶部侍郎卓敬密奏朱允炆，要求他趁此機會，迅速將其徙封南昌，以絕禍本。朱允炆思考了一夜，第二天的回答卻令人失望：「朕與燕王親同骨肉，何得及此？」卓敬又誘導說：「隋文帝和楊廣難道不是父子關係嗎？」朱允炆沉默良久，才低聲說道：「先生還是不要再說了吧！」卓敬喟然而退。

由於建文朝的史料後來遭到朱棣的禁毀，這次入覲的記載已很模糊不清，甚至對有無這次入覲，都有人表示懷疑。如果燕王入覲屬實，人們可以想見，這是太祖去世後到「靖難」之役爆發前，代表兩大陣營的叔侄間唯一一次正面交鋒。儘管詳情無從得知，但事情的結果卻很清楚，燕王朱棣平安離開朝廷控制下的京師，返回了自己的封邑。

決策的失誤並沒有成為失敗的定局。刑部侍郎暴昭以采訪使的身份來北平巡視，很快得知燕王一些秘密活動情況。事態的嚴重程度使他來不及等到返回京師，便急忙將所知寫成密摺，派人星夜南下報送朱允炆，請速為防備。

暴昭的密摺引起了朱允炆的震驚。如果這時他能採取果斷措施，立即削奪燕王，也是可以補救前策之失的。但這位在改革舊政中大刀闊斧的青年皇帝，在削藩中卻表現出人們難以理解的優柔寡斷，一錯再錯，仍然囿於親親之誼不忍心向叔父下手。猶豫不決之中，朱允炆又找來齊泰、黃子澄商議對策。事到如今，齊泰、黃子澄二人已經義無反顧。

「如今所慮唯有燕王，陛下必須伺機下手了。」齊、黃二人都看清了這一點。

「朕即位不久，已連續削奪五王，如今若再削奪燕王，該如何向天下解釋呢？」朱允炆徜徉庭間許久，才吐出這句話來。

「先發者制人，後發者制於人。陛下萬萬不要落得為人所制！」黃子澄話語之中已略帶警告。

「燕王足智多謀，善於用兵，恐怕難以對付。」朱允炆還是鼓不起勇氣。

不過經過這次商議，總算決定先採取一些軍事防範措施。齊泰建議，北方蒙元勢力有南下的跡象，應以防邊為名，調發軍隊駐守開平。開平是元朝的上都，過去元朝皇帝不時要到那裡住上一段時間，軍事上也是一處要地。派一支可靠的部隊到那裡駐守，既可以抵禦蒙元勢力，也可以牽制燕王。因為北邊有敵情，朱允炆按照齊泰的建議，將燕王護衛的精銳全部調出，到開平駐守，以削弱燕王軍力。此外，朱允炆還任命謝貴為北平都指揮使，掌管北平軍事；任命張昺為北平布政使，掌管行政。他們對朱允炆都很忠心，實際上就是讓他們秘密「觀察王府動靜」，把北平控制起來。

其後，朱允炆根據齊泰、黃子澄的謀劃，命都督宋忠調沿邊各衛馬步兵三萬駐守開平，燕王部下的精銳都轉到宋忠麾下；又命都督徐凱練兵臨清，都督耿瓛練兵山海關，同時將永清左衛調駐彰德，永清右衛調駐德州。燕王府護衛蒙古族騎兵指揮觀童等，也被調入京師。這樣一來，一些將領大軍形成對北平的包圍，張昺和謝貴在北平城內控制燕王，而燕王部下的精銳又多被調出。在朱允炆看來，這種部署不可謂不嚴密，即使燕王舉兵反叛，也可以將其一舉擒獲。

朱允炆決心要對燕王動手了。這時，京城中突然傳唱起一支奇怪的歌謠，據說是一位道士邊走邊唱的，一時許多人都隨著唱了起來：

莫逐燕。

逐燕燕高飛。

高飛上帝畿。

這是威嚇，還是警告?無人知曉。但是朝廷與燕王之間那一觸即發的危狀，則已經是有目共睹之事。正在此時，北平又傳來了燕王病重的消息。

二　朱棣佯狂

在形勢對自己不利的時候稱病不出，藉以蒙蔽對手，避其鋒芒，這是燕王朱棣應付時局的老辦法了。當年他與晉王朱棡一同入朝，朱棡厲辭尋釁時，朱棣便是以裝病騙取父親的同情，脫身歸藩的。這次他又故伎重施，以退為進，迷惑朱允炆和齊泰、黃子澄等人，以窺伺時機。

不過，和以往不同的是，這次朱棣確實有兩樁心病。

一是五月裡太祖逝世周年，朱棣派長子朱高熾領著兩個弟弟朱高煦、朱高燧入京致祭，結果滯留未歸，很可能已被朝廷方面留作人質，若輕舉妄動，難保不會斷送兒子們的性命。

二是燕王府向北平按察使陳瑛密送金錢行賄之事，被按察司僉事湯宗發覺，並向朝廷告發。這件事將朱棣置於被動挨打之地。不但陳瑛立即被逮至京師，受到謫官廣西的處理，而且自己的一舉一動更加受到朝廷的監視，在自己盤踞的北平城中，朱允炆的耳目似乎越來越多。

兒子在朝廷手中，北平又時時有人出首告變，這些都讓朱棣感到既生氣又憂慮。於是，他上書朝廷，藉口自己病情嚴重，請求允許讓他滯留京師的三個兒子歸府探望。這本是一個試探性的要求，如能獲准，他起兵更可免去人質之憂；如若不准，也可由此窺知朝廷的態度，以便決定下一步對策。

朱允炆讀罷朱棣乞子歸藩的上書，一時拿不定主意，便召來齊泰、黃子澄二人商議。

「燕王乞子歸藩，足見反心已定，不如乘機收逮其三子，作為人質，以牽制燕王行動。」齊泰在兵部任職多年，詳於邊事，一眼就看穿了朱棣的用意。

「臣以為不可，」黃子澄不以為然，「收其三子，等於授之以柄，使其發難有名。不若縱子歸藩，以示不疑，方可乘其懈怠不備而襲取之。」其實，這種主張純屬書生之見。

「確是如此。祖訓中也尚無藩王世子入侍朝廷之規，留之無名。」朱允炆竟以黃子澄的見解為卓識，同意放朱高熾兄弟三人歸藩北平。

魏國公徐輝祖與朱棣是姑舅之親，深知朱棣的為人，堅決反對放朱高熾兄弟三人返回北平。他得知消息後，急忙密奏朱允炆道：「我這三個外甥中，朱高煦尤為勇悍無賴，非但不忠，而且不孝。如今若放虎歸山，將來必為大患。」

朱允炆也素知道朱高煦確是勇悍無賴之徒。洪武中，朱元璋曾召諸王之子於京師讀書，朱高煦那時就常常調皮搗蛋，不肯循規蹈矩就學，很令人生厭。但這位好心腸的皇帝總是希望自己這番「親親之義」能打消叔父的反叛之心。聽了徐輝祖的話，朱允炆舉棋不定，又先後找來徐輝祖的弟弟徐增壽和懷慶公主駙馬王寧詢問。徐增壽為右軍都督，曾從朱棣出塞征戰，素相友好，自然竭力為之美言，朱允炆便又信從了。

朱高熾、朱高煦和朱高燧三人被獲准歸藩北平，如獲大赦。亡命之徒朱高煦唯恐夜長夢多，偷偷摸摸入舅父徐輝祖馬廄之中，盜得良馬，連夜動身渡江北歸。待到徐輝祖聞訊再派人去追趕，為時已晚。

生性凶頑的朱高煦雖是惶惶而行，途中還要惹是生非，凡遇所疑之人，盡皆殺死，一些無辜吏民因此遭其毒手。經過涿州時，朱高煦又尋釁滋事，鞭笞驛丞幾乎斃命。當他兄弟三人逃抵北平，朱棣大喜過望，不禁連聲歎道：「我父子能夠相聚，真是天助！」涿州地方官上報朱高煦擅笞驛丞之事，舉朝官吏莫不驚駭，紛紛上書指責，朱允炆不禁又懊悔起來。

建文元年（一三九九年）六月，燕山護衛百戶倪諒上變。這位王府下級官員只告發了參與密謀的燕王府官校于諒、周鐸二人，結果于諒、周鐸被逮至京師，經過訊問後處死。朱允炆從他們口中得知了一些朱棣的陰事，下詔責訓了叔父一番。朱棣眼睜睜地看著手下官校被逮殺，卻無可奈何。時機未到，他是不能輕舉妄動的。

五位藩王陸續被削，都是朱棣親眼看到的，現在皇帝又親自降詔訓責，顯然是個不祥之兆，這已經不僅僅是懷疑的問題了，朝廷隨時都可能前來問罪。立即舉兵反叛，他還沒有做好充分準備，而且北平城內城外到處都有朝廷佈置好的兵馬，驟然起事凶多吉少。情急之中，朱棣決定以裝瘋來迷惑朝廷。

朱棣得了瘋病的消息很快傳了開來。北平的百姓常常可以看到，以往馳奔逐北、體格健壯的朱棣，這時突然變成了另一副模樣。他一會兒狂呼於街市之上，奪取酒食，口中胡言妄語，荒誕不經；一會兒又臥倒在地，終日昏睡不醒。張昺、謝貴都是平庸之人，見到朱棣這種情形，真的相信他得了瘋病。他們把這情況報告了朝廷，朱允炆也信以為真了。

但這事沒能瞞過燕王府長史葛誠的眼睛，他私下警告張昺和謝貴說：「燕王本無病，二公千萬不要懈怠。」他認為朱棣很快就要舉兵謀反，並將這事密疏報告了朱允炆。

朝廷耳目雖多，但北平作為燕王藩國所在已經近二十年之久，正所謂根深蒂固，因此為燕王府通風密報者也不算少。一名街舍老媼聽到酒醉後磨刀市中的衛卒聲稱：「殺王府人。」急忙向燕王府報信。這時，恰巧朱棣派他的護衛百戶鄧庸赴京奏事，朱允炆聽從了齊泰的建議，下令將鄧庸逮捕審訊。嚴刑之下，鄧庸把朱棣要舉兵謀反的事都一五一十地說了出來。這時朱允炆才確實感到，燕王真的要謀反了。於是發出密詔，派人往北平逮治燕府官屬，並密令張昺、謝貴逮繫燕王。

就在這時，南京城裡出現了皇宮鬧鬼的傳說。《奉天靖難記》載稱：

夜裡張燈熒煌，忽不見人。寢宮初成，見男子提一人頭，血氣模糊，直入宮內，隨索之，寂無所有。狐狸滿室，變怪萬狀，遍置鷹犬，亦不能止。

其間，京師又發生地震，明宮文華殿、承天門和錦衣衛武庫連續失火，各地水旱蝗災的檄報也不斷送達朝中，謠言隨之四起，鬧得朝野上下人心惶惶。

三　兵變端禮門

建文元年（一三九九年）七月的北平，已處於臨戰前的緊張狀態中。北平都指揮僉事張信也接到了朱允炆催促收逮燕王的密敕。

當初張信調掌北平都司時，曾與北平布政使張昺和都指揮謝貴同受密詔謀制燕王。但這並非他所願為，又不得不從，因此甚感憂懼。張信之母見他心事重重的樣子，再三追問，得知原委後大驚，對他說道：「此事萬萬不可為。你父在時，常言王氣在燕，你不能胡為，免得招致滅門之禍！」張信聽了母親的話，到北平後，始終不敢有所行動。

這次接到朝廷密敕催促，張信料到事態緊迫，斟酌再三，終於決定在這場鬥爭中投靠朱棣。他不再遲疑，匆匆趕往燕王府告密。然而，朱棣對這位關鍵時刻調來北平的軍官卻一直存有戒心，聽說他來，便稱病不見。張信一連三次被阻於王府之外，心急如焚，只得改乘婦人小轎，混入王府，終於在病榻前見到了朱棣。

張信開門見山地說道：「我知道殿下沒有病。如果真有病的話，請實言相告。」

這樣直率的問話使朱棣不能不予回答：「我確實身患重病，坐等一死。」

「殿下雖然不肯講實情，我卻可以如實相告。如今奉朝廷密旨捉拿殿下。殿下若果真無他意，請隨我赴京。若另有主張的話，就請不必相瞞。」張信的所作所為及這番顯然是出於誠意的話，終於打動了朱棣。

「生我一家者，將軍也。」朱棣歎罷，懼然而起，立即召見道衍等人，急定起兵之計。

張信入燕王府告密的同時，張昺、謝貴則按照朝廷的密令採取了行動。他們調集衛卒入城，加強防務，同時飛章奏報請旨。朱允炆得報後，火速派內使持詔書赴北平，逮捕燕王府的官屬。

北平布政司吏李友直一直想投靠朱棣，卻無緣由，此時看到朝廷的密詔，知道事情危急，便從張昺處竊得密件，直入燕王府告急。朱棣起初懷疑布政司派其誘探，及見李友直出示密詔，並表示寧死不出府，方知屬實，不由大驚，急忙下令，命親信將領燕山左護衛指揮僉事張玉、燕山護衛千戶朱能率僅有的護衛壯士八百人入衛王府。忙亂之中，朱棣連李友直的姓名都沒有記住，次日起兵，自置官屬，在授意李友直北平布政司右參議的令旨上寫道：「昨日送張昺反詞的吏，除他本司官。」

形勢對朱棣是相當不利的。北平四周的險要關口都由朝廷新委任的親信率領重兵把守，北平城內的文武吏士基本上都聽命於張昺、謝貴。由於朱允炆對他猜疑日深，便以防邊為名，把王國所在地的兵權和中央官吏的節制權都收歸朝廷，將燕王府的護衛兵也大都調出。因此，當朱棣要舉兵時，倉促之間只能召集八百衛士。雙方兵力對比確實十分懸殊。

張昺和謝貴率兵包圍了燕王府邸，用箭把文書射入燕王府內，上面寫著朝廷要逮治的諸官屬。朱棣顧慮王府衛士太少，恐怕寡不敵眾。朱能對他說：「只須先擒為首的張昺、謝貴二人，餘下敵眾再多，也無能為力。」道衍也獻計說：「如今朝廷既遣內使逮捕王府官屬，我們正可將計就計，把王府官屬開列名單，召張昺、謝貴二人入府逮人。待其來到府中，只須縛一夫之力，便可大功告成。」

由於朱允炆的詔書只說「削爵及逮官屬」，即對燕王只是削爵，而未說逮捕，所要逮的是燕府一些官屬，因此朱棣還能做出這種安排。

七月六日，朱棣將壯士埋伏在燕王府端禮門內，派人召請張昺、謝貴。他們二人果然心存疑慮，不肯前往。朱棣又令人拿著拘捕王府官屬的名單，他們這才信以為真，便率領一大隊兵馬來到王府，因隨從衛士照例不得入府，被守門人喝止。張昺和謝貴只好將隨從留在門外，隻身入見朱棣。

朱棣曳杖而坐，見到張、謝二人，請他們坐下，賜宴行酒。侍從送上西瓜。朱棣向他們說道：「這是進獻的新瓜，請一同嘗嘗。」說罷拿起一片瓜，欲食又止。他突然大聲怒喝道：「如今平民百姓、兄弟宗族之間，尚知相恤。我身為天子近屬，卻不能保旦夕之命。既然事已至此，天下還有什麼不可為呢？」

朱棣邊罵，邊將手中的瓜擲於地上。這是預定的暗號，藏伏的壯士一擁而上將張昺、謝貴及朝廷派作內應的燕府官吏葛誠、盧振等人捉捽於殿下。朱棣拋開手杖站起身來，忿忿然道：「我哪裡有病？迫於奸臣陷害，不得不如此。」張昺、謝貴這時方知中計，可惜為時已晚，皆不屈而死。朱棣惱怒葛誠、盧振背叛自己，也將他們兩家族滅。

敢於公開反對朱棣起兵的有兩人，一個是余逢辰，一個是杜奇。燕王府伴讀余逢辰曾因品德學問得到朱棣信任，他了解朱棣的預謀，但不同意與朝廷相對抗，多次進言都碰了壁。後來他知道朱棣之反已不可勸阻，便寫了一封信給兒子，下定必死決心，要與之力爭到底。朱棣起兵，余逢辰泣諫軍前，高呼君父兩不可負，終於被朱棣殺害。另一位杜奇也是讀書人，因有才學，朱棣在起兵後將他召入府中。但他也不同意造反，苦苦勸說朱棣當守臣節，激怒了朱棣，亦遭殺身之禍。

隨同張昺、謝貴前往王府的軍士，被攔截在府外等待，起初一點也不知府內的變故，久候不出，天色又晚，遂多自散歸。接著，朱棣便讓人傳諭駐紮北平的將士，說張昺、謝貴二人已被擒獲，讓他們各自撤回。這些將士本來大都是燕王的部下，看到這種情況，也都紛紛離去。

張昺等人被逮殺的消息傳出後，北平城內大亂。朱棣命張玉、朱能乘夜率眾衝出王府，都指揮馬宣率軍抵禦，雙方展開巷戰。王府衛士雖少，卻早已有所準備，先發制人，佔據主動。城中守軍失去主帥，指揮混亂，處於被動地位。都指揮使彭二跨馬奔呼於市中，召集散亂軍士，得千餘人，急往攻打王府端禮門。王府護衛龐來興、丁勝二人格殺彭二，軍士們又自散亂。

巷戰獲勝的王府衛士在張玉、朱能指揮下轉而攻打北平九門，連夜攻克八座城門，到次日黎明時分，僅西直門一處尚未攻下。

經過一夜激戰之後，北平守軍雖多潰走，但北平周圍駐軍仍然很多。馬宣東走薊州，都指揮余瑱北走居庸，都督宋忠自開平經居庸關退保懷來，對北平均形成威脅。必須盡快安定城中局勢，立穩足根，才能保證起兵順利進展。朱棣知道燕山護衛指揮唐雲年高望重，平素見信於將士，便請他前來，像平日那樣不著盔甲，單騎至西直門，對守門的將士們說：「如今朝廷已經和燕王講和，准其自制一方，你們如果還固守不散的話，後去者則要誅殺不貸。」守門的將士聽信唐雲之言，一哄而去，西直門便這樣不戰而下。朱棣控制了整個北平城。

七月初七，朱棣聚集將士誓師，正式打出了「奉天靖難」的旗號。他慷慨陳詞：

我太祖高皇帝、孝慈高皇后嫡子，國家至親。受封以來，惟知循法守分。今幼主嗣位，信任奸回，橫起大禍，屠殺我家。我父皇母后創業艱難，封建諸子，藩屏天下，傳緒無窮。一旦殘滅，皇天后土，實所共鑒。《祖訓》云：「朝無正臣，內有奸惡，必訓兵討之，以清君側之惡。」今禍迫予躬，實欲求死。不得已者，義與奸邪不共戴天，必奉天行討，以安社稷。天地神明，照鑒予心。

天色驟然陰暗下來，烏雲密佈，咫尺之間人不能相視。頃刻，急風驟雨自天而降，燕王府宮殿檐瓦竟有一些被掀落到地上。朱棣不曾想到會出現如此不祥的天氣。誓師之前，他命金忠占卜，測定今日此時是「大吉」之刻，誰知竟會如此巨變？天氣的惡化使朱棣深感不安，如果因此動搖軍心，豈不是出師不利！他在驚恐之中，臉上也變了顏色。

站在一旁的道衍和尚也沒有想到會有這樣的變化，但他即刻鎮定下來，他完全能窺知朱棣和眾將士的心思，於是上前大聲說道：「今天真是吉祥之兆啊！飛龍在天，從以風雨；殿瓦墜落，預示著殿下您將易黃瓦了。」

明朝制度規定，王府宮殿只准覆以綠瓦，只有皇帝宮殿才可使用黃瓦。經過道衍巧妙解釋，這場風雨突變竟成為朱棣起兵的吉兆。處暑前後，北方天氣向來多變，風雨突至本是常有之事，哪裡有什麼吉凶之理？足智多謀的道衍和尚不過是用巧妙的解釋幫助朱棣穩定軍心，保證誓師起兵的成功。

頃刻，風雨已經停息，東方天空中的陰雲稍稍散開，露出少許藍天，陽光從雲隙間透射下來，萬道金光，洞徹上下。將士們欣喜而驚異，一切都正如道衍和尚所預言的那樣，是大吉大利的。

這情形足以使人激動不已，但已在不惑之年的朱棣很快平靜下來，他心中十分清楚，即使今後等待著他的是更加險惡的風雨，他也必須迎頭前去，因為對他來說，只要邁出了今天這第一步，便不存在任何退路了。

四　奉天靖難

儘管朱棣在軍事上初步取得了主動權，但是，要想為這次起兵找到一個合理的藉口，卻絕非易事。好在太祖《祖訓》中有關於藩王訓兵的規定，被朱棣援引過來，再拾起歷朝叛逆諸侯通用的旗幟——「清君側」、「誅奸臣」，勉強可以算作是「奉天靖難」了。

其實，朱元璋《祖訓》中關於藩王訓兵除奸的規定，並不能成為朱棣起兵的藉口。訓文中是這樣說的：

如朝無正臣，內有奸惡，則親王訓兵待命，天子密詔諸王，統領鎮兵討平之。既平之後，收兵於營，王朝天子而還。如王不至，而遣將討平，其將亦收兵於營，將帶數人入朝天子，在京不過五日而還，其功賞續後頒降。

這邊講得很清楚，即使朝中齊泰、黃子澄等人果真如朱棣所指，是「奸惡」之臣，也還需要朱允炆的密詔，朱棣方可起兵征討。但是朱棣目的在奪取皇位，貿然起兵，倉促之中顧不得許多，只是找來《祖訓》，斷章取義，以為一時之用。好在他部下的將士真正知道《祖訓》的並不多，這樣也可以遮擋過去。

接著，朱棣上書朱允炆，又陳述了一番起兵的理由：

奸臣齊泰、黃子澄包藏禍心，橚、榑、柏、桂、楩五弟，不數年間，並見削奪。柏尤可憐，闔室自焚。聖仁在上，胡寧忍此！蓋非陛下之心，實奸臣所為也。心尚未足，又以加臣。臣守藩於燕，二十餘年，寅畏小心，奉法循分。誠以君臣大分，骨肉至親，恒思加慎，為諸王先。而奸臣跋扈，加害無辜。執臣奏事人，箠楚刺熱，備極苦毒，迫言臣謀不

軌。……竊念臣與孝康皇帝，同父母兄弟也，今事陛下，如事天也。譬伐大樹，先翦附枝。親藩既滅，朝廷孤立，奸臣得志，社稷危矣。臣伏睹《祖訓》有云：「朝無正臣，內有奸惡，則親王訓兵待命，天子密詔諸王，統領鎮兵討平之。」臣謹俯伏俟命。

朱棣的這封上書很耐人尋味。首先，他把周王等五個藩王的被削說成是齊泰、黃子澄的奸事，而並非是朱允炆的真心，「實奸臣所為也」。其次，齊、黃還不滿足，現在又要加害自己；而自己一直「奉法循分」，並未「謀不軌」，因此完全是無辜的。再次，這些奸臣先謀害諸藩王，就像伐大樹先翦附枝一樣，以後必然危害朝廷。最後，朱棣在這裡引用《祖訓》原文，而他對將士們說的則不是《祖訓》原文。原因很簡單，如果在給朝廷的上書中篡改了《祖訓》原文，反而會成為自己的一條罪狀。他可以瞞過士兵，但無法瞞過朝廷。所以朱棣表示「俯伏俟命」，要朱允炆頒發密詔，允許他舉兵清除奸臣。其實，明眼人都很明白，這只不過是朱棣的藉口，不管有沒有皇帝的密詔，他都要起兵。他的目的不在除掉齊泰、黃子澄，而是要爭奪帝位。朱允炆見到這封上書後，的確頒發了一道詔書，只是並不是要朱棣舉兵「清君側」，而是「削燕王屬籍」，即把朱棣的名字從皇族玉牒中除掉。

從起兵之時起，北平就成了朱棣真正的獨立王國了。所屬州縣官紛紛棄官而逃，他便重新任命了北平的各級官員，以取代朝廷的命官。張玉、朱能、丘福作了都指揮僉事，擅長占卜的金忠作了燕王府的紀善，隨侍帷幄。原來北平的文武官員如布政司參議郭資，按察司副使墨麟，僉事呂震，都指揮同知李濬、陳恭等，則紛紛向朱棣投降。

北平平定之後，朱棣的首要問題就是要進一步控制北平周圍地區。第二天，他命令郭資守北平，又派兵攻打通州。通州東去北平僅六十里，是北平的門戶，南方從運河漕運的船隻、從天津海上來的船隻，都要在這裡停泊。這裡也是軍事咽喉，當年徐達帶兵北伐，就是先控制了通州，才逼迫元順帝北逃塞外的。令朱棣高興的是，此次通州不戰自克，兵馬未至城下，鎮守通州衛的指揮僉事房勝已率眾前來歸附。

北平的東北方向是軍事重鎮薊州，這時由都指揮使馬宣、鎮撫曾浚把守。張玉提議攻打薊州，他說：「薊州外接大寧，多騎士，不取恐為後患。」兵到薊州城下，馬宣拒絕投降，出城迎戰時被擒，罵不絕口，與曾浚一同被殺。守城指揮毛遂獻城降附。

張玉乘勝連夜開赴遵化，簡選勇士，在夜鼓四更時分悄悄登城。潛入城中的先鋒打開城門，大軍進城後，城內守軍才發覺，遵化衛指揮蔣玉、密雲衛指揮鄭亨見大勢已去，也投降了燕軍。

正當朱棣著力在平東一帶經營時，得到了居庸關守將余瑱扼關待進的消息，這迫使他將注意力轉向了平西北。

居庸關地處北平北部一條四十里長的峽谷之中，兩側山峰陡峭，地勢險要。走出關溝南端的山口南口，便一馬平川，直通北平。這座「百夫鎮守，萬夫莫窺」的險關，是北平的咽喉之地。朱棣對諸將說道：「居庸關為他人所據，就好像一個人家的後門落入盜賊之手。如今若不乘其立足未穩而襲取之，待其增兵固守，再想攻取就困難多了。」於是，他命部將攻襲居庸關，余瑱兵敗退往懷來，依附於都督宋忠。

當朱棣在北方攻城掠地之時，建文帝朱允炆正在南京的皇宮中與方孝孺討論更定律令、減輕刑罰、合併州縣之類的「文治」之事。這種情景與北方硝煙彌漫的戰場形成了鮮明的對照，朱允炆似乎並未將「削藩」這樣的大事放在心上，而把對付朱棣的全權交給齊泰、黃子澄，自己則潛心於改制的研討之中。

居庸關

居庸關是長城上一個著名的關城，在北京西北部約六十公里，位於太行山餘脈軍都山峽谷之間，地勢險要，與倒馬關和紫荊關合稱「內三關」。自北而南分別由岔道城、居庸外鎮（八達嶺）、上關城、中關城（居庸關）及南口五道防線組成，而居庸關則為整個體制之指揮中心。早在春秋戰國時代，《呂氏春秋》就有記載：「天下九塞，居庸第一。」之後歷代均有修築增建，居庸關也成為北京西北方的軍事重鎮。

五　雄關鐵馬鬥懷來

「靖難」之役初起之時，形勢本應是有利於朱允炆的。就他與朱棣所處的地位來說，朱允炆為君，朱棣為臣；朱棣舉兵，就是叛逆，在輿論上處於受斥責的被動地位。從朱棣提出「清君側」以恢復祖宗舊法的口號來看，也遠不如朱允炆指斥他「稱兵構亂，圖危宗社」的罪狀具有號召力。何況朱棣是冒不韙以爭天下，對建文新政的責難多係強詞奪理，稍有頭腦的人都很難受騙；相反地，朱允炆削藩則是人心所向，尤其是受到了那些藩王壓迫下的士民們擁護。按理說朱允炆應該削藩成功才是，然而結果卻恰恰與此相反，造成了這位青年皇帝抱憾終生的歷史悲劇。

這場戰爭從一開始，便顯出了不利於朱允炆的徵兆。

都督宋忠是朱允炆派往北平周圍防燕王的主要將領之一，他受命統領邊軍三萬駐紮開平。朱棣在北平起兵後，他率部眾經居庸移師懷來。

宋忠軍中，除去原部邊軍外，夾雜了大批燕王府護衛將士，這些人的家屬子弟都在北平城中，對北平的情況十分關注。他們雖然被抽調防燕，卻無心與燕軍作戰。宋忠出於無奈，欺騙這些將士說，他們留在北平的家屬已被朱棣所殺，企圖以此激發這些將士的復仇之心，一大批軍心不穩的將士就這樣半信半疑地被驅趕上陣——這一切都被朱棣從捕獲的探子口中得知了。

七月十五日，朱棣率馬雲、徐祥等馬步軍精銳八千，從北平出發，卷甲倍道殺奔懷來。

北平通往懷來的道路對朱棣來說太熟悉了，他曾幾次帶兵從此出塞北征。大隊人馬出建德門，走清河、沙河古道。時值初秋，驕陽雖有餘威，但已不復盛夏那樣熾熱。道邊的禾苗樹木卻依然是茂盛青翠的，時時散發出帶著草木氣息的陰涼。朱棣騎在馬上，望著這山水道路，不禁想到，往日的被命出征都是為了父皇，而今這一仗卻是為了自己。而這次作戰又與往日不同，北出沙漠能否遇敵獲勝，總是了無成算，今次出征卻期在必勝。一想到此，他不禁面帶喜色，揮鞭令將士加速前進。

軍過昌平，漸入山中，道路崎嶇蜿蜒，路邊山峰連綿如成列的儀仗迎接朱棣。他向前望去，前鋒已經隨峰迴路轉，進入了深山；回首一望，大隊在蜿蜒前進，殿後的隊伍還沒轉過山來。真是雄關鐵馬，氣吞萬里如虎。出塞後不久，地勢豁然平曠了，這裡雖不是沙漠戈壁，卻也是遍地沙石，少見樹木，偶爾的幾縷柔雲顯得甚低，那雲外的天卻分外湛藍。

第二天，朱棣率燕軍到了懷來城下。

懷來城座落在平曠的高埠上，西北是不甚高的連山，西南都是寬廣平坦的河灘，淺淺的河水從沙灘和卵石中散漫地向東南流去。

朱棣發起進攻時，由被宋忠揀選的燕王府護衛將士的親屬組成前鋒。當懷來守軍臨陣看到熟悉的旗幟，認出自己的父兄子弟時，不禁發出驚喜的呼喊。在一片你呼我應的喊叫聲中，守軍陣線動亂了，等他們弄明白受到宋忠欺騙時，有人憤怒地吼起來：「宋都督誑我！」一呼百應。這些將士掉轉槍頭，加入了燕軍行列，臨陣倒戈了。戰場上一片混亂。朱棣乘機揮師渡過媯河，鼓噪衝陣。守將都指揮彭聚、孫泰拚死拒守，於亂軍中陣亡，宋忠只得狼狽回奔入城。這時城池已經不守，燕軍湧入城內，宋忠躲入廁所也未能逃脫，被燕軍搜出擒獲。

懷來一戰大獲全勝。此戰雖然只殲滅宋忠部下將士數千名，但是餘眾大都潰散，丟棄的大量馬匹軍械盡為燕軍所得。朝廷派往北平周圍最強的一支軍力，就這樣被消滅掉了。

宋忠的敗沒顯示了朱棣的才略和力量，也暴露出朝廷方面的弱點，幾位受命謀燕的將領不僅智謀上遠遜於朱棣，而且在軍事上也表現出無能。宋忠等人被俘後，燕軍諸將十分得意，但朱棣卻表現得異常清醒。他知道這只不過是剛剛開始，得天下絕不會如此容易。他對諸將說：

> 宋忠本庸才，才掌一兵柄，便爾驕縱，此輩熒惑小人，視之如狐鼠耳。區區勝之，何足喜也。苟勝大敵，喜當如何？夫喜則易驕，驕則不戒，不戒則敗機萌矣。孔子所謂必也臨事而懼，好謀而成者也。

諸將聞言，無不佩服。朱棣確實較眾將高出一籌。隨後，永平府守將趙彝、郭亮以城歸附。這兩個人都是朱棣當年北征時的舊部，他們的歸附，使朱棣控制了從北平到山海關一帶幾乎全部的軍事重鎮。

起兵後的順利進展，給了朱棣極大的鼓舞，他感到公開指斥朱允炆，並將起兵「靖難」的決心公布於天下的時機似乎已經成熟了。永平歸附的同一天，朱棣布告天下將吏軍民：

> **我皇考太祖高皇帝，綏靖四方，一統天下，並建諸子，藩屏國家，積累深固，悠久無疆。皇考太祖高皇帝初未省何疾，不令諸子知之。至於升遐，又不令諸子奔喪。閏五月初十日亥時崩，寅時即斂，七日即葬，踰月始詔諸王知之。又拆毀宮殿，掘地五尺，悉更祖法。以奸惡所為，欲屠滅親王，以危社稷。諸王實無罪，橫遭其難，未及期年，芟夷五王。我遣人奏事，執以捶楚，備極五刑，鍛煉成獄。任用惡少，調天下軍官四集見殺。予畏誅戮，欲救禍圖存，不得不起兵御難，誓執奸雄，以報我皇考之仇。夫幼沖行亂無厭，淫虐無度，慢瀆鬼神，矯誣傲恨，越禮不經，肆行罔極，靡有修底。上天震怒，用致其罰，災譴屢至，無所省畏。惟爾有眾，克恭予命，以綏定大難，載清朝廷，永固基圖。**

這份宣言用辭相當激烈，已不只是在指斥「奸臣」，而是在公開指斥「幼沖」朱允炆。第二天，朱棣又派人給朱允炆送去一份措詞強硬的上書。這份上書與之前的內容基本相同，名義上是在指責所謂「奸臣」，實際是向朱允炆發出「困獸思鬥」的警告。「**萬一必欲見屠，兵連禍結，無時而**

已。……苟固執不回，墮群邪之計，安危之機，實係於茲。」這大概是出於威嚇的需要，朱棣絕不會希望朱允炆真的改弦更張。他既然抓住了這次奪位的良機，豈能輕易放過？當然，在這場剛剛揭開序幕的奪位鬥爭中，朱棣還必須爭取政治上的主動。他指齊泰、黃子澄等人為「奸惡」，稱朱允炆為「沖主」，而將自己比作輔佐成王的周公，無非是要掩飾奪位的野心而已。

六　迎戰耿炳文

建文元年（一三九九年）七月二十四日，就藩在宣府的谷王朱橞奔還京師，向朱允炆報告了朱棣起兵之事。這時，前方不斷失利的戰報也接踵而至，尤其是宋忠在懷來大敗的消息傳來後，朱允炆不得不召集廷臣，商議對策。

黃子澄確實感到了事態的嚴重。當初制燕的種種安排竟然都未能奏效，可見燕軍的強悍。看來只有出師北伐，否則燕軍趁勢南下，局面將不堪設想。因此，當朱允炆召集廷臣議事時，他和齊泰便極力主張公布其罪名於天下，同時遣將征討。誰知廷臣中主張不一，有人以燕王有叔父之尊為由，認為征討之舉有些過份。齊泰憤然爭辯道：「名正則言順，名其為賊，敵乃可克。」朱允炆採納了齊泰的意見，決定布告天下，出師伐燕。

討伐燕王朱棣的詔書出自方孝孺之筆：

邦家不造，骨肉周親屢謀僭逆。去年，周庶人橚僭為不軌，辭連燕、齊、湘三王。朕以親親故，止正橚罪。今年齊王榑謀逆，又與棣、柏同謀。柏伏罪自焚死，榑已廢為庶人。朕以棣於親最近，未忍窮治其事。今乃稱兵構亂，圖危宗社，獲罪天地祖宗，義不容赦。是用簡發大兵，往致厥罰。咨爾中外臣民軍士，各懷忠守義，與國同心，掃茲逆氛，永安至治。

詔令很快便發布天下，但是選任主將之事卻頗費周折。由於朱元璋晚年大肆屠殺功臣宿將，當他去世後，給皇太孫留下的遺產中最為匱乏的，就是能征善戰的將帥，這也正是藩王兵權越來越重的一個原因。有人推測，倘若藍玉不被殺，而仍主持北方軍務的話，朱棣未必能夠得手。

藍玉是朱允炆母親的舅父，勇猛善戰，絕不是宋忠、謝貴之輩能比擬的。可惜這樣的猛將在洪武朝幾乎已被殺盡，僥倖存留下來幾個，也都只求無事，無心征戰。而齊泰、黃子澄、方孝孺又皆為書生，兵事非其所長，靠他們來運籌帷幄、決勝千里，更是不可能的。朱允炆躑躅再三，任命長興侯耿炳文為征虜大將軍。

與朱元璋同為濠州人的耿炳文，是洪武末年倖存的功臣之一。群雄紛爭之際，他受命攻佔江浙門戶長興，駐守達十年之久，屢敗張士誠之師，又曾多次從征北元，算得上是身經百戰的元勛宿將。

這一年雖然年已六十五歲，也只得掛印勉力出征。左、右將軍分別由大名公主駙馬李堅和都督寧忠充任，當年曾預言燕王必反的程濟，以翰林編修的身份出任耿炳文的軍師。於是發檄調發各處軍馬，出師北上。與此同時，安陸侯吳杰、江陰侯吳高、都督僉事耿瓛、都指揮盛庸、潘忠、楊松、顧成、徐凱、李友、陳暉、平安等部，也都先後接到分路進軍北平的命令。

八月十二日，也就是在朱棣北平起兵一個月零六天之後，朝廷的北伐之師才在主將耿炳文率領下抵達真定。各路軍馬應調而至者也參差不齊，計劃調集三十萬，結果只到了十三萬。朱允炆對這一情況似乎並不知曉，千里之外，他默默焚香祝告耿炳文馬到成功。

耿炳文率師北進的消息傳到北平，朱棣並未急於出師迎戰。他先命大將張玉赴耿炳文軍營周圍察看敵情。張玉回來報告說：「南師此來，軍紀渙散。主將耿炳文年邁氣衰，前鋒潘忠、楊松有勇無謀。我們欲通南下之途，可以先破潘、楊之師。」按照張玉的主張，朱棣親自制定了襲取雄縣的作戰計劃。

八月中秋，朱棣擐甲執兵，率師來到白溝河西岸，河對面不遠便是耿炳文先鋒九千人駐守的雄縣。燕軍在這裡秣馬蓐食，養精蓄銳，做好了攻襲準備。下午申時過後，朱棣傳令全軍渡河，然後緩緩前進，神不知鬼不覺地潛伏在雄縣城下。

這天正是中秋之夜，城內一片節日氣氛，守軍將士放鬆了戒備，正在飲酒賞月。燕軍將士攀附而上時他們才發覺，皆登城破口大罵，大概是罵燕軍中秋節來攻，太不仁義。儘管是半夜間倉促應戰，守軍依然進行了拚死抵抗。黎明時，城池終於被攻破，拒絕投降的朝廷將士被全部殺掉。

一切都在按照計劃進行。襲取雄縣以後，下一步便是進取莫州。朱棣估計到莫州的潘忠、楊松已經得知燕軍夜攻雄縣的消息，但他們必沒料到雄縣是這樣快陷落，因此必定會趕來救援。於是決定設伏打援，再乘虛進取。他命令燕山右護衛副千戶譚淵率壯士千餘人，潛伏到月漾橋下的河水中，每人持茭草一束，蒙頭以通呼吸，約定待潘忠、楊松援軍過橋後，以炮聲為號，立即出水佔據橋頭，斷其退路，其餘大批燕軍則埋伏在城中。一切佈置妥當，朱棣登上雄縣城頭，向南眺望，只等潘、楊落入圈套。

不出朱棣所料，潘忠、楊松得到雄縣的告急，留下萬餘名軍士守城，率師趕赴雄縣救援。當他們經過月漾橋直插雄縣城下時，路旁突然響起號炮，燕軍從城內掩殺出來。潘、楊見雄縣已失，無心戀戰，急忙率師回奔。譚淵聽到號炮聲，已經率壯士從水中衝出，佔據橋頭，擋住了敵軍的退路。莫州敗軍潰至河邊，無路可走，後面的兵馬卻如同潮水般湧來，前面的士兵紛紛被擠落水中喪生，未落水的不是被燕軍圍殺死傷，便是降俘，主將潘忠、楊松也被當場擒獲。從潘忠等人口中得知莫州虛實後，朱棣親率精騎火速奔往。留守的萬餘人得知主將被擒，已喪失鬥志，在朱棣威脅下開城投降。莫州城就這樣不戰而下。

燕軍一天內消滅朝廷北伐的先鋒部隊近三萬人，揭開了真定之戰的序幕。連續獲勝而士氣高漲的燕軍進至無極，這裡距真定僅數十里，朱棣召集諸將，議定下一步作戰方案。有些將領認為兵力對比上敵眾我寡，主張西取新樂，據城扼守，與真定形成對壘之勢，然後再圖進取。實際上這種主張是出於對耿炳文軍力的顧慮，不敢主動出擊，避據一隅之地，坐守待斃。其結果，燕軍不用幾日便會銳氣自消，耿炳文若以大軍壓城，形勢將會對燕軍極為不利。但因為多數將領贊同此議，朱棣頗感為難。這時主將張玉力排眾議，提出主動出擊的建議。他對朱棣和眾將士說道：「如今我軍應直趨真定，敵軍雖眾，卻是新集，又立足未穩。我以得勝之師，一鼓作氣，定能克敵制勝。」張玉的主張得到朱棣的贊許，他對諸將說道：「張玉所言，甚合我意。我只須靠他一人，便足以成事！」

一個在莫州降附的小將名叫張保，表示願為燕軍效力，提供了一些有關朝廷方面的軍情虛實。這次耿炳文掛印北伐，各路軍馬應調而至者參差不齊，實際到達真定的只有十三萬，正說明了建文政權的軟弱無力。這十三萬兵馬，除以三萬作為先鋒進駐莫州、雄縣外，餘下的十萬均駐於真定。耿炳文將真定駐軍分為兩部，夾滹沱河為營，互為聲援。如果北岸軍營受到攻擊，則北岸為戰，南岸為援；如果南岸軍營受到攻擊，則北岸可為增援。

面對這位用兵審慎的老將，朱棣決定改變戰術，不用偷襲，而採取「先聲後實」之策。他放回了降將張保，讓他裝作被俘後趁看守不備竊馬逃歸的樣子，去向耿炳文如實講述雄縣、莫州戰役的情狀和燕軍將抵真定的情報，使其速為準備。諸將對這種做法疑惑不解，朱棣向他們解釋說：「張保歸去後，如若肯為燕軍所用，則是此戰的內應；如若不為所用，則必定向耿炳文如實報告。耿炳文鑒於燕軍勢盛，又必然將南北二營合軍防禦，這樣才能一舉破敵。」經過這番解釋，眾人方才明白了「先聲後實」的高明之處。

在此次大戰中，張保這個角色顯得很神秘，他是否真的投降了燕軍，是很可疑的。從各方面的情況看，他倒很像個雙重間諜。張保只在真定戰役中表演了一番，以後就不知去向了。其實朱棣也未必相信他真來投降，至少朱棣的部下中不少人懷疑他是朝廷的奸細，以致朱棣不得不向部下解釋，即使「彼有反側，去一張保，於我何損！由是事成，亦一人之間耳」。

在真定城外二十里處，朱棣從當地樵夫口中得知耿炳文正令南岸之師北渡，於是率師從城東南繞城而過，乘亂攻破西門外兩座營盤，守軍大亂，耿炳文當時正在接待朝廷的使官，送使官出城時，正值燕軍突至，急忙回奔入城，下令關閉城門，吊起索橋，但吊索已被衝殺過來的燕軍將士砍斷，橋不能起，燕軍攻抵城下。

當耿炳文再度出城調集守軍列陣迎戰時，燕軍已經基本控制了城外局勢。張玉、朱能等燕將正面奮擊，朱棣以奇兵從陣後衝殺而來，前後夾擊，橫穿敵陣，耿炳文軍不敢戀戰，敗退入城，李堅、寧忠、顧成、劉遂等幾員朝廷大將都被燕軍生擒。在被俘諸將中，朱棣最看重左軍都督顧成，希望他能夠降附而為己所用。顧成在元末投朱元璋為親軍，積功指揮僉事，洪武中受命鎮守貴州，便享威名。在這場奪位之爭中，朱棣必須盡力去拉攏顧成這樣過去與自己並無舊交、卻在軍中頗有威望的將領，才能在未來皇權的鞏固上更加無後顧之憂。

朱棣在營帳中見到被綁縛而來的顧成。

「你是我皇考舊人，沒想到竟然會這樣做事。」朱棣話語中帶著明顯的勸降口吻。

「我實在是出於無奈，若得不死，願以身報效殿下。」顧成表示願意降附。於是朱棣起身，親自為他解開綁縛。

「如今我能夠得到將軍，這真是天意！」朱棣知道顧成為人老成可用，便將他送到北平，輔佐燕世子朱高熾居守。他後來在北平保衛戰中果然發揮了很大作用。

其實，真定之戰雙方尚未定出勝負。耿炳文雖然初戰失利，折損數將，但實力尚在。他決定擁眾固守，不再出戰，以避燕軍銳氣。而朱棣攻打真定連日未克，也感到不知所措。真定作為朝廷北伐基地，兵多糧足，耿炳文又是身經百戰的老將，長於攻守；燕軍則多邊衛將士，善於陣地野戰，不習於攻城，加以連日奔突作戰，體力疲憊。朱棣擔心將士產生厭戰情緒，便解圍而去，班師回到北平。

七　庸帥北伐

耿炳文北伐受挫的消息傳到京師，朱允炆不禁憂心如焚，急忙召齊泰、黃子澄入宮議事。黃子澄寬慰朱允炆說：「勝敗乃兵家常事，不足為慮。現在正是國家全盛時期，士馬精強，兵甲饒富，糧餉充足，取之不竭，用之有餘。區區一隅之地，怎麼能抵擋全國之力！」他提出再行調集各地軍馬，重新出師北伐。這次他推薦曹國公李景隆替代長興侯耿炳文。

「曹國公可以當之。前不遣長興侯而用曹國公，必無此失。」其實當初選耿炳文為將，也是出自黃子澄的主張。

李景隆是朱元璋外甥李文忠的長子，小字九江，自幼讀書頗通典故，又長得高大俊秀，舉止雍容大度，受到朱元璋的喜愛。洪武十九年（一三八六年）襲爵曹國公，曾多次受命練兵湖廣、陝西、河南，還曾市馬西番，掌左軍都督府事，加太子太傅。朱允炆即位後，李景隆以近親極受信任，曾受命收逮周王朱橚。當時，周王沒有任何武裝反抗的準備，措手不及，所以李景隆順利得手，將其逮繫京師。自此以後，他愈加受到朱允炆的信賴。

稍有眼光的人都看得出來，李景隆這種生長於貴族之家的紈絝子弟，絕非可以倚重之人。朱允炆卻好像找到了靠山，高興起來：「先生之計得之，希望竭力相維持，他日事平，當有重報。」

這個二十二歲的皇帝畢竟太年輕了，還缺少識別人才的經驗和能力。他僅僅覺得李景隆親近可靠，就聽從了黃子澄的建議，用李景隆率師北伐。歷史上的經驗不只一次地證明，用人不當往往遭致慘重的失敗。這次用李景隆為將又是一個活生生的例證。

八月三十日，朝廷為李景隆舉行了遣將出征的儀式。朱允炆除去照例賜給李景隆代表統帥威儀的斧鉞，許他使專征伐，不用命者就地處死，還特授與他「通天犀帶」，親自為他寫了「體爾祖跡忠孝不忘」，表示了逾分的隆遇。

朱允炆親自率領文武百官送李景隆走出午門，外面儀杖整齊、旗甲鮮明的將士已經列隊而待。金鼓齊鳴，樂聲大作。朱允炆又親自為李景隆行推車禮，餞之於江滸，以示激勵。這種榮寵自然是耿炳文所不可比擬的。

看著躊躇滿志的李景隆，不少人感到有些擔心，從征的將士們更是怏怏不樂。人們不相信這個只會紙上談兵、妄自尊大的貴公子會比老將耿炳文高明，也不願為之所用。可以說，這次換將出征，從一開始便顯露了敗跡。

李景隆出師，前軍都督府左斷事高巍奉命參贊軍事。他上書朱允炆說：「我願意出使北平，披肝瀝膽，向燕王陳以大義，曉以禍福，感以親親之誼，令其休兵。」朱允炆感到他言辭壯烈，就答應了他。於是，高巍先期到達北平，未曾見到朱棣，便送上陳說的書信：

太祖上賓，天子嗣位，布維新之政，天下愛戴，皆曰：「內有聖明，外有藩翰，成康之治，再見於今矣。」不謂大王顯與朝廷絕，張三軍，抗六師，臣不知大王何意也。今在朝諸臣，文者智輳，武者勇奮，執言仗義，以順討逆，勝敗之機，明於指掌。皆云大王藉口誅左班文臣，實則吳王濞之故智，其心路人所共知。巍竊恐奸雄無賴，乘隙奮擊，萬一有失，大王得罪先帝矣。……

今大王據北平，取密雲，下永平，據雄縣，掩真定，雖易若建瓴，然自兵興以來，業經數月，尚不能出蕞爾一隅地。且大王所統將士，計不過三十萬，以一國有限之眾，應天下之師，亦易罷矣。大王與天子，義則君臣，親則骨肉，尚生離間，況三十萬異姓之士，能保其同心協力，效死於殿下乎？巍每念至此，未始不為大王洒泣流涕也。……

願大王信巍言，上表謝罪，再修親好。朝廷鑒大王無他。必蒙寬宥，太祖在天之靈亦安矣。倘執迷不悟，舍千乘之尊，捐一國之富，恃小勝，忘大義，以寡抗眾，為僥倖不可成之悖事，巍不知大王所稅駕也。況大喪未終，毒興師旅，其與泰伯、夷、齊求仁讓國之義，不大徑庭乎？雖大王有肅清朝廷之心，天下不無篡奪嫡統之議。即幸而不敗，謂大王何如人？

高巍給朱棣的這封上書，言辭不可謂不慷慨，不可謂不壯烈，但是過於書生習氣。在這爭奪皇位的殊死爭鬥中，幾十萬大軍都不能令朱棣休兵，而妄圖以一紙之書就讓他突然悔悟，只能被嘲笑為迂闊之舉。更何況高巍所講的這些道理朱棣並非不知道，他既然已經起兵，怎麼可能再讓他仿效伯夷、叔齊等人去「求仁讓國」呢？

高巍曾被朱元璋旌表為孝子，所以他在上書的最後懇言：「**既為孝子，當為忠臣，死忠死孝，巍至願也。如蒙賜死，獲見太祖在天之靈，巍亦可以無愧矣。**」在中國古代，儒家思想確實培育出了一大批高巍這樣的忠臣孝子，朱棣不願因為殺了這樣的說客而落下不義之名，於是便不予理睬。高巍在北平幾番上書不見回音，又見不到朱棣，只好悻悻而歸。

就在高巍掃興南回的同時，李景隆在德州對耿炳文原有軍馬進行了整頓，又飛檄徵調各處軍馬，共合軍五十萬，進營河間。他一改耿炳文以守為攻、穩中求進的戰略部署，準備全力以赴，進取北平。

朱允炆用李景隆取代耿炳文，對於朱棣來說無疑是件好事。對付一個「寡謀驕橫，不知用兵」的「膏粱豎子」，比對付一個身經百戰的老將要容易得多，這可以算是朱允炆在真定之戰後的最大失誤。朱棣得到李景隆進兵的消息後，大喜過望，對諸將說：「李九江豢養之子，寡謀而驕矜，色厲而中餒，忌刻而自用。輒以五十萬眾付之，是自坑之矣。漢高祖大度知人，善任使，英雄為用，不過能將十萬人。九江何等才，而能將五十萬？趙括之敗可待矣。」

朱棣指出了李景隆的五大敗徵：

為將政令不修，紀律不整，上下異心，死生離志，一也；今北地早寒，南卒裘褐不足，披冒霜雪，手足皸瘃，甚者墮指，又士無贏糧，馬無宿藁，二也；不量險易，深入趨利，三也；貪而不治，智信不足，氣盈而愎，仁勇俱無，威令不行，三軍易撓，四也；部曲喧嘩，金鼓無節，好諛喜佞，專任小人，五也。

朱棣對李景隆的弱點如此瞭如指掌，而任用李景隆的朱允炆對此卻似乎一無所知，這實在是一個不能原諒的錯誤。後來戰事的發展表明，李景隆就像被朱棣牽著鼻子走一樣，一步步地陷入了失敗的深淵。

八　北平攻守戰

朱棣對於對手的分析確是擊中要害，但李景隆此來畢竟擁眾數十萬，目標又是直搗北平，因此他也不得不認真對待。全力固守北平，無異於坐以待斃；出師迎戰，又感到兵力不足。朱棣決心冒一次險，他留下部份軍力堅守北平，自己率主力在外牽制對手，爭取主動，同時設法擴充力量，於是他想到了大寧的那些軍馬。

地處塞外的大寧，是明朝北方軍事重鎮，兵馬素稱強盛，又有朵顏三衛突厥騎兵，驍勇無比。

這支強大的軍事力量如果能為朱棣所用，雙方軍力對比就會發生明顯變化。對於這一點，朝廷方面並非無所察覺。當朱棣起兵北平之初，朱允炆便命遼王朱植與寧王朱權離藩赴京，就是擔心遼東和大寧的軍馬與燕軍結合。遼王朱植得詔後渡海赴京，被改封於荊州。寧王朱權與燕王朱棣一向相處較融洽，得詔後拒不赴京，被削奪三護衛。他雖未立即從燕，但這種曖昧的態度使朱棣感到大有可乘之機。

李景隆尚未進展，遼東軍馬已在江陰侯吳高率領下先行入關，並且包圍了永平。永平雖是北平與遼東間的要衝之地，但是城堅糧足，一時並無失陷之憂。不料朱棣接到報告後，立即決定傾力出師救援。諸將並不知道朱棣襲取大寧的計劃，對這種不去應付李景隆即將北上之師，卻傾力救援一座並不危急的堅城的做法感到疑惑不解。朱棣不能透露襲取大寧的計劃，只好含糊其辭：

我師出援永平，北平所留將士，與李景隆對陣固然不足，但用來據城守禦則有餘。我若以全師守城，是自示弱於敵；兵出在外，變化莫測，內外相為犄角，才能破敵制勝。此次出師，非僅專為解永平之圍，還為促李景隆速來。吳高其人一向膽怯，聞我至，必定解圍而走。則我不僅可解永平之圍，還可敗李景隆於回師之中。

這樣的解釋是不能令人信服的。如此徒自奔勞去解永平之圍，再以勞頓之師去迎擊李景隆的數十萬大軍，無論如何算不得上策。其實，朱棣這次出師的真實目的只有一個，那就是襲取大寧。離開北平前，朱棣對防務做了具體而周密的部署。他下令放棄對盧溝橋的防守，因為「天寒水涸，徒守一橋無益」，只讓留在北平的將士們集中全力守城。

朱棣將妻兒老小留置在這座孤城之中，自己率師出征了。他並非那種憑著三分把握僥倖取勝的冒險家，但是這一次確實冒著相當大的風險，他顯然也是出於無奈。燕軍進抵永平，吳高即解圍退保山海關。遼東軍馬入關的主要目的是為牽制燕軍，支持北伐，並不急於求戰，這樣做的結果將給燕軍造成很大麻煩。為解除這一後患，朱棣仿效三國故事中的「蔣幹盜書」，施展反間計，致吳高書信一函，故意誤投於都督楊文之手。江陰侯吳高叔父吳楨之女，本是湘王朱柏之妃，建文削藩之初，闔宮自焚而死。朱允炆對他本來已有所懷疑，得知燕王致書的消息後不久，便削去吳高爵位，將其徙置廣西去了。吳高用兵縝密，楊文則缺少謀略。去掉吳高，遼東軍人心疑慮，楊文也只能按兵山海關不動了。

與此同時，燕軍突然取道劉家口，繞過松亭關，直奔大寧。一切都安排得那麼果斷、迅速、出人意料。當朱棣單騎入城，見到寧王朱權時，兄弟二人相持大慟。朱棣並不準備對朱權隱瞞此行的目的，他公

蔣幹盜書

三國赤壁大戰前夕，曹操率百萬大軍駐紮長江北岸，派蔣幹過江勸降周瑜。周瑜和蔣幹是舊識，蔣幹渡江之後，周瑜待他如同己出，晚上和他同睡一床。蔣幹趁周瑜睡著之後，起來欲蒐集情報，在他房間找到一封曹營將領蔡瑁、張允寄來和周瑜勾結的信。蔣幹一時不察，帶著信件連夜趕回曹營報告。曹操看了信件，一氣之下殺了蔡瑁、張允，之後才發現此信是周瑜捏造的，曹操和蔣幹都中了計謀。

開提出「窮蹙求援」。這位被削奪了護衛的寧王，處境與朱棣不過是一步之差，他們的心境是相通的。朱權自然答應以大寧軍馬附從「靖難」。遵照朱棣的吩咐，燕軍將士們也主動與大寧將士們私下交往，相結謀事。只有不肯苟從的大寧守將朱鑒和寧王府長史石撰被蒙在鼓裡。

六日後，朱棣偽稱辭行，寧王朱權也佯作為之餞行於郊外。餞別儀式正在進行過程中，四周伏兵突起，朵顏三衛騎兵及大寧衛軍也起而響應，擁朱權同行。朱鑒未及準備，無法控制這突然變故的局勢，力戰而死，石撰也被擒殺，朱棣的大寧之行圓滿成功了。

此時的北平，卻正處於大兵壓境之中。

李景隆得知朱棣主力在外，決定將軍馬分成三部份——一部份築壘於北平九門，日夜攻城；一部份東去攻打通州，以防止通州守軍與北平相呼應；同時集結一部份主力，築九營於北平至通州之間的鄭村壩，以待朱棣回師。

數十萬軍隊迤邐北上，沙沙的腳步，噠噠的馬蹄，隆隆的車輪，在凍土上響成一片。過了良鄉就是宛平，就算進了北平地界了。盧溝河橫亙於良鄉和宛平之間，河上的盧溝橋是必經之路。這座建於金代大定年間的石橋，從東到西共有十一孔，橋兩邊護欄間的二百八十根壁柱上，雕有千姿百態的小獅子，使石橋在壯偉中顯著靈秀。李景隆指揮大隊軍馬通過盧溝橋，不由吟起宋人的詩句：

道上征車鐸聲急，
霜花如錢馬鬣濕。

他意氣驕橫地用馬鞭敲打著馬鞊說：「不守盧溝橋，吾知其無能為也！」不免露出對朱棣的輕視之意。眼前壁柱上小石獅子正在嬉戲耍鬧，彷彿是在向他預示著勝利的到來。

留守北平的世子朱高熾深知守城責任重大，自父親外出征討，他每天率領將士督治城中守備，趕製守城兵器，並經常到城內居民家中噓寒問暖，深得民心。近侍見他每日天不亮就起床，到快半夜時才歇息，便勸他不要過於勞累。朱高熾回答：「君父身冒艱險在外，此豈為子優逸時？且北平根本之地，敵人所必趨者，豈得不為預備！」守城事務雖總於朱高熾，但他遇有大事都要先稟告母親徐氏，然後再行實施。這位平素文靜端莊的王妃不愧是將門之女，親自率領城中婦女登城助戰，擲瓦拋石，奮力廝殺，與守城將士一起擋住了攻勢。

北平攻守雙方的力量對比是很懸殊的，李景隆滿以為可以一舉拿下，沒料到竟遇到十分頑強的抵抗。九座城門是攻守爭奪最為激烈之處，都督瞿能父子攻打彰義門幾乎得手。驍勇善戰的瞿能洪武年間曾隨大將軍藍玉出大渡河征西，武功甚著。這時，他和其子率領數千精銳騎兵向彰義門發起猛烈衝擊，銳不可當，竟殺入城內。因孤軍攻入，後軍不繼，便勒兵以待。而忌功妒才的李景隆不讓瞿能乘勝前進，自己再督軍趕快跟上，反而下令停止進攻。時值寒冬，北平守軍趁瞿能暫停進攻之機，連夜提水澆在城牆上面，使城牆凍結成冰，次日再戰，城牆已覆冰無法攀登。這也可能是修史者有意對李景隆的貶斥，但是這座僅有萬餘人堅守的孤城，在數十萬強敵猛攻之下，竟能夠巍然不動，也在一定程度上證明了李景隆的無能。

深夜，守衛北平的燕王世子朱高熾命軍士不斷出城偷襲騷擾，攪得城外營盤不得安寧，李景隆只得後退為營，小心防範。就在北平的攻守戰處於膠著狀態時，朱棣在會州對部隊進行了整編，以燕軍歸屬將士為主體，將大寧降附的兵士分隸諸部，一路回師馳援而來。

燕軍履冰渡過白河後，列陣逼近鄭村壩李景隆的大本營。幾乎在同一時間，李景隆命都督陳暉率領騎兵萬餘，出營東行，尋伺迎擊燕軍。但是由於雙方未走同一條道路，竟然不遇而過。游哨發現了燕軍大隊，陳暉不敢貿然出擊，只是調轉馬隊，尾隨於燕軍之後，準備配合大營夾攻。沒想到隊伍剛渡過白河，朱棣突然率精銳騎兵回頭迎擊，陳暉很快潰不成軍，燕軍乘勝掩殺，斬首無數。陳暉的餘部倉皇渡河逃跑，掉入河中淹死的很多，主將陳暉僅以身免。

對於白河的這次前哨戰，《奉天靖難記》和《明實錄》諸書記述得頗有神秘色彩。當燕軍欲渡河而西時，朱棣對天默禱：「天若助吾，河冰即合。」一夜間起營，果然河水成冰，使燕軍得以順利揮師渡河。朱棣的部將以此事比附東漢的光武帝，據說光武帝中興漢室時要渡滹沱河，河水即突然而合，這被說成是祥瑞之徵。當陳暉的軍隊要渡河而逃時，堅冰卻忽然化解，以致溺水者甚眾。這顯然又是朝廷的不祥之兆了。其實，這時已是舊曆十一月，北方早寒，河水結冰是正常現象，不必燕王禱告而後結冰；陳暉戰敗，敗卒奪河而逃，毫無秩序可言，近萬兵馬突然湧到河冰上，冰層被壓破而落水死者或許有之，也並不奇怪，談不上什麼天意。這類記述顯然是後來永樂朝史官偽作祥瑞，詆譭朱允炆，為朱棣稱帝製造「天意」。

朱棣消滅了陳暉這支前哨部隊後，立即向鄭村壩奔襲而來。李景隆列陣相迎。雙方的將士們發出了驚心動魄的吶喊——這也是朱棣與朱允炆都在等待的一場決戰。

由於陳暉所率騎兵已在白河被擊潰，李景隆方面失去了騎兵主力，燕軍中朵顏三衛的騎手們因而大逞其威。他們像疾風般從陣中掃過，突破了一座座營盤。但是北伐將士的列陣在騎兵衝過後又重新集結起來，截住後繼的燕軍。數十萬人馬在寒冷的荒原上用刀劍進行著殘酷的廝殺。

朱棣騎在一匹名叫龍駒的駿馬背上，衝殺在騎隊的前列。箭飛如蝗，戰馬的胸部突然中箭，險些將朱棣掀落下來，緊緊護衛在他一旁的胡騎都指揮丑丑連忙上前拔去馬身上的箭，駿馬帶傷繼續向前衝去。激戰從午時直至傍晚，天色昏黑，雙方才各自收軍回營。在這場戰鬥中，燕軍雖未取勝，但卻佔據了明顯的優勢。

激戰後的冬夜，更加令人感到寒冷難耐。朱棣回到營中，都指揮火真斂起幾隻舊馬鞍，點燃篝火給他取暖。疲憊的燕軍士卒們看到火堆，情不自禁地靠攏過來，想烘一烘凍僵了的身體，但是被朱棣身邊的衛士喝止住了。這情形被朱棣看到，他深知這些處於疲勞和寒冷之中的士卒，正是戰勝李景隆數十萬大軍的倚靠，於是他大聲對左右招呼道：「讓他們過來。天氣如此寒冷，我身著重裘猶感不堪，何況這些身披鐵甲的戰士？」

李景隆沒有想到燕軍如此強悍。初戰不利，士氣低落，將士們不耐嚴寒，這一切都使這個花花公子感到凶多吉少。他早已將出征時皇帝的勉勵拋在腦後，甚至顧不上通知那些正在圍攻北平九門的各部，即下令連夜拔營南去，首先逃遁了。翌日，匆匆南去的李景隆營地上，到處都是被丟棄的武器、輜重和馬匹、屍骸。

圍攻北平的朝廷軍隊不知道李景隆已經南逃，仍駐紮在北平城下，朱棣從背後突然發起攻擊，連破四營。城內守軍知道燕王率師來攻，也出城策應。在內外夾擊下，這些朝廷將士無法再堅持下去了，尤其是當他們知道李景隆已徑自逃走，更是人無固志。只經過兩天的戰鬥，燕軍就大獲全勝了，朱棣率領凱旋之師回到北平城內。

一個多月的激戰結束了，北平周圍又趨於平靜，只有那遍地戰死的屍骸，使人一看便知戰鬥的激烈與殘酷。朱棣命三個兒子代表他去祭奠那些陣亡的將士，撫恤他們的家屬，並將戰死者的屍骸堆埋到鄭村壩北邊的山坡下。

同室操戈，致天下紛擾，而無數將士拋頭灑血，軍民難免有怨恨之情。再則此番大戰實發端於朱棣欲奪皇位，他雖把宣戰之責推給朝廷，但天下耳目可欺，而天地鬼神之心不可欺，朱棣對此不能無所畏懼。為了收攬人心，也為了超渡十餘萬將士的亡靈，朱棣親自撰寫了祭文：

> 生物芸芸，必資於後，天下亭毒，曷克厥止？惟聖則之，遇物無私，一視同仁，子育春滋。哀彼之傷，若己之疾，無罪驅死，巨蠹之賊。緬維古禮，埋胔以時，不俾暴露，仁政之施。嗚呼爾眾，國之忠良，奸臣肆毒，甚於虎狼。死於戰陣，曾不爾戚，我心恐傷，怛焉爾惕。念爾骸骨，棄於山野，日炙雨淋，我豈忍見！拾而聚之，窀穸於斯。魄其安矣，魂其妥矣。維石崟崟，勒銘山阿，維卜萬世，其永不磨。

那北山之原的新墳，遠望如門釘魚鱗。那一具具血肉之軀，曾經生龍活虎，雖然如今已睡臥黃土，而白髮紅顏的思念豈能割捨得斷？料峭的寒風吹散了繚繞的香煙，飄零的紙錢隨著黃沙飛舞。高僧抑揚頓挫的吟唱和燕軍假仁假義的銘辭，難道真能為十餘萬鬼魂超渡薦福？朱棣很懂得宣傳的作用，他要為自己開脫，更希望將士們心甘情願地為他賣命，因為一場新的大戰又在緊張地籌備中。戰旗一開，又將會有一批生命拋屍山野，血濺荒郊。

九　喋血白溝河

不知什麼原因，朱允炆對李景隆首戰告敗的消息並未及時掌握，是失敗者有意隱匿戰況？還是這位正忙於改制的皇帝疏忽了前線的軍情？人們不得而知。

有關鄭村壩之戰失利的情況，朱允炆是從朱棣隨後送上的一份奏書中得知的。這一點頗有諷刺意味。所謂奏書，實際上是一封恐嚇信。九個月前，朱棣起兵時就給朝廷送來過類似的一份奏書，他沒有理睬。他知道，叔父其實並不需要得到什麼回答，只不過是要以勝利者的姿態去暴露朝廷方面的敗狀，炫耀自己的武力。

這份奏書的開頭，無非是追究太祖朱元璋病逝的責任，並且又提到禁止諸王奔喪之事。朱棣似乎對建文帝詔書中「燕庶人父子」的稱呼極為反感，雖然明知這是指他本人及三個兒子，卻故意將其曲解為朱元璋及他本人，故作驚異地稱：「方知父皇葬以庶人之禮也。其可為哀也矣，其可痛也矣！」這種論戰方式在後人看來實在很可笑。朱元璋曾以造屋室比喻開創基業，朱棣則抓住建文朝拆毀宮殿一事，直指朱允炆破壞了祖宗的基業。上書正值燕軍屢勝，遣詞行文氣沖牛斗，指朝廷如敵國外患，竟至有「不共戴天」之語，好勇鬥狠、雄毅恣肆躍然紙上。他在奏書中威脅說：

今臣昧死上奏皇帝陛下，憐太祖高皇帝起布衣，奮萬死不顧，一生艱難創業，分封諸

子。今陛下聽奸臣之言，父皇賓天，未及期年，將父皇諸子，誅滅殆盡。伏望陛下俯賜仁慈，留我父皇一二親子，以奉祖宗香火，至幸至幸。臣以陛下屢發軍馬來攻北平，保我父皇子孫，盡力效忠於今日。古諺云：「一人拚命，千夫莫當。」縱陛下有眾數百萬，亦無如之何矣。

朱棣在奏書中還首次公開提出了所謂「奸臣」的具體範圍，即「宮中侍病老宮人，長隨內官，太醫院官，禮部官，營辦喪事官，監造孝陵駙馬等官，奸臣齊尚書、黃太卿一應左班文職等官」。他要求朱允炆將這些「奸臣」「發來與臣軍前究問」，否則「臣請率精兵三十五萬，直抵京城索取去也」。「若臣兵抵京，赤地千里。」一副十足的恫嚇口吻。確實，自從這次大敗李景隆後，朱棣已經具備了這樣的實力，他要轉守為攻了。

讀過叔父這封奏書，已連敗兩局的朱允炆心情相當沮喪，黯然提筆覆信朱棣要求「罷戰息兵」。為緩燕軍南下，他宣布罷免齊泰、黃子澄的官職，但實際上仍將他們秘密留在京師籌劃軍事。天真的朱允炆指望以此消除朱棣起兵的口實，使其息兵，實際上猶如掩耳盜鈴。他沒有意識到，叛軍只是以清除二人為藉口，目的本不在此，因而根本不可能因一、兩位大臣的去職善罷干休；而他這種做法卻等於承認朱棣對齊、黃等人的指摘，使自己在政治上處於不利的地位，且打擊了前線將士的士氣。更何況，這種表面罷職、暗地留用的做法，也根本瞞不過朱棣在京城中的耳目。因此，這種做法非但沒有產生任何積極作用，反而引發了不少反效果。

隨後，朱允炆又讓李景隆致信朱棣，稱齊泰、黃子澄已「屏竄遐荒」，大講「骨肉有傷，大亂之道，欲舍小怒，以全大義」。老謀深算的朱棣並沒有被所謂齊、黃二人「屏竄遐荒」所蒙蔽，他當然知道這是朝廷方面的緩兵之計，於是當即給李景隆寫去覆信，將前幾次上書內容又重複一遍：

去年凡三次具本奏陳，並無回示，料為奸臣蒙蔽，使下情不能上達，亦莫如之何也。今錄稿付汝，幸細觀之。

建文元年（一三九九年）到二年的一個冬春就這樣過去了。當初夏的暖風吹拂大地時，中原古戰場上又響起了驚心動魄的戰鼓聲。

濡水從易縣山谷中奔騰而下，至河陽與易水、拒馬河合流後便被稱為白溝河。白溝河、雄縣及其東北的霸州，就像一套連環鐵索，將中原大地攔腰截斷，因此它們便成為古往今來南北兵家必爭之地——這就是北宋大將楊延朗鎮守的著名三關。

建文二年（一四〇〇年）四月一日，李景隆誓師於德州，第二次大舉北進，武定侯郭英、安陸侯吳杰率軍進兵真定，鞏固伐燕基地。這次共合兵六十萬，號稱百萬，浩浩蕩蕩向白溝河一帶逼來。李景隆打算，各路兵馬於白溝河會齊，然後合勢並進，一舉奪佔北平。

朱允炆擔心李景隆的權力還太輕，便派宦官前往李景隆軍中，賜給斧鉞、旌旗。當宦官帶著璽書和賜物前往時，在江上遇到大風雨，船被打壞，斧鉞、旌旗和璽書都沉入水中。有些言事者認為這是天意示警，是建文政權的不祥之兆。朱允炆再次派宦官前往，賜物如舊，命李景隆「專征伐」；並令魏國公徐輝祖率領三萬京軍日夜趕赴前線，增援北伐大軍。

朱棣於北平祭告天地後，也率軍南下，於四月二十日渡過拒馬河，駐營於蘇家橋。夜晚突然大雨傾瀉，河水漲溢，平地水深二尺。朱棣無法入睡，加交床於榻上，坐以待旦。在這場激戰的前夜，他失眠了。眼前的刀槍鋒端彷彿跳擊著火球，發出錚錚的響聲，弓弦也震鳴起來，這是求戰的預兆。

這時，李景隆已在白溝河擺出了決戰的架勢。燕軍由西北循河而進，於四月二十四日渡過白溝河，這才發現都督平安率領的伏騎萬餘，已在河側列陣而待。平安是當時著名的驍將，洪武中曾從朱棣出塞北征，對朱棣的用兵之道頗有所知，因此擔任此次迎戰燕軍的先鋒。朱棣見平安陣容嚴整，不敢硬衝，命百餘騎佯作闖陣，到陣前略交鋒後即回奔，誘使對方出擊，以亂其陣勢。這一來果然奏效，平安的騎陣不知該不該追殺，遲疑起來，燕軍趁勢掩殺過來。平安的騎兵毫不示弱，迎著燕軍衝殺，平安拍馬橫戈直前，攻打北平時的勇將瞿能父子率眾陷陣衝鋒，所向披靡。燕軍沒有料到會受到這樣來勢凶猛的反擊，幾乎抵擋不住。朱棣見平安如此頑強，非常氣惱，親自率領精銳騎兵繞至平安的背後發起攻擊，終使平安的騎隊在前後夾擊下敗退而走。這場接觸戰揭開了白溝河大戰的序幕。

當燕軍重新集結起來繼續前進時，眼前出現了李景隆、胡觀、郭英、吳杰正嚴陣以待的六十萬大軍。朱棣先以數十騎衝陣，但是立刻被對方龐大的列陣吞沒掉，他只得以後繼的大軍湧殺上去。在鐵蹄、腳步和戰鼓聲中，整個大地都彷彿顫動起來，短兵相接的拚殺開始了。雙方數十萬將士，如同兩股怒潮衝攪到一起，激卷著漩渦和浪花。誰也不肯後退，誰也不能後退，前面的人倒下去，後面的人立即又湧了上來。

傍晚，天色已漸昏暗，敵我難辨，但激戰仍在進行。朱棣見郭英陣前空虛，便指揮騎隊向那裡衝擊。郭英早已有所準備，在陣前部署了大批「一窩蜂」、「揣馬舟」之類專門用以對付騎兵攻營的火器，待燕軍衝至陣前時舉發。一陣轟鳴響過，火光閃爍，散彈如蜂鳴般呼嘯而起，燕騎紛紛中彈落馬。戰鬥持續到深夜，才漸漸停息。在回營時，朱棣與三個貼身騎兵殿後，在茫茫的夜色中迷失了方向。他不敢亂闖，在河邊下馬，憑著水流辨別方向，知道大營在河的上游，摸索著回去。途中遇到四名零散燕騎，合為一隊返抵大營。回營後，朱棣顧不得休息，連夜擢升白天作戰有功的將領，並對燕軍重作部署，以備來日再戰。這又是一個不眠之夜，翌日等待雙方的都將是一場更為殘酷的廝殺。

次日清晨，燕軍渡河準備決戰，李景隆將全軍列成數十里長陣，等待燕軍衝擊。朱棣未敢貿然下令衝陣，也命燕軍列陣相對。雙方在立定陣腳之後，才各以精兵向對方發起猛攻。燕軍後軍陣前首先遭到都督瞿能父子和平安兩部的強攻，死傷慘重，燕將陳亨被衝入陣中的平安一刀砍於馬下，不少燕軍將士都被震懾住了。朱棣見此情景，便親率數千精銳騎兵向左掖衝擊，張玉和朱高煦率馬步軍齊頭並進，雙方數十萬大軍攪在一起。北方早春的天氣還有些微寒，但在白溝河南這片古戰場上，人們所聽到的只是喊殺聲、戰馬的嘶鳴聲和刀槍的撞擊聲，不僅沒有絲毫的寒意，而且到處熱血橫流，一片沸騰，似乎整個大地都顫動起來。

正在酣戰之時，朱棣突然發現陣後塵土飛揚，知道有人馬從背後襲擊，但燕軍將士們都在拚力廝殺，難於脫身。他一時無法調動人馬，只得親率身旁一部份將士前往迎戰。這少量的人馬抵擋不住大批敵人的攻勢，只能且戰且退，竭力堅持。左右將士向朱棣建議道：「敵眾我寡，難與之相持，請退就大軍，合力抵禦。」朱棣雖然也感到力不能支，但仍然拒絕了將士們的請求，對他們說：「我等在此阻擊，那邊諸將才能全力進擊。若退就大軍。就將陷於前後夾擊之中，敵眾我寡，形勢將更加不利。」說罷又返身衝殺上去。

陣前飛矢如注，朱棣的戰馬被射中，他更換一匹戰馬又投入拚殺之中，連續換了三次。手裡寶劍的利鋒已經砍殺得鈍卷，敵軍還在蜂擁而上。朱棣和他率領的一小隊燕騎被逼到一道河堤下，後面沒有退路。朱棣絕境中情急生智，躍馬登上河堤，佯作舉鞭向堤後招呼的樣子，追兵果然以為堤後有伏兵，遲疑起來。而恰在此時，朱高煦率軍趕到，不僅使追兵確信有伏兵而大吃一驚，就連朱棣本人也感到意外，不禁擔心是否大軍被擊潰而朱高煦敗退至此。當知道諸將仍在鏖戰，朱高煦是特地趕來救援時，才放下心來。這時他發覺自己已經疲憊不堪了。

當日午後，雙方仍相持不下。朝廷方面倚仗人馬眾多，再度向燕軍發起猛攻。瞿能父子率領精兵萬餘，高呼「滅燕」口號直撲向前，士氣大振；越嶲侯俞通淵、陸涼衛指揮滕聚也分別引兵相隨，使燕軍逐漸處於下風。就在雙方相拚的關鍵時刻，意外的事情發生了。一陣狂風將李景隆軍中將旗折斷，朝廷方面失去了指揮，將士們不知所從，攻勢頓時減弱下來。朱棣抓住這個機會，急令部份勁騎繞至陣後出擊，並乘風縱火，燒著了李景隆的大營。濃煙隨風而起，朝廷軍隊亂成一團。陷入燕軍陣中的瞿能父子及俞通淵、滕聚等無人接應，力戰而死。平安率所部與燕將朱能接戰，見大軍已亂，只得敗退而走。燕軍乘勢如潮水般衝來，李景隆的北伐大軍全線崩潰，奔走之聲如雷。郭英餘部向西逃去，李景隆則南走德州，丟棄的輜重、器械如同山積，不可勝數。魏國公徐輝祖率領的三萬援軍尚未與燕軍接戰，得到李景隆潰敗的消息，便退了回去，得以全師而還。

白溝河大戰，朱棣殲敵十餘萬，取得了起兵以來最大的一次勝利，但將士死傷甚眾，確實也勝得十分艱難。朱棣命部下埋葬好死亡將士的屍體，將他們的頭骨帶回北平，分賜內官佛，祈願他們輪迴轉世，其中顱頭深大者，則以盛淨水供佛，名曰「天靈碗」。這是朱棣表達追念之情的一種方式。

對雙方來說，白溝河大戰無疑是一場決定性的戰役，雙方幾乎都傾注了全部的兵力，志在必得。但朱允炆的軍隊遭到了慘重的失敗，從此以後元氣大傷，難以恢復，後來雖然也打過幾次勝仗，但都不足以從根本上扭轉敗局。

第四章　移天徙日

一　折兵濟南府

太陽已經西沉。鍍了一層光圈的雲塊遮住了西面半邊碧空。當空，尚留下幾抹殘陽逝去時的血色餘暉。有幾顆星星已捷足先登，在東面天際上佔了空間，閃閃爍爍地生發出白色的光亮。

乾清宮內，燈燭熒然，鴉雀無聲。

尚未用過晚膳的朱允炆側臥龍床之上，精神相當疲憊，正在閉目沉思。睜開雙眼，他又看到丟在地上的那份緊急奏報——李景隆北伐再次失利，於白溝河折兵十餘萬。這位思緒如麻的青年皇帝不由得感到頭昏腦脹，太陽穴陣陣痛得狂跳起來。朱允炆此刻最擔心的是，萬一燕軍趁勢南下，朝廷將何以應對呢？

事實的確如此，白溝河大戰後，燕王朱棣不顧疲勞，繼續揮師南下。李景隆戰敗後，倉皇逃往德州。那裡是朝廷北伐的基地，糧草充足，原來的守軍未受損失，再加上潰退南來的餘部，本來還有相當的抵禦力量。但李景隆已如驚弓之鳥，聽說朱棣馬不停蹄地來攻德州，慌忙棄城奔走濟南。燕軍南下，一路上幾乎沒有遇到任何抵抗，順利地佔領了沿途各縣。朱棣本以為在德州會有一場爭戰，但因李景隆望風而逃，燕軍兵不血刃便佔領了德州，城內堆積如山的輜重盡為燕軍所得。經過休整補充的燕軍繼續自德州南下，一路勢如破竹，直指濟南。

李景隆嫉賢妒能、首鼠兩端的行為早已招致許多官吏將士的不滿，這次喪師逃遁，更引起人們的極大氣憤。不少忠義之士挺身而出，與這位北伐主帥的表現形成了鮮明的對照。

錦衣衛鎮撫楊本是一員勇將，慣用一根三十斤重的鐵棒，臨陣馳突，屢建戰功。白溝河戰役後，他上疏揭發李景隆之罪，並自薦請戰：

刑屬三千，罪莫大於不孝；人倫有五，德莫大於盡忠。忘君虐民者，不可以不懲，喪師失律者，不可以不罪。……曹國公李景隆四月進兵，喪失軍馬無限。皇上責問，乃歸罪群下。乞假臣為大總兵，用能官一員，召募義勇，招撫軍伍，凡先鋒參謀軍政稽考等官，臣自當保舉，仍特命親王為監軍，疾馳燕師，則可免生民於塗炭，奠宗社於泰山矣。

這封上疏被緊急送往南京，但朱允炆並無所知。楊本候旨不至，遂自率孤軍獨出，李景隆不發一兵相接，致使其兵敗被俘。

濟陽縣教諭王省是當時名士。濟陽失陷，他被燕軍游兵所執，毫無畏懼，從容引譬，慷慨陳詞，游兵們居然為之所動，將他釋歸。王省回去後，坐在明倫堂上，將弟子諸生召集起來說：「你等知道此堂叫什麼名稱嗎？可是今日君臣之義何存！」說罷大哭，竟以頭撞柱自殺殉義。

建文二年（一四〇〇年）五月十六日，朱棣率師攻抵濟南城下。尚有數十萬餘眾的李景隆完全可以據城迎戰，但他早已喪失鬥志，臨陣指揮混亂，倉促列陣，立足未穩，燕軍已乘勢進擊。李景隆再次大敗南逃，燕軍隨後將濟南團團圍住。

李景隆一敗再敗的消息傳到京師，滿朝皆驚。黃子澄痛感推薦李景隆為大誤，後悔不已。他捶著胸口痛苦地喊道：「大勢去矣，臣薦景隆誤國，萬死不足贖罪！」奏請朱允炆對其正以典刑，以謝天下。吏部左侍郎練子寧激憤地叩首大呼：「壞陛下事者，此賊也。臣備員執法，不能為朝廷除賣國賊，死有餘辜。即陛下赦景隆，必無赦臣。」宗人府經歷宋征、御史葉希賢也歷數李景隆失律喪師之罪。按照大明刑法，李景隆本是死有餘辜的，何況有那麼多大臣請求殺掉他，但心慈手軟的朱允炆只是將其召回，卻沒有給予這個心懷貳志的敗軍之將任何處分。

六月間，朱允炆接到了濟南告急文書，愈發憂心如焚。黃子澄向他建議，不若先派使節與燕王議和，以作為緩兵之計，然後徐圖調集大軍反擊。尚寶司丞李得成慷慨自薦，願奉命前往。他在濟南城下見到朱棣，陳說來意，並送上朱允炆的詔書。詔書中諭令朱棣解圍還師，條件是答應赦免其叛逆之罪。這在旁人來看簡直就像是開玩笑。朱棣對李得成帶來的詔書根本不屑一顧，而是藉李得成之口，再一次向朱允炆申述了一通「清君側」的理論。濟南之圍非但未解，反而愈益緊迫。李得成無功而返。

「靖難」起兵此時已近一年，朱棣雖然遇戰多勝，但所佔城池旋得旋失。濟南是北平通往南京的交通要衝，倘能奪取濟南，便進可揮師南下，退可劃界自守。朱允炆派李得成出使議和，使朱棣進一步看清了朝廷方面的軟弱，因而下令對濟南全力攻打，志在必得。朱棣不曾想到，燕軍的進攻遭到了山東參政鐵鉉、都督盛庸和濟南軍民的頑強抵抗。

鐵鉉是色目人，洪武中由國子生授禮科給事中，調都督府斷事。太祖朱元璋對他十分器重，賜他字曰鼎石。李景隆第二次北伐，他以山東參政的身份督運糧草，供給無誤。白溝河大敗後，諸城望風瓦解，鐵鉉在臨邑縣城遇到參軍高巍。二人對酒抒懷，激昂慷慨，說到朝廷連遭敗績，社稷不保，民遭塗炭，都激動得流下淚來，對天盟誓，誓死報效朝廷。商議了一下，他們急忙趕赴濟南，與都督盛庸等人誓約死守。

一路南進未遇到對手的朱棣，開始以為一封勸降書就足以使濟南城內的軍民放棄抵抗自動來降，誰知勸降書射入城中不久，城裡也射出一封回信，打開來看，卻是那位以身殉義的濟寧教諭王省弟子高賢寧作的〈周公輔成王論〉，勸朱棣退兵，濟南拒絕投降。

由於鐵鉉和盛庸善撫士卒，督眾悉力防守，竟將數十萬燕軍牽制於濟南城下，屢挫其鋒。聽說燕軍受阻濟南，朱允炆轉憂為喜，馬上提升鐵鉉為山東布政使，命盛庸代替李景隆為大將軍，以右都督陳暉為副，整頓兵馬，抗擊燕軍。

燕軍主力屯駐在濟南四周，久攻不克，便趕造了一些雲梯，準備強行登城。鐵鉉用計焚燒了燕軍的攻城器具，時而又派出小股奇兵偷襲燕營，弄得燕軍日夜不得安寧。朱棣很是氣惱，便下令將士們揚言要堵塞城外河道，以引水灌城相威脅。鐵鉉鎮定自若，故意讓城上的一些守兵發出哭喊，表現出害怕被灌城的樣子；同時挑選了一千多人出城詐降。降辭很是動聽：

奸臣不忠，使大王冒霜露，為社稷憂。誰非高皇帝子？誰非高皇帝臣民？其降也。然東海之民，不習兵革，見大軍壓境，不識大王安天下、子元元之意，或謂聚而殲之。請大王退師十里，單騎入城，臣等具壺漿而迎。

一座堅城能如此輕易到手，燕軍將士們聞訊，不由得歡呼起來，欣喜中的朱棣也忘記了辨別這次投降的真偽。次日，當朱棣率十名護衛來到城下時，城門果然打開了，城門守軍齊喊「千歲」。他十分高興，在一片歡呼聲中拍馬向城裡走去。剛進入城門，一塊鐵板突然直落下來，恰巧砸在朱棣的馬頭上，受驚的馬險些將他掀落，城門重又關閉，吶喊聲代替了「千歲」的歡呼。朱棣於慌亂中策馬奪路而逃，埋伏在橋邊的守軍試圖拉起吊橋，切斷他的歸路，但倉促之間竟未能將吊橋拉起，使他得以跨橋而去。這時朱棣才醒悟過來，這是鐵鉉的詐降之計！這件事使朱棣更加惱羞成怒，遂調集大炮轟城。一連轟擊過後，城牆上懸掛出神牌，上面大字寫著「太祖高皇帝神位」。燕軍將士面面相覷，沒有人敢再向城上燃放火炮了。

從五月到八月，夏去秋來，濟南城依然固若金湯，朱棣這時也感到束手無策。游動於河北單家橋的朝廷大將平安正在調遣部隊，準備偷襲北平。謀臣道衍和尚看出形勢不妙，便派人致書朱棣說：「**師老矣，請暫還北平，以圖後舉。**」朱棣聽從了他的建議，於八月十六日被迫放棄濟南解圍北去。

這實際上是朱棣的一次敗退。燕軍撤離時，鐵鉉、盛庸趁勢出擊，燕將陳亨接戰中再度受重創，不治而死。朝廷方面乘勝進攻德州，守將陳旭棄城逃遁。朱棣北撤時，鐵鉉軍中宋參軍曾主張出兵北上，搶在燕軍之前攻取北平。但鐵鉉自感力量不足，將士們堅守濟南孤城數月，已經相當疲勞。四外雖有朝廷方面的部隊，鐵鉉以為諸將多為駑材，不足為恃，因而未能採納此議。

濟南戰役是自朱棣起兵以來朝廷方面第一個較大的勝利。朱允炆接到捷報後自然感到興奮和鼓舞，立即詔令擢升鐵鉉為兵部尚書，贊理大將軍軍事，賜金幣，封其三世；封盛庸為歷城侯，掌管北伐事宜。濟南城內此時也充滿勝利的喜悅氣氛，鐵鉉等人在大明湖天心水面亭大擺慶功宴，犒賞守城有功的將士，激發忠義，立誓效死建文，掃平叛王。

二　東昌大決鬥

濟南戰役的勝利，使朱允炆忘記了一年多來在戰場上連續失利的窘迫，感到天下似乎又太平了。恰巧這時承天門發生了火災，有的大臣說這是上天示警，方孝孺卻堅持說這是謀反的藩王當滅的預兆。於是，朱允炆按照方孝孺的建議，大改諸門的名稱——改承天門為皋門，前門為輅門，端門為應門，午門為端門，謹身殿為正心殿。朝中有識之士喟然長歎：「正是兵馬倥傯之時，皇帝放下軍國大事，忙於這些無謂之舉，除了給叛王以妄改『祖制』的口實之外，實在沒有任何用處！」

隨著戰局的發展，朱允炆的性格弱點越來越多暴露出來。自古權力之爭都是無情的，雙方兵戎相見，「非帝殺王，即王殺帝」，雖骨肉至親也在所難免。然而，滿腦子寬仁厚義的朱允炆卻一再告誡北伐諸將：「過去蕭繹舉兵入京，曾發令部下：『一門之內逞兵威，不祥之極。』如今你們與燕王對壘，務必要體會朕這意思，不可使朕背上殺叔父之名。」這種政治家所不應有的迂闊，最後終於使他不得不萬般無奈地退出了中國的政治舞台。

這時的朱棣卻是另一副樣子。他知道，朝廷方面隨時都可能重整旗鼓，乘勝北進，擺脫眼下困境的有效辦法只有盡快出師。他抓緊時間整頓軍馬，激勵將士準備再戰，在北平僅休整了一個多月，又重新踏上了出征之路。然而，朱棣並不肯對將士們明言南下，只說去攻打遼南，南下出擊的計劃只有他一人知道。

建文二年（一四〇〇年）十月十六日，大軍離開北平東行。時值初冬，乾爽的寒氣彌漫大地，陣陣北風吹過，撫動枯草，捲起落葉，樹上殘留的最後一批樹葉，也不情願地告別樹枝，隨風飄零。田裡的莊稼早已收割完畢，裸露的地面上留著一排排在莊稼的根桿，偶爾還有一些沒有玉米的玉米桿、掐掉穗頭的高粱寂寞地站在那裡。運河的水在晴空朗日下泛著白光，緩緩地流著，顯得無所事事。自從元順帝北遁後，運河上便不見當年帆檣如林、漕船結隊的景象。但洪武年間為了支持北邊的軍餉，仍須調運大量漕糧。如今南北朝開戰，交通阻斷，運河也失去了昔日的光彩。

東進的燕軍也像運河流水一樣打不起精神，將士們都不樂有此遼東之行。他們弄不清燕王何以在官軍北上時要離城遠征，擔心會失掉北平。大軍行至通州，張玉、朱能忍不住發問：「今密邇賊境，出師遠征，況遼北早寒，士卒難堪，此行恐非利也。」

朱棣聽後不禁一笑，這時他不能不向兩位近臣說明此行的目的：

賊將吳杰、平安守定州，盛庸守德州，徐凱、陶銘守倉州，欲為犄角之勢。德州城壁堅牢，賊眾所聚；定州修築以完，城守粗備；滄州土城，伐圮日久，天寒地凍，雨雪泥淖，修之未易便葺。我乘其未備，出其不意，假道以攻之，賊有土崩之勢。今佯言往征遼東不為南伐之意，以怠其心。因其懈怠，偃旗卷甲，由間道直搗城下，破之必矣。夫今不取，他日城

守完備，難於為力。且機事貴密，故難與議，惟爾知之。

張玉、朱能聞言，如茅塞頓開，他們既深感朱棣的高深莫測，又愧於自己的遲鈍，連連叩首稱善。師過夏店，朱棣下令大軍循河面南，行伍中不免議論紛紛。他仍不願明言，編造了一套神話，說夜間見到天上有白氣兩道，自東北指向西南。根據占書，「執本者勝」，如今只利於南伐而不利於東征。朱棣指天劃地順口道來，好像真的得了天命，將士們誰敢不信？

此行確實收到了聲東擊西之效。駐守滄州的徐凱等早就諜知朱棣率軍東征去了，更派出軍士四出伐木，晝夜督工修築城垣，根本未料到燕軍會折道南下。燕軍一晝夜行三百里竟不為官軍所覺，徐凱及至燕軍已兵臨城下才佈署軍士倉皇應戰，士兵們甚至來不及披上鎧甲。張玉率壯士從東北攀援登城，並派軍截斷官軍退路。經過一場激烈肉博，滄州城很快便被攻克了，主帥徐凱被擒，官軍萬餘人被斬首，戰馬九千盡為燕軍所得，三千多戰俘在當晚全部遭到坑殺。

朱棣率師偷襲滄州成功，打破了朝廷方面

聲東擊西

「聲東擊西」是軍事上使人產生錯覺的一種戰術，是兵法三十六計之中的第六計：「敵志亂萃，不虞，坤下兌上之象。利其不自主而取之。」唐朝杜佑《通典》：「聲言擊東，其實擊西。」比喻在另處虛張聲勢，使人產生錯覺，然後集中力量攻擊他人不備之處。《三國演義．第一一一回》：「蜀人或聲東擊西，指南攻北吾兵必須分頭把守。」《淮南子．兵略訓》：「故用兵之道，示之以柔而迎之以剛，示之以弱而乘之以強，為之以歙而應之以張，將欲西而示之以東……」

對付燕軍的犄角之勢，對燕軍士氣也有所鼓舞，於是決心再與朝廷方面進行一次較量。他命將滄州所獲輜重運回北平，自己親領大軍自長蘆渡河南下，從鐵鉉、盛庸駐守的德州經過。大約是出於濟南失利的教訓，朱棣對德州並未直接強攻，只是掠城而過。鐵鉉、盛庸不知燕軍此行的虛實，不敢輕易出戰，只派出數百騎尾隨其後，進行試探性的攻擊。燕軍駐屯臨清後，盛庸、鐵鉉恐其長驅南下，始以大軍追躡，尋伺戰機。

十二月二十五日，又一場震憾人心的大會戰在東昌城下打響了。

盛庸所部自濟南獲捷，士氣正值旺盛。他選擇精銳，背城列陣，遍置火器毒弩，等待燕軍來攻。戰鬥開始後，朱棣親率精騎猛攻盛庸列陣左翼，但是衝擊不動，只得繞出陣前，再衝其中堅。這時朝廷軍列陣突然向兩側散開，讓出中間通路，待朱棣率眾陷陣後，又重新合併，將燕騎吞沒掉。

燕軍左軍主將朱能見勢不好，連忙率番騎來救朱棣。朝廷軍陣前突發火器，將朱能等阻於陣外，不少燕騎為火器所傷。但朱能衝陣鏖戰給朱棣突圍造成機會，他率領被圍的燕騎向包圍薄弱的西南方向衝擊，乘機破陣而出。

燕軍中軍主將張玉也看到朱棣陷陣被圍，他不顧對方勢眾，拍馬衝入陣中援救，陷陣後不見朱棣所在，只得拚命廝殺，四處找尋。周圍皆是盛庸的兵馬，將張玉團團圍住。張玉因為沒有找到朱棣，不肯突圍，只是在陣中衝蕩。這位被稱作「靖難」起兵第一功臣的猛將，雖然勇力過人，但畢竟寡不敵眾，為護主而力竭陣亡。

燕方步軍抵擋不住對方精銳的反擊，首先潰敗，騎軍在衝陣時，或為陣前火器所傷，或陷入陣中遭圍攻而亡，損失慘重。盛庸乘勢麾軍奪擊，斬敵萬餘人。燕軍大敗，慌忙向北逃去，沿路又被斬殺不計其數，大戰直至天色昏黑才結束。戰爭是殘酷的。燕軍被俘獲後往往有遭披面、決目、刳心、剖腹者，但僅僅在一個多月前，燕軍奪取滄州城，也是在一夕之間就坑殺了三千多戰俘，弱肉強食，夫復何言！

在這場戰役中，朱棣幾度身陷重圍，岌岌可危，但朝廷諸將卻奉了朱允炆不殺叔父的詔令，不敢臨陣強逼，致使朱棣得以死裡逃生。

東昌之戰不僅是朱棣在「靖難」之役中最慘重的失敗，甚至可以說是他一生軍事生涯中最慘重的失敗，因此他在奪位後盡量掩飾這次戰鬥的敗狀。燕軍此役中究竟損失如何？後人已無法得到準確答案，永樂時官修的《奉天靖難記》只承認「東昌無功」，「勝負相當」，顯然是不實之言。世後修纂的一些史籍中則記稱：「**是役也，燕師精銳喪失幾盡**。」似乎也有些誇張。不管怎麼說，這次戰役徹底打敗了朱棣取道山東南下的夢想，使山東、河北一帶原被燕軍佔領的城池，又重新被朝廷軍隊所佔領。

東昌戰敗之後，朱棣的確感到疲勞而且信心不足，本欲在北平稍事休整，儘管諸將主動承擔戰敗之責，免冠請罪，朱棣也能以「勝負乃兵家常事」自我慰解，但仍不免傷感流涕不止。這時，老謀深算的道衍和尚卻極力勸說朱棣召募勇士，出師再戰。這樣的做法看來似乎令人費解，其實卻有一定道理。因為戰敗後的燕軍雖士氣低落，但同時也產生了一種強烈的報復欲。關鍵是如何發動和利用將士，道衍主要幫助朱棣做了兩件事——一是照例進行論功封賞；二是祭奠陣亡將士。在隆重的祭奠儀式上，朱棣親自讀畢祭文，已是泣不成聲：

奸惡集兵，橫加戕害，圖危宗社。予不得已，起兵救禍，爾等皆攄忠秉義，誓同死生，以報我皇考之恩。今爾等奮力戰鬥，為我而死，吾恨不與偕，然豈愛此生，所以猶存視息者，以奸惡未除，大仇未報故也。不忍使宗社陵夷，令爾等憤悒於地下，興言痛悼，迫切予心。

說罷，他脫下身上的戰袍，投入火中，對眾人大聲說道：「將士在予，情意深厚，予豈能忘？吾焚此以示同死生，生者有知，鑒予此意。」此時的朱棣真的動了感情，像張玉那樣的大將，是朱棣起兵的良輔之臣，這次又完全為護主而死，他在為張玉悼惜的同時，也摻雜著為東昌之敗感到痛苦的複雜感情。在場的將士們、陣亡將士的家屬和圍觀者都動了真情。他們大聲說：「人生百年，終必有死，而得人主哭祭如此，夫復何憾！」紛紛請求從征自效——誓師的目的達到了。正是這種力量，成就了朱棣日後的成功。

三　箭集如蝟的燕王旗

正當東昌前線的將士們奮勇追堵燕軍的時候，朱允炆正在為「凝命神寶」的告成舉朝慶賀——「凝命神寶」是一塊二尺見方的青玉大印，相傳朱允炆為皇太孫時，曾夢見神人傳達天帝之命，授以重寶，即位後有使者從西方而還，獻上從雪山得到的一方青玉，質理溫潤，世所罕見。於是他便命工匠將此玉琢為大璽，精刻細縷，費時一年才完成。其印文為十六字：「**天命明德，表正四方，精一執中，宇宙永昌。**」自洪武建國以來，朝廷各寶璽大多四字，故此「凝命神寶」之作應為特例。只是在遍地烽火、國事難卜之際，這等虛妄之舉不免令人有所未安。

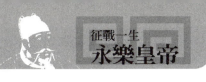

建文三年（一四〇一年）正月初一，朱允炆率領群臣告天地宗廟，御奉天殿受百官朝賀。奉天門內外，旌旗蔽天，鼓樂齊鳴，百官俯伏跪拜，萬歲歡呼之聲上達雲霄。建文朝君臣們彷彿如此一來，便真的受了天命，從此之後便會宇宙永昌了。果真，不久前線便傳來了東昌大捷的消息，君臣上下又免不了一通祭享天廟。朱允炆立即下詔褒賞有功將士，濟南、東昌兩戰連勝，使他陡然增加了許多勝利的自信，感到已沒有必要再屈從於叔父的壓力了。於是召齊泰、黃子澄還朝，官復原職，繼續主持軍國大事，一時朝廷上下一片喜氣洋洋。

然而，局勢的發展並不如朱允炆的預期。兵敗回師不久的朱棣，為了盡快擺脫困境，在道衍和尚的極力主張下，重新召募勇士，再度揮師南下。

燕軍此番南進，沒有貿然進取德州或真定，而是師出於兩城之間，採取誘敵出戰、各個擊破的策略。朱棣派游騎為疑兵前往定州、真定，迷惑平安、吳杰，阻延其出師時間，以便集中全力對付盛庸。盛庸所部這次卻行動遲緩，二十五天後才率軍進駐與漳水相連的夾河。兩軍在相距四十里外為營。

三月二十一日清晨，燕軍開始向夾河列陣而進，午時抵達夾河，盛庸也列陣相迎，將火車、火器、強弩、戰盾排列於陣前。燕軍先由三名騎兵掠陣而過，引誘盛庸出擊，然後以強弓壓住陣腳；另外以騎兵萬餘，每兩騎馬上帶步兵一人，直撲陣前，五千名步卒下馬後攻擊左掖，騎兵則衝其中堅。倉促之中，朝廷軍隊陣前火器來不及發射，雙方混戰在一起。燕將譚淵以驍勇著稱，拍馬衝入陣中。盛庸部將都指揮莊得也是一員勇將，不顧燕軍攻勢凶猛，率眾迎上前死戰。混戰之中，譚淵馬蹶跌落在地，被莊得趕上去一刀殺死。

朱棣自與盛庸交戰以來，連折張玉、譚淵兩員主要將領，感到異常惱怒，親率十餘騎追殺不已，直至夜色已深，周圍不辨，才就地野宿。一覺醒來，天色微明，發現四周皆是朝廷的部隊。左右隨從都很害怕，朱棣知道朱允炆有不殺叔父之詔，故從容引馬，鳴角穿營而去。朝廷將士卻相顧愕然，不敢傷害朱棣一根毫毛。

朱棣回營後，集軍準備再戰。這一次他列陣於東北，盛庸列陣於西南，當時誰也沒有想到，這種列陣的方位，竟對戰爭勝負發揮了十分關鍵的作用。燕軍按照朱棣的安排，以騎兵往來衝鋒。盛庸的軍隊不愧是朝廷的一支勁旅，被衝開又復合，反覆多次——這顯然是一場勢均力敵的激戰。在北國春天的原野上，人們絲毫感受不到尚未散盡的餘寒，激烈的拚殺聲、吶喊聲早已匯成一片熾熱的氣團，一個接一個倒下去的屍體，更使這片大地為兩軍將士的熱血所浸透。兩軍短兵相接，相持不下，難解難分。有時雙方將士打得實在太疲勞了，就不約而同地坐下來歇一會兒，然後掙扎起來再戰。

午後未時，天氣突然大變，一陣狂風從東北方向颳起，這對燕軍來說真是天助。狂風吹來，塵沙蔽日、砂礫擊面，一片天昏地暗，咫尺之間不能相見。盛庸部下將士處於下風處，逆風而戰，被風沙迷目，十分不利。處於上風處的燕軍乘風大呼而進，左右橫擊，鉦鼓之聲和風聲混在一起，發出驚天動地的鳴響。盛庸的軍隊終於擋不住順風而來的燕軍攻勢，棄甲而逃，潰不成軍。燕軍一直追到滹沱河邊，朝廷將士被殺和溺死者不可計數，盛庸只得率餘部退保德州。

盛庸因在東昌大勝，朝廷賞賜極豐。為了激勵部下，他讓許多將士帶著賞賜的金銀器皿和錦繡衣袍，說攻下北平後，與將士痛飲。不料夾河大敗，這些賞賜之物反而落入燕軍將士手中。

吳杰、平安妒功不予合作，為朝廷方面又增添了一道敗筆。盛庸在夾河和燕軍激戰之時，他們完全可以奔馳助戰，但卻於途中逗留不進；盛庸退保德州後，他們如繼續趕往夾河，仍可趁對方戰罷疲憊之機，與盛庸餘部形成對朱棣夾攻之勢。可惜他們對盛庸心存芥蒂，輕易地放棄了反敗為勝的機會，重新退還真定。

這時，真定城外逃來了許多荷擔抱嬰的百姓，要求入城以避兵亂，並且異口同聲說燕軍已四散取糧，營中無備。後來派出的探哨也證實了這種情況。吳杰、平安寡謀少算，根本不會想到那些逃難避兵的百姓多是燕軍校尉裝扮的，而四散取糧也是朱棣誘其出師的計策。實際上如果燕軍不用此計，吳杰、平安也是要出師的。他們知道，夾河之戰未與盛庸合軍，以致朝廷戰敗，戰後又遲遲不出，皇上知道後定會有「曠期失律，勞師費財」之責。朱棣的詭計誘發了他們的僥倖之心：如果乘燕軍無備進擊獲勝，不僅可對皇上有所交代，而且可以獨專其美。

於是，吳杰、平安率師進抵滹沱河北岸，列陣於藁城。陣中結木樓高數丈，平安親自登樓指揮。朱棣命燕軍從四面做出圍攻方陣之狀，並以精銳攻擊方陣正面，雙方交鋒正酣之時，他又率領騎兵數百名，循河繞至方陣後面，突入陣中，直撲平安所在的木樓。平安見勢不好墜樓而走。方陣失去指揮，立刻混亂起來，燕軍趁機猛攻，吳杰、平安全軍崩潰，奔走真定，被燕軍一直追殺至城下。隨後，燕軍又乘勝攻掠順德、廣平等地，河北許多郡縣望風歸附。

這是燕軍又一個完整的戰役性勝利，總算將濟南、東昌兩次失敗的面子掙了回來。當然，這場戰役打得同樣慘烈，燕王那面箭集如蝟的戰旗便是最好的見證。朱棣命專人將此旗送回北平，交給世子朱高熾保存起來，以示後世子孫，使他們都能知道今日征戰的艱難。輔佐世子居守北平的都督顧成見到這面戰旗時，也不禁潸然淚下，即便這位身經百戰的老將，也未曾見過如此激烈的戰況。

四　叔侄拉鋸戰

南京皇宮中，對夾河與藁城之敗反應最快的就是朱允炆。窘迫之中，他竟然再次罷免了齊泰和黃子澄，並虛張聲勢地派官員籍沒其家。其用意是明顯的——既然燕王把誅齊、黃作為起兵的理由，今將齊、黃治罪，燕王總該罷兵了吧！這種不高明的做法他已經試過一次了，旁觀者看來簡直像是在開玩笑。其結果根本起不到緩兵的作用，反而徒使朱棣「誅奸除惡」的藉口合法化。果然，就在罷免齊、黃後不久，朱允炆又接到了叔父一封措辭強硬的上書：

> 邇者側聞奸已見竄逐，雖未伏鐵鉞之誅，然亦可以少謝天人之怒。……惟日夜冀休兵之旨，而竟無所聞。且四方之兵，調弄不止，是蓋不能無疑焉。且以奸臣之竄逐，其罪惡蓋已了然明白，曲直之情，雖三尺之童，不待言而知之，是兵可解，冤可刷，而恩可推也。何故執持不改？外示竄逐奸惡之名，而中實主屠害宗藩之志。……因循至今，是必欲加屠害而後已。

朱棣在這封上書中，除了重彈過去的一些老調外，就是藉朱允炆竄逐齊、黃之機，要他先下詔息兵。在朱棣新勝於戰場的情況下，這種要求帶有最後通牒的味道。

朱允炆讀過這封上書，一時不知該如何應對，便交給方孝孺和侍中黃觀去看。方孝孺沉思半晌，建議利用這個機會實行拖延戰略，然後再調集兵馬，趁對方無備時將其消滅。他在朱允炆面前展開一幅地圖，邊指邊說：「燕兵久頓大名府，天暑多雨，久之則不戰自疲。彼時陛下急令遼東諸將入山海關進攻永平，真定諸將渡盧溝河直搗北平，燕王必回兵相救。朝廷以大兵躡其後，便可將其擒獲。如今燕王既上奏書，不妨回書與他，書信往返逾月，其將士心漸懈怠之時，我等謀定勢合，進而蹴之，大事不難定矣。」

聽了方孝孺的這番話，朱允炆才覺得有了主意，便決定按計而行。方孝孺當即草擬好一份詔書，朱允炆命大理寺少卿薛岩持赴燕師。詔書中再次赦免燕王父子及燕軍諸將士的罪過，命其歸藩，仍復王爵，只是以後不要干預政事和兵書。在薛岩臨行前，方孝孺又擬了一封榜諭燕軍將士的詔書，用小黃紙刊印數千份，一併交與薛岩，讓他到燕軍營中秘密散發，以動搖其軍心。哪知薛岩本來就心懷貳意又生性膽怯，行至途中，便將那些傳單式的小黃紙全藏匿起來，到燕軍營中根本未敢拿出。薛岩惶恐不安地送上詔書，朱棣讀罷，不由冷笑道：「帝王之道自有弘度，發號施令，昭大信於天下，怎可在詔書中挾詐，以祖宗的基業為兒戲呢？」

見薛岩惶然無辭，朱棣又逼問道：「你臨行之時，皇上還有何言？」

「但言殿下釋兵，來謝孝陵，則兵可惜。」

朱棣聞言大聲喝道：「宗藩阽危，禍雖不已，社稷深憂。必執奸醜，獻俘太廟，以謝孝陵，自然是我之所願。所典之兵受之皇考，以為護衛，用備不虞。我一旦釋兵，便只有徒手待縛。此乃奸臣謬計，連三尺小兒也騙不住的。」

朱棣話音一落，帳下持刀按劍的將士們即刻大聲喧嘩起來，要求殺死薛岩。朱棣雖然並不相信詔書中關於撤軍的許諾，或者說他自己根本不願意接受朝廷提出的條件，但他知道如今朝廷既然放逐齊、黃，既然派來命使求和，自己也不能表現得氣量過於狹窄，現在正是爭取天下輿論的時候。他攔住憤怒的將士說：「朝中奸臣不過數人，薛岩乃天子命使，爾等不可妄言！」

在眾將怒目環顧中，薛岩戰慄不已，流汗被體。朱棣隨即傳令各軍集合列隊，請朝使檢閱。炫耀武力的目的，自然是給朝廷方面一種威懾。

官軍在前線失利，這是舉國皆知的事實，但數十萬官軍為何竟不能與燕軍相敵？薛岩也真想看看燕軍究竟如何。他隨燕軍中官登高高閱視，只見連營百餘里，旌旗蔽空，戈甲鮮明。軍營內外，隊伍整肅，步騎參錯。朱棣讓將士們馳馬逐獵，相與角力，一片生氣勃勃、鼓勇欲鬥的氣勢。薛岩本一介書生，雖身為大理寺少卿，但未嘗親歷軍旅，如此陣勢還是第一次見到，不禁驚異不已。作為朝廷命使，他在燕軍中受到款待，一連停留數日，對燕軍的更進一步了解，使他對這場戰爭還能否打下去產生了懷疑。他來這裡本是為了傳達欽命，勸朱棣接受和約，想不到卻幾乎成了對方的精神俘虜。

回到南京，薛岩立即向朱允炆報告了求和不果的情況。他極力渲染燕營所見，稱燕軍軍容整肅，上下一心，戰場上既不好對付，用計謀也難以使其上當。方孝孺恐怕這些話於軍心不利，斥責他「為燕游說」。後來薛岩果然降燕。

朱允炆沒有按照叔父的要求首先罷兵，盛庸和吳杰等人仍在前方與燕軍周旋。按照方孝孺的建議，吳杰和平安率兵切斷了由北平往大名運糧的餉道，斬燕軍數百人，並擒獲了燕軍指揮張彬。這對燕軍來說是個不小的威脅。於是，朱棣派指揮武勝將一封上書送至南京，他指責侄子一方面說罷兵，一方面又調兵遣將，切斷自己的餉道，與前次詔旨的意思背道而馳；並再一次表示，朝廷早晨將德州和真定的軍隊撤回，自己晚上就收兵回北平。

朱允炆看了叔父的上書，頗為所動，再一次流露出欲罷兵的意思。他歎著氣對方孝孺說：「燕王，朕叔父也。如此征伐不休，他日我將何以見宗廟神靈呢？」

面對這樣一個仁柔的皇帝，方孝孺只能一面開導，一面力爭：「難道陛下真的想要罷兵嗎？兵一罷散便不可復聚，到時燕王長驅犯闕，朝廷將何以抵禦？如今我軍聲威俱在，預計報捷之書當不遠，願陛下千萬不要被燕王的甜言蜜語所迷惑。」

朱允炆這才拿定了主意，遂將燕使武勝下到錦衣衛獄中，以示與燕王決絕。

在這一段時間裡，從朝廷方面來說，前線戰事連續遭敗績，燕軍前鋒已達大名，因而試圖通過逐齊、黃以使朱棣罷兵，然後再徐圖恢復。但朱棣卻趁機把球踢給了朱允炆，要求朝廷先撤回德州和真定的北伐部隊。倘能實現的話，燕軍就可以趁勢長驅直入，南入金陵奪取皇位。在這場心理戰中，兵鋒正盛的朱棣明顯地佔了上風。

被朱允炆視為倚靠的方孝孺雖然也是一介儒生，但畢竟比朱允炆少一些仁柔之氣。他堅持不能在叛軍面前示弱，因而在他所擬的答覆燕王的詔旨中，語氣仍很強硬，似乎主動權仍在朝廷手中，兵勢也比燕軍強盛。但不管這位輔臣怎樣費盡心機，建文政權的劣勢已定，已無力挽回頹局了。

聽說派往南京的使者被朱允炆逮繫獄中，朱棣非常惱怒，決定立即在戰場上給侄子點顏色看。因為朝廷方面切斷了自己的餉道，他也要讓對手嘗嘗斷餉的滋味。在朱棣授計下，李遠率輕騎六千人由間道疾馳南下，直插濟寧府的谷亭鎮。谷亭在魚台縣東北，是漕運往來要地，置有遞運所，朝廷北伐大軍的許多糧草屯積在這裡。李遠的兵士都換上了朝廷軍隊的甲冑裝束，看上去真假難辨，因而一路上幾乎沒有遇到任何阻攔，很快便趕到谷亭，將那裡的糧草一把火盡數燒光。

隨後，朱棣又派丘福和薛祿合兵攻打濟州。燕軍在護城河上迅速填平一條通道，強行攻城，很快將濟州攻破；既而又立刻潛渡沙河，直達沛縣。這裡停泊著朝廷方面的數萬艘運糧船，載有糧餉數百萬石。未等押運糧餉的兵士發現，他們就如同從天而降，四處放起火來，糧食和船隻都被燒毀，軍資器械頓時化為灰燼。由於火勢甚猛，河水變得熱氣騰騰，朝廷軍隊的漕運士兵無法救應，只得四散奔逃。

燕軍的這次偷襲取得了不小的勝利，它使朝廷北伐前線的糧餉供應頓時陷入困境。消息傳到南京，舉朝震驚。當李遠撤軍北歸的時候，盛庸派袁宇率軍三萬邀擊李遠。但他早有準備，預先設防，竟於回軍途中將袁宇擊敗，斬首萬餘級。

為了消除朝廷軍馬對燕軍南下餉道的襲擾，朱棣又親自率兵攻打彰德。當時，都督趙清在那裡鎮守，兩軍相持不下。朱棣派數十騎每天在城下來來去去，擾亂樵採活動。如對方來追，他們就迅速跑開。幾天之後，城中缺少燒柴，只好拆屋來燒。朱棣看到時機成熟，就將主力埋伏在城邊的山麓間，派小股騎兵到城下誘敵。城中軍士不知有詐，果然放馬出城追趕，落入埋伏後，伏兵四起，朝廷的軍隊退後不迭，被擒殺千餘人，從此以後，再也不敢輕易出城迎戰。

朱棣在重兵圍攻彰德的同時，又遣使入城勸降。都督趙清對來使說：「殿下至京城日，但以二指許帖召臣，臣不敢不至，今未敢也。」這話使朱棣頗有感觸，加之彰德防守比較堅固，一時難以拿下，便撤兵轉攻尾尖寨。

彰德雖然放棄了，朱棣卻從彰德守軍的態度中得到某種啟示。他忽然意識到，朱允炆手下的許多將領都與趙清一樣，他們僅僅盡忠於皇權，並非盡忠於那個年輕仁柔的皇帝。自己若能攻佔南京，以朝廷的名義號令天下，各地的守將就會不戰而降，全國也就可以傳檄而定。就此而言，燕軍不宜與朱允炆進行一城一地的爭奪，必須想辦法盡快奪取南京。這正是朱棣下一步的戰略中心。

南京城裡的朱允炆，這時也在為朝廷軍隊師老無功，幾處餉道又被燕軍切斷而坐臥不寧。情急之中的方孝孺獻上了一條反間計。

這條反間計是方孝孺與其門人林嘉猷一起策劃的。林嘉猷曾在北平邸供事，知道燕王世子朱高熾與高煦、高燧素來不和，屢遭兩個弟弟的傾陷，燕王府內侍黃儼為人陰險，黨附高煦與高燧，在兄弟之間搞了不少是非。這種狀況，正好可以施行反間。於是，方孝孺向朱允炆啟奏道：「陛下草擬書信一封，派人送給燕世子高熾，可令其父子間生疑，燕王聞訊必然北歸，我軍餉道自然可通。餉道通則兵氣振，兵氣振則可以圖進取。」朱允炆點頭稱是，便按照方孝孺的意思寫了一封密信，信中勸朱高熾背燕歸屬朝廷，並許以燕王之位。

朱棣率軍征戰在外，留守北平的朱高熾為自身計，當然也會竭盡全力。他知道父親並不喜歡自己，而弟弟又處處與之為難，自感處境艱難，因而時時惕勵，事父親兄弟唯恐不謹。這時突然見到朝廷送來密信，不禁心中暗自驚疑。南北兵戈相見，實為寇仇，雖然交戰雙方信使往返並不逾常情，但何不光明正大地送來，而要派人潛身密行？其中必然有詐。一封密信將朱高熾置於尷尬境地，且不論信中所言何事，只要朱高熾接了，便會在朱棣面前落得與朝廷私下往來的罪名；若不接此信，也無法向父親解釋為何朝廷要派人與自己聯繫。朱高熾不免為難。

朝中來密使傳書世子，早在北平鬧得滿城風雨，同在北平居守的朱高燧、黃儼自然完全知道。他們認為此事正好為他們提供了打擊世子的機會，因而一聽到消息，便搶先派人馳赴軍中向朱棣報告。時時惦記後方的朱棣聽說北平來人，急忙傳進，原來是朱高燧寄信來，說是朝廷與世子通密謀，命其歸順，許封王爵。朱棣不禁大驚，他最擔心的就是後方不穩，歸路斷絕，朱高燧的話看來並非子虛烏有，他不敢深信又不能不信。朱棣問侍立在旁的朱高煦，高煦自然不會站在世子一邊，說世子向來與朱允炆相友善。這話更使朱棣疑心漸重，已經在暗中盤算如何除去此心腹之患。

正在此時，帳外忽報世子信使到。原來，朱高熾與謀臣商議，終於決定對朝廷的信不予啟封，將其速同送信人一起送往朱棣軍中，以此表明心跡。朱棣先讀世子來信，又拆讀朝廷的密信，不覺出了一身冷汗，連聲驚歎：「嗟乎！幾殺吾子！」一場風波總算平息。

方孝孺這個未能得逞的反間計其實並不高明，暴露了建文政權的無力程度。旁觀者對時局看得格外清楚。朝鮮使臣崔有慶於建文三年（一四〇一年）八月動身赴南京，到第二年三月回朝。往返半年，正是「靖難」之役的關鍵時刻。他的觀感是：

燕兵勢強，乘勝遠鬥；帝兵雖多勢弱，戰則必敗。又有韃靼兵乘間侵掠燕遼之間，中國騷然。

五 「毋下城邑，疾趨京師」

篡位與反篡位的南北戰爭，這時已經打了三年。受困於仁柔的性格、空疏的道德和貧乏的政治經驗，朱允炆的優勢一步一步地喪失，制勝的機會也一個又一個地悄然而逝。而朱棣則在強烈的皇權欲望驅使下，施展出渾身的政治謀略與軍事技巧，向著自己的目標逼近。

建文三年（一四〇一年）十一月，南京宮中一些被黜的宦官逃來北平歸附朱棣，帶來不少朝廷內部的消息，其中最使朱棣感興趣的，是「朝廷重兵在外，京師空虛可取」。這些消息也使道衍和尚感到興奮，他勸朱棣說：「殿下起兵三年，往來奔突，所據者北平、永平、保定三郡而已。如今京師單弱，實為不可坐失之良機。望殿下火速發兵，毋下城邑，疾趨京師，大事可一舉而成。」正為「靖難」戰事曠日難下而苦惱的朱棣，聞此言正中下懷，高聲說道：「頻年用兵，何時已乎？要當臨江一決，不復返顧矣！」

其實，這種戰略的確定，並不全是因為宦官們的密報，而有著更深刻的原因。明人高岱在《鴻猷錄》中曾作過這樣的分析：

四方人心多所觀望，惟視金陵成敗為向背耳。若復攻城掠地，廣土眾民，必待四方之服而後徐議根本之計，則稽延歲月，師老時變，非所謂批虛搗吭之兵也。蓋其所急在京師，而不在四方。

此話說得相當透徹。對於朱棣、朱允炆叔侄之間這場爭奪皇位的戰爭，不少人都持觀望態度，其中的是非曲直他們似乎也並不關心，但有一點十分明確——誰作了皇帝就得服從誰。千百年來，中國的臣民們形成了一種觀念，皇帝就是國家的代表，忠於國家就要忠於皇帝。這裡所謂「視金陵成敗為向背」，就是視誰君臨天下為向背。三年之中，朱棣的勢力一直未能得到很快的拓展，一些城邑得而復失，就是因為朱允炆一直控制著京師，仍然是一國之主，這確實是號召民心的重要力量。朱棣只有長驅直入，直下金陵，以京師號令全國，才能完成自己奪位登極的宿願。

十二月初，朱棣經過一番部署，留下世子朱高熾守衛北平，自己親自率大軍南征。他已經產生了這樣的預感——南京皇宮中那座至高無上的帝位，正在向自己招手。他在訓令中告誡將士們說：

靖禍難者，必在於安生民；誅亂賊者，必先在於行仁義。……今予眾之出，為誅奸惡、

扶社稷、安生民而已。……今我有眾，明聽予言，當念百姓無罪，慎毋擾之。苟有弗遵，一毫侵害於良民者，殺無赦，其慎之！

覬覦帝位的朱棣此時將自己放到了代表正義和民心的最高位置之上，他要在最高尚的辭藻掩蓋下爭取民心，以完成奪位登極的宿願。

朱棣率師南下的消息很快傳至京師。由北平到南京，取道山東的德州、濟南一線路程最近。朝廷方面估計，燕軍一定會由此路南下。於是，建文四年（一四〇二年）元旦剛過，朱允炆就命魏國公徐輝祖率京軍往援山東。

然而，朱棣有鑒以往在山東連遭失敗的教訓，這次不再取道德州、濟南一線，而是由山東和河南臨界一帶南下。建文四年元旦這一天，燕將李遠在藁城與盛庸部將接觸，略獲小勝，雖然談不上戰果輝煌，但因為是建功於歲首，取了「大吉」之意，朱棣喜不自勝，致書嘉獎，稱李遠「出奇應變，雖古名將不過也」，參戰將士皆升一級。

燕軍自從按照「毋下城邑，疾趨京師」的方針南下以來，進展一直較為順利，藁城交鋒後沒幾天，朱能又於衡水獲小勝，燕軍隨即進入山東境內。一年前燕軍也南下到過這裡，但濟南、東昌敗後未得再窺此境。這一次，朱棣避堅擊弱，取道東昌、濟南之間，如同一陣狂風席卷而過，先後攻克東阿、汶上。再向前去就是孔子的老家曲阜了。但朱棣並未進入曲阜之境，既然自稱仁義之師，在聖人面前便不能不擺出姿態。他對諸將說：

孔子之道，如天之高，如地之厚，如日月之明，參贊化育，師表萬世。天下非孔子之道無以致治。生民非孔子之道無以得安。今曲阜闕里在焉，毋入境，有犯及一草一木之微者，殺無宥。鄒縣孟子之鄉，犯者罪如之。

「靖難」之役不僅是軍事上的較量，也是道義上的爭奪。朱棣越來越強烈地意識到拉攏人心的重要性。燕軍經過館陶時，朱棣見一士兵因病臥倒在路邊，立即命令左右牽過自己的從馬，讓士兵騎上。侍從們都說，大王的從馬士卒不宜乘。朱棣說：「人命至重，馬豈貴人乎？今病卒不能行，不以馬載之，則遂棄之耳。戰用其力，病而弗顧，是愛人不如愛馬也，寧輟馬以乘之。卒既獲濟，馬復何損！」孔子在馬廄失火時首先問是否傷人，朱棣於此藉題發揮，無非是表示自己得了孔孟的真傳。

然而與之對壘的一方，同樣也舉著孔孟的旗幟。他們維護朝廷，不惜殺身成仁，這卻不是一句空話。燕軍攻破東平，守城的指揮詹璟被執，知州等長官都逃得無影無蹤了。本州有一位吏目，名叫鄭華。他在洪武年間任行人司行人，建文初年被貶為東平吏目，官位雖變，君臣之義不變。眼見即將城破，他深感有愧君恩，對妻子蕭氏說：「吾義可死，奈親老汝少何？」蕭氏也是個深明大義的女子，對丈夫說：「君能為國，妾獨不能為君乎？」鄭華對此十分欣慰，率吏民憑城固守，力不支，五日不食而死。

燕軍很快攻抵沛縣。這裡是南京北邊的門戶。建文三年九月，朱允炆於此設沛豐軍指揮司，集民壯築七堡備禦，就是怕這兵家必爭之地淪於燕軍之手。守令顏伯瑋是唐代大書法家顏真卿的後人，頗有氣節。朝廷連年北伐，沛縣百姓終歲往前方運送糧草，十分勞苦。顏伯瑋妥善規劃，民得不困。這裡的防禦本來很堅固，但因調兵增援山東，留下的大都是老弱病殘。顏伯瑋自知難敵朱棣的虎狼之師，派縣丞去徐州告急，請求增兵。徐州守將只圖自保，不予增援。他見形勢危急，便讓弟弟顏珏和自己的兒子有為趕快回老家廬陵，以侍候父母，並要兒子代向父母轉告：「兒子不能為父母盡奉養之職了。」並題詩縣衙牆壁上，誓與沛縣共存亡。半夜時，燕師攻入東門，指揮王顯率眾迎降。顏伯瑋見大勢已去，穿著整齊的衣冠，走到堂上，向南京方向行叩拜大禮，自縊而死。他的兒子有為不忍心離去，走了不遠又跑回城來，見父親已死，自己在父親屍體旁邊也自刎而死。

六　進逼南京

其實，燕軍南下並非一路順風，有時打勝仗，有時也打敗仗。但朱棣為了完成自己夢寐以求的入主南京之願，不惜一切代價地去實現。這一點，確是勝則盲目樂觀、敗則一籌莫展的朱允炆所遠不能及。

建文四年（一四〇二年）三月，燕軍在淝水一線受到平安部攔截。對手的強悍超出了朱棣預料，燕將王真設伏誘戰，反被平安的大軍團團圍住，終因身負重傷，自刎而死。

淝水失利後，燕軍移師睢水，立橋拒守。平安率軍追至，雙方為奪橋再度發生激戰。總兵何福這時正列陣緣河東進，與平安合軍攻橋，燕軍不支，守將陳文戰歿。平安拍馬挺槊，衝入燕陣，直取朱棣。燕將王騏見勢不好，躍馬入陣，將朱棣拉上自己的戰馬救了出來。雙方隔橋駐營，一陣數日相持不下，燕軍糧草將絕，處境日益被動。朱棣不願困守，留下部份將士守橋，親率大軍東行三十里，繞到後方突然發起進攻。平安、何福毫無防備，在燕軍襲擊下亂成一團，本來是敗局已定，但徐輝祖恰於此時率援軍趕至，與平安、何福合軍反擊，燕軍反被擊潰。

數日後，雙方再戰於齊眉山，自中午戰至黃昏，燕軍又一次潰敗，蔚州衛千戶李斌為朱棣麾下驍將，馬蹶被擒殺。自經徐州南下以來，燕軍接連受挫，軍心有所動搖。夏日江淮陰雨連綿，暑濕薰蒸，燕軍多是北方人，尤感不適，不少人身染疾疫。於是諸將紛紛勸燕王回軍，或者轉移到睢水以東，選擇有利之地養息兵馬，然後再伺機而動。朱棣勸導諸將不成，便讓大家列隊表態，主張渡河回師的從左、主張進擊者從右。結果站在右邊的只有朱能、鄭亨，其餘將領都站到了左邊。剩下勇將王忠一人，站在原地，不知所從。朱棣不由大怒，聲色俱厲地說：「欲渡河回歸者，聽其自便吧！」諸將這才慌張起來，不敢再提渡河回師之事。

齊眉山之戰後，形勢本來已開始向有利於朱允炆的方向發展，但他卻沒能抓住有利時機調遣諸將反攻。有些廷臣認為燕軍將要北撤，京師不可無良將，朱允炆遂將徐輝祖調回南京。其實，燕軍並未北撤，他只是捕風捉影地聽到一些這方面的傳聞，就輕率地將徐輝祖調了回去。這無疑使正在為進退之事犯愁的朱棣暗自慶幸。

徐輝祖一撤，何福、平安的日子便不好過了。他們雖連勝幾仗，但糧道卻被燕軍所阻，供給發生困難。何福無奈，只得移師靈璧，深塹高壘，作固守待糧的準備。朱棣抓住這一時機，全力擊潰了平安的運糧之師，斷絕了他們的糧草來源。困守在營壘中的朝廷軍隊，在完全斷絕糧草之後，便無法繼續堅守下去。於是何福傳令次日以炮聲為號，突圍赴淮就糧。

誰知次日黎明，尚未突圍，朱高煦率燕軍前來攻營，炮聲不斷。朝廷將士誤將燕軍攻營炮聲當成突圍號令，紛紛奪門而出，出營後即被燕軍截殺，欲進不能，欲退不得，不少人被擠墜壁壕之中，營壘很快便被攻陷了。徐總兵何福單騎而逃，左副總兵陳暉、右副總兵平安、都督馬溥、徐真、都指揮孫成等三十七名主要將領全部被俘，此外還有隨在軍中的內官和副都御史陳性善、大理寺丞彭與明、欽天監副劉伯完以及指揮以下的軍官一百五十名。

最令朱棣感到興奮的是平安的被俘。自朱棣起兵以來，他屢敗燕軍，不少燕將死於其手。這次能擒獲平安，燕軍將士都感到振奮，歡呼說：「我等以後真的獲得平安了！」朱棣將平安召至帳前，以勝利者的口吻問道：「淝水之戰時，將軍的馬也不停頓一安，現在怎麼來見我呢？」平安大聲回答：「刺殿下如拉朽耳！」將士們紛紛要求殺掉平安，但朱棣並沒有這樣做。對於朱允炆方面的武將，他盡量不與之對立，以免增加奪位的困難，於是下令將平安、陳暉等被俘的武臣全部送往北平。

陳性善等文臣被放歸，他在歸途中對諸人歎道：「辱命，罪也，奚以見吾君？」遂朝服躍馬投河而死。彭與明和劉伯完被釋後，也感到無顏面君，變服改名而去，不知所終。

靈璧之戰使朝廷精銳喪失殆盡，已很難向燕軍實施有力的反擊。朱允炆和滿朝文武都感到了這種空前的危機。他採納了齊泰、黃子澄的建議，命楊文率領遼東軍馬十萬趕赴濟南，與鐵鉉合兵一處，以切斷燕軍後路。但楊文是個庸才，中途於直沽被燕軍擊潰，本人亦被俘獲，竟無一兵一卒到達濟南，利用遼東兵打擊燕軍後方的計策就這樣迅速破產了。

本來擁兵觀望的武將們，不少人這時索性去投降朱棣。五月間，燕軍進抵泗州，守將周景初不知所從，找來部屬商議，大家也都沒有主意，只得求之於占卜，卜於僧伽神，以降為吉，於是便率領部下舉城投降。

朱允炆把武力抵抗燕軍的最後希望寄託在盛庸身上。這時盛庸的騎兵和步兵共有數萬人，另有數千隻戰船，並列在淮河南岸，與進駐泗州的燕軍隔河相對。朱棣命將士們找來一些小船，又編了一

禮早有降燕之心，但被鎮守指揮崇剛、監察御史王彬察知，抓了起來，王禮的弟弟王宗及其黨羽則伺機行事。朱棣為克揚州，懸賞官三品，捉拿王彬。王彬微有所聞，防範嚴密，身邊常有一名力舉千斤的力士護衛，王宗等人一時難以下手。燕將吳玉奉朱棣密令入揚州招諭，與王宗密謀，賄賂力士的母親，把兒子喚出來。就在王彬解甲沐浴時，猝不及防而遭逮繫。王宗等人又從獄中放出王禮，開城降了燕軍。王彬和崇剛都被交給燕軍，不屈而死。

江北重鎮揚州不戰而降，使朱允炆又失去一道屏障；其後，高郵、通、泰也相繼降陷。燕軍很快又攻克儀真，立大營於長江北岸，只見浩蕩舟師往來江上，旌旗蔽空，聲勢逼人。

七　天塹難成險

南京城內，此時已是一片恐慌。朱允炆含淚寫下「罪己詔」，頒行天下，徵兵勤王：

奉天承運，皇帝詔曰：朕欽奉皇祖寶命，嗣奉上下神祇。燕人不道，擅動干戈，虐害萬姓，屢興大兵致討。近者諸將失律，寇兵侵淮，意在渡江犯闕。已敕大將軍率師控遏，務在掃除。爾四方都司、布政司、按察使及諸府衛文武之臣，聞國有急，各思奮其忠勇，率恭義之士，壯勇之人，赴闕勤王，以平寇難，以成大功，以扶持宗社。嗚呼！朕不德而致寇，固

不足言，然我臣子其肯棄朕而不顧乎？各盡乃心，以平其難；則封賞之典，論功有行，朕無所吝。故茲詔諭，其體至懷。

這份「罪己詔」在明代野史中只有簡略的記載，而且只有要天下勤王部份，「罪己」部份則未見錄。這或許與明代士大夫大都同情朱允炆有關。當時，朝鮮派來的謝恩使朴惇之來中國，因為戰事，道路梗阻，無法趕到南京，只得途中抄寫了這份詔書，回朝覆命，因而使詔書完整地保留在朝鮮的《李朝實錄》中。

四出募兵的不少，卻不見軍隊入衛京師。一些廷臣見勢不妙，為圖自全，紛紛要求外出分守，致使京師更加空虛。仁柔文弱的朱允炆對那些棄而不顧的臣子們也無可奈何。只有方孝孺等人忠心不貳，日夜待奉於皇帝身邊，幫助出謀劃策。

「事急矣，宜以計緩之。」方孝孺建議說，「遣人許割地，以稽延數日，東南募兵當至，長江天塹，北兵不善舟楫，與之決戰於江上，勝敗未可知。」

罪己詔

「罪己詔」為中國古代皇帝所發下自我批評的詔書，內容為反省自己的過失或對政策進行改正。中國古籍記載最早的一份罪己詔是在《尚書》中記載的《湯誥》。中國學者蕭瀚根據《二十五史》整理統計，中國歷史上共有七十九位皇帝曾下過罪己詔，其中漢文帝是第一位正式頒下罪己詔的皇帝，於公元前163年下詔曰：「間者數年比不登，又有水旱疾疫之災，朕甚憂之。愚而不明，未達其咎。意者朕之政有所失而行有所過與？……將百官奉養或費，無用之事或多與？何其民食之寡乏也！」

方孝孺這話其實只是一廂情願之事。兵臨城下的朱棣是否同意議和還不可知，朱允炆卻已經沒了主張，一切都聽從方孝孺的安排。

在燕軍勝利進軍的號角聲中，朱允炆用以緩兵的求和活動一個又一個地化成了泡影。

慶城郡主被朱允炆派往燕軍營中議和。她是朱元璋的侄女，朱棣的堂姐，洪武中冊為慶陽公主，建文中改為慶城郡主。由她出面議和，可免為朱允炆當說客之嫌。朱棣在營中與慶城郡主相見。不知是為了做戲，還是真的動了感情，他竟慟哭起來：「我不圖更有今日。今與郡主相見，有如再世。」在這種情況下相見，郡主也難免傷感一番。又談了些周王、齊王的近況之後，慶城郡主委婉地轉陳了朱允炆割地求和、劃江而治的意思。朱棣陡然變色道：「吾受命皇考，封建茅土，且不能保，割地豈其本心哉！此奸惡謬計，欲以見欺，焉可為信？我此行志在誅奸惡，以清朝廷，奠安社稷，保全骨肉。事已，得復故封幸矣，餘非所望也。」

這使慶城郡主感到為難。她此次來燕軍求和，不僅有朱允炆之命，也受到眾弟妹諸王公主之託，她沉吟片刻後又接著說道：「今番前來，還受眾弟妹之託。這三、四年動兵，運糧的百姓、廝殺的軍士，死傷無數。其實都是一家人的事，還是軍馬不要過江，回師算了，不然將來天下太平了卻不好說。」

諸王公主的這種勸解，顯然是在為處於窮途末路的朱允炆求情。這使朱棣頗為惱火，他憤憤然道：「累年以來，奸臣矯詔，大發天下軍馬來北平殺我。我為保全性命，不得已親帥將兵與賊兵交戰。仰荷天地祖宗神明有靈，憐我忠孝之心，冥加佑護，諸將士效力，故能累戰而累勝。今天大兵渡江，眾兄弟妹妹卻來勸我回北平。況孝陵未曾祭祀，父皇之仇尚未能報，奸惡尚未能獲。以爾弟妹之心度之，孝子之心果安在哉？如朝廷知我忠孝之心，能行成王故事，我當如周公輔佐，以安天下蒼生。如其不然，爾眾兄弟親王眾妹妹公主及多親戚，當速挈眷移居孝陵，破城之日，庶免驚恐。」話說到這個地步，慶城郡主只得起身告辭復命。臨行時朱棣又對她說道：「好語諸弟妹，久不相見，欲得少敘天倫之樂，未知能如願否。幸自愛。」言語之中，多少帶有警告的意思。

陷於捉襟見肘困境之中的朱允炆，本寄大希望於緩兵之計。慶城郡主回來稟告燕王拒絕議和，他幾乎不知所措了。方孝孺連忙寬慰他說：「長江可當百萬兵，江北船已遣人盡燒之矣。北來軍士豈能飛渡！況天氣蒸熱，易以染疾，不十日，彼自退。若渡，只送死耳，何足以當我舟師。」

燕軍中這時確已有疾疫開始流行，朱棣深知，如果渡江遲延時日，朱允炆徵調的勤王之師四集，不僅奪取南京無望，恐怕議和北歸也不可得。於是，他下令加快進攻的步伐。由於北岸船隻已多被焚毀，如何橫渡長江天險，確實成了朱棣的心事。於是有人出主意，挑選了一些老家在南方善於泅水的士兵，用豬皮囊充氣環繫在腰間，泅水偷渡，對南岸的船隻能奪就奪，不能奪的也予以焚毀。幾天中，燕軍奪了不少船，也燒掉了官軍的許多船。

燕軍中有一個老家在江蘇的士兵叫鈕阿卜，本是燕山衛士卒，對長期離鄉在北地當兵的生活早就厭倦了。燕軍進兵江北，他被勾起了思鄉之情，於是悄悄離開軍營，打算泅水過江逃回老家。沒想到，阿卜游近南岸時卻遇上了官軍的運糧船隻。由於軍中健卒都抽調到作戰部隊中，運糧的只是些老弱士兵，他們對突然出現在眼前的燕軍士兵驚駭不已。阿卜擔心被捉，只好故作聲勢地恫喝說：「燕兵即將大舉過江，你等要想不死，就趕快隨我投降，否則便殺你等片甲不留！」阿卜本想將運糧船嚇走，自己好逃脫，沒想到這些運糧老弱軍士竟真的跟著他投奔燕軍。這個逃不成的士兵反而由此得到獎賞並提拔。

剛入六月，燕軍即抵達浦子口。這裡與南京的下關隔江相對，為南北津渡要道，由盛庸領兵駐守。兩軍在浦子口發生激戰，盛庸率諸將奮勇反擊，燕軍正要敗退時，朱高煦率胡騎趕來。朱棣一陣高興，拍著高煦的背說：「勉之！世子多疾，如得天下，以若為嗣。」於是朱高煦殊死反擊，朱棣也率領精騎直衝盛庸之陣，燕軍遂轉敗為勝。浦子口失陷後，南京就完全暴露在燕軍的面前。

就在建文政權生死存亡的最後關頭，朝內朝外文人士子們大多踴躍致身，準備一死報效皇帝；而在改制中地位受到削弱的將軍們，卻與燕王達成了默契。他們或臨陣生心，公開叛附，或按兵不動，遲回觀望，漸漸聚集到朱棣「恢復舊制，誅左班文臣」的旗幟下。

受命總領舟師防江的是右軍都督僉事陳瑄。如果說朱允炆這時還有所依賴的話，就是依賴長江天險和依賴江上的這支水軍。然而當朱允炆命陳瑄率舟師增援盛庸時，陳瑄卻率舟投降了燕軍。燕軍原來都是騎兵和步兵，雖獲不少船隻，卻不習水戰。如果朝廷方面依靠水軍的優勢頑強抵抗的話，將會給燕軍渡江造成很大的困難。陳瑄的投降給了朱允玟致命的一擊，使燕軍得以順利渡江。長江天塹已經不再能夠阻擋朱棣了。

八 金川門之變

建文四年（一四〇二年）六月三日，朱棣下令誓師渡江。燕軍將士登舟渡江，舳艫相結，戈甲耀日，金鼓大震。朱棣親至長江邊祭祀大江之神，誓師渡江。他在誓詞中說道：

群奸構亂，禍我家邦，扇毒逞凶，肆兵無已。予用兵御難，以安宗社，爾有眾克協一心，奮忠鼓勇，摧堅陷陣，斬將搴旗，身當矢石，萬死一生。於今數年，茂功垂集，在戮力渡江，翦除奸惡。惟慮爾眾，罔畏厥終，僨厥成功。夫天下者，我皇考之天下，民者，皇考之赤子，順承天體，惟在安輯，渡江入京，秋毫無犯。違予言者，軍法從事。於呼，惟命無常，克敬惟常。爾惟懋敬，乃永無咎。

渡江這天是個晴天，萬里無雲，江上風平浪靜。燕軍將士見此景都很高興，以為祭祀感動了大江之神，正在冥冥之中保護著自己，士氣更加旺盛。盛庸這時駐軍於高資港，緣江上下二百餘里，盡列海船嚴備，遙見對方陣容如此雄壯，早已膽落。朱棣麾下前鋒鼓噪先登南岸，繼之以精騎數百直衝盛庸大營。盛庸部下懾於燕軍氣勢，似乎已不堪一擊，爭相往山上逃跑。燕軍追奔數十里，斬首數百級，盛庸單騎逃走，後收拾餘眾解甲來降。

朱棣沒有立即進取南京，而是先去奪取鎮江，這是防止腹背受敵的必要之舉。鎮江守將童俊早有降燕之意，燕軍一到，他便舉城降附。隨後，燕軍由鎮江西進，駐營於龍潭，從這裡已經可以看到鍾山，那便是太祖朱元璋的陵墓所在。自從太祖去世以來，朱棣已經好幾年沒有到過此地，想不到如今竟得揮師至此。望著濛濛的鍾山，他感慨萬分，奪位之心愈發迫切。

此時朱允炆正惶惶然徘徊於皇宮內的廷殿間，他已經派人去召方孝孺，想討問應對之策。方孝孺也是憂心忡忡，但他在年輕的皇帝面前必須表現出鎮定自若的樣子。方孝孺勸慰朱允炆，城中還有勁兵二十萬，城高池深，糧草充足，足可固守；並建議實行堅壁清野，讓城外民眾入城，城外積木也都運入城內，使燕軍難以攻城。這些建議朱允炆都一一採納。方孝孺還建議說：「前遣郡主未能辦事，今以諸王分守城門，遣曹國公、茹尚書、王都督往見燕王，仍以割地講和為辭，用覘其虛實，以待援兵至。至則選精銳數萬，內外夾擊，決死一戰，可以成功。萬一不利，車駕幸蜀，收集士馬，以為後舉。」方孝孺這番話並非沒有道理，因為朱允炆畢竟還有半壁河山，如果上下一心，局面並非不可收拾。無奈這時建文政權內部已士無固志，文武離心，什麼樣的計策都難以有效實行。方孝孺的這個計劃並非不算周到，但卻無法改變危亡局面。

再赴燕軍向朱棣重申割地議和之事的是李景隆與兵部尚書茹瑺、都督王佐。這個建文朝廷說來也怪，平日裡人才、義士出出進進，可到了這步田地，卻找不出一個不辱使命的臣子赴燕，只好又派出了像李景隆、茹瑺這類首鼠兩端之人。李景隆等人見到朱棣時，汗流浹背，竟惶恐得說不出一句話來。這時的朱棣儼然已經是勝利者了，不無譏諷地說：「勤勞公等至此，有言乎？」

李景隆把朱允炆準備割地求和的請求說了一遍。朱棣冷笑道：「當初加我大罪，削除名爵，貶為庶人，說什麼大義滅親。今日救亡不暇，又要割地求和。皇考統一天下，傳之子孫萬世，誰敢分土割地，其罪當誅。」他將對慶城郡主說的話又重覆了一遍，表示自己只求除奸臣，別無他求。李景隆等人只得唯唯而退，回南京向朱允炆覆旨。朱允炆要李景隆馬上再去見燕王，就說齊泰、黃子澄等奸臣已被竄逐，待捉拿回來以後再送交軍前。李景隆畏懼，不敢再去，朱允炆便命在京的谷王朱橞、安王朱楹陪同李景隆一起前去。

二王來到燕營中，朱棣只是寒喧問候，對戰和進退之事一句不提。谷王再提朱允炆議和之事，朱棣立即拉下臉來說：「諸弟試謂斯言當乎，否乎？誠乎，偽乎？果出於君乎？抑奸臣之謀乎？」二王只得無可奈何地說：「大兄所洞見矣，諸弟何言！諸弟來，豈得已哉？」

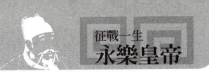

從這些親王所處的境況來看，他們內心深處其實是向著朱棣的。這一點，朱允炆本該清楚。朝廷行削藩之策，諸王都是目標。朱棣起兵，正好為他們出了一口氣。只是眼下礙於君臣關係，他們受朱允炆差遣出使。至於他們內心在想什麼，已很難料了。但有一點大約可以斷定——朱棣攻破南京後，諸王相信自己的地位不會惡化，或許還會更好些。這就註定了這樣的出使決然不會產生朱允炆所希望的結果——緩兵之計全部破產了。二王求和不果而還，朱允炆更加六神無主，在奉天殿召見群臣時，竟失聲痛哭起來。廷臣們心情大都也很黯然。有的勸他離京赴浙，也有人勸他前往湖、湘，總之大都主張暫避燕軍之鋒，以圖復興。方孝孺此時也拿不出什麼良策來，但他勸朱允炆暫不必以萬乘之尊倉促出走，仍堅守京城以待外援，萬一不利時再去四川，在那裡尋機後舉。

根據方孝孺的主張，朱允炆秘密遣人出城，以蠟丸裹詔書，促各地趕快出兵勤王。但這些蠟書都被燕軍截獲，直到南京陷落，也沒見一處勤王兵趕來。

南京城不包括外郭，周圍便有九十六里，築堡壘二百餘座，垛口一萬三千餘個，十分堅固；城內駐有不少京軍衛士，民氣也尚可一用，如若指揮得當，全力固守，一時倒也不致陷落。但是朱允炆和他的臣僚們這時大都惶然無主，又有一些對建文新政不滿、欲謀應燕的人四處活動，城中更加混亂，防守之事幾乎無人主持。

南京的酷熱是有名的，何況又在盛夏之中，城內百姓撤屋運木，晝夜不停，竟有不少人因饑餓勞苦死於酷暑之中。一些百姓不堪運木的勞苦，乾脆縱火燒掉自己的房屋，眼見著黑煙滾滾，房屋倒塌，烈火的呼嘯和百姓的哭喊響成一片。為了防止燕軍攻城，朝廷下令軍民加固城牆，想不到人多手雜，西南的城牆竟給弄塌了。朝廷又馬上派人修築，不料西南的城牆還未修完，東北的城牆也倒塌了。百姓們晝夜不得喘息，心中暗自生疑：「難道建文朝的氣數已盡？不然為什麼連一段城牆也修不牢呢？」

朱棣對攻打京師這一仗還是相當重視的，他以為一定會有一場惡戰。先鋒劉保等率騎兵千餘人來到朝陽門一帶偵察，發現並沒有什麼防備，這真使朱棣大喜過望。這時南京城內已亂作一團，許多人見朱允炆大勢已去，便在暗中積極謀劃降燕。朱允炆感到身邊的人沒幾個可靠的，便讓諸王分守城門，但這些親王在精神上是與燕王相通的，也都在暗中盤算著投降燕軍。

決戰前的夜色，昏沉黑暗，繁華的六朝都城好像穿上了喪服。乾清宮中，燭光綽綽，朱允炆無論如何難以入睡。想到祖父傳下的江山將要失於己手，慘淡經營了四年的新政也即將付諸東流，他內心十分痛苦，愧悔交織，於燈影之下不禁雙淚長流。

六月十三日清晨，內官來報，左軍都督徐增壽暗中策劃投降燕王，事情敗露，被御史魏冕、大理寺丞鄒瑾等率同官十八人捽捉痛打了一頓，並奏請皇上下旨誅殺。徐增壽以前和朱棣一直關係很好，朱棣起兵後，他不斷「以京師虛實輸於燕」，見燕軍攻到城下，便欲謀為內應。朱允炆親自向他詰問有無投降之事，他自知理虧，便拒絕回答。已面臨窮途末路的朱允炆依然惻隱之心未改，不忍處死徐增壽，只是命衛士們將他禁閉於寢宮附近的左順門內。

幾乎與此同時，朱棣的大軍已殺到了南京西北的金川門下。奉命守衛這座城門的是李景隆和谷王朱橞。他們感到朱允炆沒有指望了，決心拋棄這個仁柔的皇帝。當他們在城上望到朱棣的麾蓋時，立即開城迎降。朱棣下馬登樓，憑欄遠望，雄偉的京師盡收眼底。東面鍾山像盤龍一樣蜿蜒環抱著京城，西面的石頭山像猛虎一樣雄踞在大江之濱，浩浩長江從金川門下向東北方向流去。城內東南角那一片金光耀眼的樓台殿閣便是皇城了，三十二年前，他在那裡被封為燕王。憑自己的雄才大略，他豈能僅僅安作一個鎮守邊閣的藩王呢？現在他又登上南京城樓了！一時間，塞外的飛雪、白溝河的明月、東昌城下的伏屍，又都浮現在眼前。他忽然仰天大笑說：「朝廷罹禍，已舉兵除掉！」

朱棣進城後，派人接來幽繫中的周王朱橚和齊王朱榑，聲稱是恐怕被朱允炆加害，其意在作出姿態，以示自己起兵的道理。周王看到許多士兵突然趕來，以為要殺掉自己，非常害怕，得知是燕軍士兵，才破涕為笑。人們心裡都很清楚，朱棣在叔侄間的這場皇位爭奪中取得了最後的勝利。

南京城破，朱允炆才一改平日仁柔，發起狠來。他仗劍來到左順門，親手將徐增壽斬殺於殿廡之下。人們沒想到，這位一向溫文儒雅的青年皇帝竟會有這麼大的怒氣，但是，這時殺徐增壽已於事無補了。斬殺徐增壽後，朱允炆又遍尋李景隆不得，身邊僅剩下一些近臣。見大勢已去，他跑回宮中，點起了一把大火。血紅色的火光從紅牆黃瓦間高高升起，捲起滾滾黑煙，伸向天際。

建文新政，步履維艱地走過了四年的風風雨雨，就這樣在熊熊大火中宣告結束。一個靠文人支持的仁柔皇帝，終於不敵強大的藩王軍人集團，令人痛心地失敗了。在二百七十六年的明代政治中，這或許算得上是第一幕宮廷悲劇。朱允炆無疑是這幕悲劇的第一主角。祖父賦予他至高無上的天子之尊，他也在矻矻終日地履行著天子之職；當他在叔父的逼迫下，無可挽回地走向失敗時，他的表情乃至心境是什麼樣的呢？遺憾的是，史家對此顯得無能為力。除了在他所頒發的幾份詔書中能看到若干表示愧悔之意的句子，人們似乎無以作出更具體的描述。

皇帝總是被奉為無所不能的皇帝，而建文卻只能是個無可奈何的建文。作為「萬乘之君」，朱允炆確實沒有趕上好時節。皇帝這個唯一的社會身份使宮廷政治在一定時間裡平靜如水，也使變故發生時對它的爭奪極為殘酷和劇烈。父子叔侄間「你上去、我下來」的一姓至尊，在時間的流淌中並不能禍福共享——渴望開創明代「文景之治」的朱允炆，被歷史安排了一個令人失望的角色。他一定在深深的不解中抱怨著上蒼的不公。

朱允炆在總體上符合一介君主的政治抱負。即位之後，他在皇朝一系列最敏感的環節——諸如藩封、刑法、田賦、官制等等事體上，都想方設法進行過除舊佈新的嘗試。他很辛苦，在位的四年裡，他每日料理政事、批閱奏章的時間，可以說並不少於他的前任或是他的後繼者。在明宮十六年中，野史裡關於他的「花邊新聞」最少——甚至於沒有，似乎是一位使後宮佳麗們頗受冷落的宮廷之主。他辛勤地守著宮殿，辛勤地操辦新政，辛勤地推動皇朝走過一段短暫的開明時期。就個人而言，朱允炆應該是做得很不錯的，而他的朝廷依然短命。面對自己的叔父，這個青年皇帝好像是在做他所做不到的事情。

皇室內部這場內戰的結果或許已經超出了爭奪帝位的鬩牆之爭——朱允炆之於朱棣的失敗不僅是一個君主之於藩王的失敗，也是開明政治之於專制極權的失敗、文官政府之於軍人勢力的失敗。朱允炆和朱棣的故事似乎又在昭示人們一條宮廷政治的法則——君主是天生最不該具有仁慈、寬容性格的一類人，儘管矯飾出來的寬仁或許能夠帶來統治上的若干好處；但是，當君主真的具有這類性格，甚至要認真推行它時，君主統治的結束便已經為期不遠了。

第五章　血祭壬午

一　「俯循輿情」的登基

建文四年（一四〇二年），是傳統干支紀年的壬午年。所以，這一年發生在中國政治舞台上的悲劇，被稱為「壬午之難」。

六月十三日，南京破城。秦淮河畔，夫子廟前，到處都是身披鐵甲、手執長矛的燕軍士兵。自從太祖朱元璋定都以來，已有三十餘年未蒙兵災的南京，一時間戰馬嘶鳴，箭矢如雨，哭聲震天。一場血腥的爭奪過後，朱棣的軍隊終於控制了全城，他忘情地策馬向朱允炆居住的皇宮奔去。

來到承天門前，朱棣才發現，三大殿後的皇宮此時正籠罩在一片烈火濃煙之中。他最關心的是建文帝朱允炆的下落，於是急忙派人飛速衝進宮中滅火搜人，並在全城戒嚴，嚴令士兵們把住各門，不得放任何人出入。大火被撲滅了，皇宮的每個角落都經過反覆仔細的檢查，士兵們從乾清宮的火堆中扒出了一具屍體，已被燒成灰燼，分辨不出是不是朱允炆。但這件事表明，建文帝朱允炆歷時四年多的統治宣告結束，中國歷史上的一個新皇帝和一個新時代就要誕生了。

第二天，諸王便率群臣上表勸進，朱棣作態不允。第三天，諸將上表勸進，再不允。第四天，當諸王再上表勸進時，朱棣甚至裝出不悅之色，以表示自己無心於皇帝。同日群臣再請，朱棣再次固辭不允。第五天，朱棣覺得火候差不多了，如果再固辭不就，反而不好下臺，便準備正式登極。他命備駕入宮，正在途中，編修楊榮迎謁於駕前，對他說道：「殿下先謁孝陵？還是先即位呢？」一句話提醒了一心想登上皇帝寶座而幾乎忘情的朱棣，他立即命車駕掉頭前往孝陵拜謁。

先謁陵還是先即位，看上去似乎關係不大，其實有著不可忽視的政治影響。拜謁父皇的陵墓後再即位，表明自己是繼承太祖的皇位，而不是建文帝朱允炆的皇位。這對經過三年戰爭奪得帝位的燕王來說，實在是很重要的一件事。在天下臣民的心理上，這至少可以增加一些自己是合法繼承人的色彩。

六月十七日，朱棣正式登極稱帝。在即位詔書中，他對侄子進行了嚴厲指責。這個以武力「繼統」的藩王要以此來說明自己奪位的名正言順：

允炆以幼沖之資嗣守大業，奈其秉心不孝，更改憲章，戕害諸王，放黜師保，崇信奸回。朕乃整師入京，秋毫無犯。諸王大臣謂朕太祖之嫡，應天順人，天位不可以久虛，神器不可以無主，上章勸進，朕拒之再三，俯徇輿情，乃即皇帝位。

無論把話說得怎樣冠冕堂皇，朱棣終究無法洗去自己身上篡弒的印記。他的奪位，在朝野上下的文人士子中自然遭到了激烈反對。許多文臣看到自己為之效忠的皇帝被推翻了，生死未卜，不禁悲慟欲絕。他們為中國傳統的君臣大義所驅使，不願去作降臣，便紛紛自殺殉難。

曾當廷毆打徐增壽的御史魏冕，在宮中火起時，有人勸他投降燕王，受到他厲聲喝斥，隨即自殺；和魏冕一起毆打徐增壽的大理寺丞鄒瑾，也和魏冕同時引頸自裁。燕軍入金川門後，都給事中龔泰被燕兵抓起來。朱棣認為他並不屬於搜治之列，就釋放了他。但他並不領朱棣的情，回來後就投城下自殺。宋代大儒程頤的後裔程本立，曾參與撰修《明太祖實錄》。《實錄》修畢，他被任為江西副使，還未上任，燕軍已入金川門，程本立遂自縊而死。翰林纂修周是修也是個志操卓犖之士。京師失陷後，他留書給解縉、楊士奇等諸友人，託以後事，自己一人來到應天府學，向先師行禮畢，自縊於尊經閣。

與自殺殉難者相比，在任逃遁的更多。據《國榷》記載，共有四百六十三人。官員如此大規模地集體逃亡，致使朝署幾空，整個國家完全陷於癱瘓。相形之下，迎附的文臣則少得可憐。朱棣數來數去，也只有二十四人。《明史紀事本末》記下了這些降臣的姓名：吏部右侍郎蹇義，戶部右侍郎夏原吉，兵部侍郎劉儁，右侍郎古樸、劉季篪，大理寺少卿薛岩，翰林學士董倫，侍講王景，修撰胡廣、李貫，編修吳溥、楊榮、楊溥，侍書黃淮、芮善，待詔解縉，給事中金幼孜、胡濙、吏部郎中方賓，禮部員外郎宋禮，國子助教王達、鄭緝，吳王府審理副楊士奇，桐城知縣胡儼。

更令朱棣惱怒的是，竟有一些盡忠於朱允炆的官吏匿於迎降者中欲謀行刺，幸虧他防範嚴密，才未遭暗算。有一個叫連楹的御史假裝投降，身藏利刃，千方百計地接近朱棣。朱棣接見降臣時，他叩見後衝上前去刺殺，卻未能成功，被左右衛士當場殺死。《明史》上說他被殺後屍體猶直立不倒，這在事實上是不可能的，但卻反映了後人對這種剛直不屈之士的讚頌。此類暗殺行動雖然不多，對朱棣登基的情緒卻多少總是有些打擊。因此，他上台後的第一件事，就是以鐵的手腕向反對派進行最殘酷的報復性鎮壓。這便釀出了後來一幕慘絕人寰的悲劇。

捉拿建文遺臣的懸賞是相當優厚的——凡文武官員軍民人等，綁縛「奸臣」為首者升官三級，為從者升二級；綁縛官吏為首者升二級，為從者升一級。賞格一出，告密者蜂擁而至。或邀官求賞，或挾私洩憤，或勒索財物，簡直是雞飛狗跳，亂成一團。一場血腥的大屠殺開始了。

二　血腥「除奸」

朱棣以「除奸靖難」為名起兵，但最初指斥的所謂「奸臣」只有齊泰、黃子澄二人。他在令旨中開列的奸臣，除列齊、黃二人姓名之外，其他均無具體所指，這種做法可能出自當時一種策略上的考慮。如今的情況不同了，朱棣已經奪得了皇位，他明顯地擴大了對所謂「奸臣」的打擊範圍，幾乎所有忠於朱允炆而又不肯和他合作的文臣都被指為「奸惡」，遭到榜示通緝。

第一次揭榜的左班文臣共二十九人，其中不少都是明初的著名大臣。除太常寺卿黃子澄和兵部尚書齊泰之外，還有禮部尚書陳迪，文學博士方孝孺，副都御史練子寧，禮部侍郎黃觀，大理寺少卿胡閏、寺丞鄒瑾，戶部尚書王鈍，侍郎郭任、盧迥，刑部尚書侯泰，侍郎暴昭，工部尚書鄭賜，侍郎黃福，吏部尚書張紞，侍郎毛太亨，給事中陳繼之，御史董鏞、曾鳳韶、王度、高翔、魏冕、謝升、前御史尹昌隆，宗人府經歷宋征、卓敬，修撰王叔英，戶部主事巨敬。其後又增徐輝祖、葛成、周是修、鐵鉉、姚善、甘霖、鄭公智、葉仲惠、王璡、黃希范、陳彥回、劉璟、程通、戴德彝、王艮、盧原質、茅大芳、胡子昭、韓永、葉希賢、林嘉猷、蔡運、盧振、牛景先、周璿等，共五十餘人。錢士升《皇明表忠記》中說當時榜示「奸臣」四十四人，郎瑛在《七修類稿》中則稱：「**予得諸文廟榜示奸惡官員姓名二紙，又傳於文獻者百廿四人。**」其中有些屬於殉節於建文朝廷，而並非朱棣所榜示的「奸臣」。人們不能不對這些建文遺臣的行為感到驚異，這些身在刀俎之上的文人雖然沒有任何反抗能力，卻對朱允炆表現出最大限度的忠誠。

黃子澄被列為「首惡」中的第一人。京師陷落時，黃子澄不在朝中。他表面上與齊泰同謫於外，實際上受密令募兵。他微服潛至蘇州，與知府姚善商議倡義勤王之事，姚善認為當時形勢緊迫，上書勸朱允炆不要置黃子澄於外。但當黃子澄受召回京時，京師已經陷落了。他最初想和姚善泛舟乞師海外，姚善以為不可，他只好隻身南下，跑到嘉興去找致仕在家的楊任，共謀舉事。這時朱棣早已開列賞格，黃子澄自然成了告密者眼中的一塊肥肉。他到楊任家不久，即為人告發被逮，重兵押解京師。

黃子澄對這場戰爭的失敗是有責任的，當初薦李景隆代耿炳文，就是他的主張。待李景隆兵敗喪師，他請朱允炆治李景隆之罪，朱允炆不肯，他看出建文朝廷凶多吉少，懷著愧疚的心情賦詩道：

仗鉞曾登大將壇，貂裘遠賜朔方寒。
出師無律真兒戲，負國全身獨汝安。
論將每時悲趙括，攘夷何日見齊桓。
尚方有劍憑誰借？哭向蒼天幾墮冠。

詩中既是責斥李景隆，也是深深的自責。黃子澄被逮赴京師後，由朱棣親自進行審問。他抗節不屈，仍然口稱「殿下」，而不是稱「陛下」，遭到左右侍從的一片喝斥。黃子澄大義凜然地說：「臣知殿下以兵力取富貴，不知殿下即此位。富貴瞬息，何足重輕！殿下向來悖謬，不可為訓，恐子孫有效尤而起無足怪者。」朱棣聞言大怒，命將他宗族老少六十五人、妻族外親三百八十人全部帶至，又令他將自己的罪過寫於紙上。黃子澄接過紙筆，奮筆寫道：「本為先帝文臣，不識諫削藩不早，以成此凶殘。後嗣慎不足法。」朱棣見此愈發怒不可遏，立命將他的雙手砍去，接著又說道：「汝雖未入島夷，足跡已至海上。」遂命再將他的雙足砍去。這時的黃子澄已手足全無。人們都知道漢高祖劉邦的戚夫人被呂后砍為「人彘」，但很少有人知道這種慘劇在黃子澄身上又得到重演。所不同的是，戚夫人成「人彘」後過了一段時間才死去，黃子澄則當場即被殺。族人不分老少，全部斬首，姻黨悉戍邊。只有一子僥倖逃匿，改姓為田，輾轉避禍於湖廣咸寧，算是沒有絕嗣，直到赦免「奸黨」後，才敢復姓。

齊泰是另一「首惡」。京師陷落後，他還在外郡募兵，但這時想舉兵興復已經不可能了。到處都在通緝捉拿他，風聲甚緊。為了隱蔽行藏，躲避追蹤，齊泰不僅自己化了裝，而且用墨將所騎的白馬染成黑色，晝夜向南奔逃。他的坐騎雖是寶馬良駒，日行千里，但馬奔跑時間一長，周身汗如雨下，淋漓的汗水把黑墨沖得一乾二淨。寶馬不幸被人認出，主人也被擒送京師。齊泰壯志未酬，不禁仰天長歎，淚如雨下。和黃子澄一樣，他不屈被殺，一家被「族誅」，從兄弟齊敬宗死難，叔父齊時永、齊陽彥等被謫戍、親戚鄉黨駱氏等五十餘家也被打入軍籍。齊泰年僅六歲的兒子因年幼免死，配給功臣家為奴，仁宗時才被赦還，可謂不幸中的萬幸。

在建文諸臣中，死難最為壯烈的還有陳迪和鐵鉉。

陳迪祖為武臣，世撫州守御百戶，他卻以通經薦為文官，洪武中官至雲南右布政使率士兵平普定、曲靖、烏撒、烏蒙等部。建文初升禮部尚書，督運軍儲。這次被逮後，朱棣親自對他進行審訊，陳迪抗聲不屈，與其子鳳山、丹山等六人同時被凌遲處死。諸子臨刑時哭道：「父親累我。」陳迪斥使勿言，並始終罵不絕口。朱棣命將鳳山等人的耳鼻割下炒熟，塞入陳迪口中，並問他味道如何。陳迪高聲回答：「忠臣孝子之肉，香美無比。」繼續唾罵直至身死。他死後，收屍的人們從血染的衣帶中得到一首遺詩：

三受天王顧命新，山河帶礪此絲綸。
千秋公論明於日，照徹區區不貳臣。

另還有一首辭意悲烈的〈五噫歌〉。陳迪的妻子管氏自縊而死，丟下才五個月的幼子陳珠，由乳母藏到水溝中才得以倖免。

鐵鉉在「靖難」中屢挫燕軍，朱棣對他一直耿耿於懷。燕軍入京後，鐵鉉仍在山東一帶率所部抵抗，不肯附降。後被朱棣用計捕獲，諸郡才隨之平定。鐵鉉被押解京師後，不肯朝見朱棣。為了表示對篡弒者的蔑視，他在刑訊時背立廷中，歷數朱棣罪狀。朱棣讓他回過頭來看一下，終不可得，盛怒之下命將其耳鼻割下，最後以寸刀慢割而死。鐵鉉至死罵不絕口，朱棣猶覺難以解恨，又將他的屍體投入油鍋，燒成炭灰。鐵鉉的父母都已是八十多歲的老人，一起被發配海南蠻荒之地；十二歲的長子福安謫戍廣西，七歲的次子康安起初發往匠鋪，後被戮死。

在對待建文遺臣的問題上，朱棣確實過於殘酷了。當年被朱允炆謫貶到廣西的前北平按察使陳瑛，此時由朱棣授官左副都御史，專理清查之事。生性殘忍的陳瑛善於揣摩主子的心思，對待建文諸臣務求斬盡殺絕。他在審案時，動輒誅連籍沒數百家，「內親盡矣，猶抄解外甥分戍」，以致都察院內號冤聲此起彼伏，震耳欲聾。兩列御史都感到於心不忍，有的落淚掩泣，陳瑛卻熟視無睹，面色獰然。他對左右說：「不以叛逆處此輩，則吾等為無名。」這種誅戮的目的其實正在於此，將忠於朱允炆的舊臣指為叛逆，朱棣的奪位、陳瑛的得官才能夠名正名順。《明史》中將陳瑛列於〈奸臣傳〉，主要是惡其傾誣排陷之所為。其實壬午酷刑濫殺的元凶還是朱棣，陳瑛不過是「首承風旨」罷了。大理寺少卿胡閏在朱棣召見時身穿喪服，竟被這位有九五之尊的天子親手以金瓜落盡其齒，勒死廷間，並將其屍體浸於灰釜水中，剝下皮來，用稻草充後，懸掛在武功坊外示眾。張昺的親屬被押赴京師，朱棣竟說：「這張昺的親人是鐵，錦衣衛拿去著火燒。」此類毫無人理的處治，已不僅僅是為正奪位之名，而是極端專制統治下的報復性發洩。

三　被誅十族的方孝孺

建文朝主持變法的方孝孺，在諸臣中被禍最慘。方孝孺的確是朱允炆最親近的輔臣之一，遇到軍國大事，朱允炆總是要徵求他的意見。這位年輕的皇帝酷愛讀書，有了什麼疑難之處，總是讓他為自己講解。臨朝奏事，或行或否，經常交方孝孺在御前擬旨批答。朱棣起兵北平，討逆的詔檄也都出自方孝儒之手。朱允炆將他視為當朝的士人領袖，言聽計從，君臣相處甚諧。儘管方孝孺的父親為太祖朱元璋所殺，但他視朱允炆為知遇之音，忠心耿耿。正因如此，也就埋下了日後這場悲劇的禍根。

當初朱棣離北平出師南下時，道衍和尚送至郊外，曾跪在朱棣面前密囑：「方孝孺素有學行，城下之日，彼必不肯歸降，幸勿殺之。殺了方孝孺，天下讀書的種子就絕了。」朱棣點頭應允了。城破後，方孝孺拒不迎降，閉門不出，並為朱允炆披麻戴孝，晝夜啼哭。朱棣很希望方孝孺能為己用，但他卻不肯屈從。當被鎮撫伍雲等強迫拉著來見朱棣時，他竟身著喪服，悲聲慟哭，聲徹殿陛。德慶侯廖永忠的孫子廖鏞和廖銘曾受業於方孝孺，是他的學生，因而被朱棣傳來勸說他。他對廖鏞等人大聲訓斥道：「小子們跟我數年，難道還不知道義之是非嗎？」朱棣記得道衍和尚的話，不想殺他，只是將其繫入監獄，並派人反覆勸諭，但始終無法達到目的。朱棣要擬即位詔書，一些廷臣推薦方孝孺，於是朱棣召他出獄，他又當廷號哭起來。

「先生不必自苦，朕不過是想效法周公輔成的故事罷了。」朱棣站起身來，從殿上踱步而下，耐著性子勸解。

方孝孺反問道：「成王安在？」

「彼自焚死。」朱棣回答。

「何不立成王之子？」方孝孺追問。

「國賴長君。」

「何不立成王之弟？」

「此朕家事。」朱棣已很不快，示意左右送上筆札，「詔天下，非先生草不可。」

方孝孺接過筆來，投於地下，邊哭邊罵說：「死即死耳，詔不可草！」

朱棣臉色一變：「即死，先生獨不顧九族乎？」

「便十族奈我何！」方孝孺以更大的聲音答道。

朱棣頓時大怒，恨其嘴硬，立命左右將方孝孺的嘴割破，直到割兩耳，復下獄中，大捕其宗族門生。每逮繫一人，就將其拉到方孝孺跟前，讓方孝孺看一看，但方孝孺卻連頭都不回。殺人不眨眼的朱棣被面前這個手無縛雞之力的文人氣得幾乎發狂，在方孝孺九族之外，又以其朋友、門生算作一族並誅，謂之「誅十族」。當差役奉詔逮繫其妻鄭氏時，鄭氏和諸子已自縊而死。受此案誅連被捕的人多的令人吃驚，僅磔殺於市的就有八百七十三人，謫戍繳死者不可勝計。方孝孺的弟弟方孝友受誅連被殺，方孝孺看著他慷慨就刑，淚流滿面。方孝友口拈一詩道：

阿兄何必淚潸潸，取義成仁在此間。
華表柱頭千載後，旅魂依舊到家山。

當時的文人士子對此皆感歎不已，稱其確實不愧為方孝孺之弟。方孝孺最後受戮，磔殺於南京聚寶門外，死時年僅四十六歲。他就刑時氣宇軒昂，談吐自若，賦〈絕命詞〉一首：

天降亂離兮，孰知其由。
奸臣得計兮，謀國用猶。
忠臣發憤兮，血淚交流。
以此殉君兮，抑又何求？
嗚呼哀哉兮，庶不我尤！

方孝孺還有兩個女兒尚未婚嫁，被逮繫至京時，二人聯袂投秦淮河而死。

對這樣一位忠烈之士，由朱棣授意編纂的《明太宗實錄》則作了完全相反的描述：

方孝孺被執，朱棣指宮中煙焰，對他說：「此皆爾輩所為，汝罪何逃！」方孝孺叩頭祈哀。朱棣命左右勿遽死，遂收之。後來齊泰、黃子澄並就執，與方孝孺同伏辜，遂戮於市。

後代史家大都認為這種記述出自修撰實錄時楊士奇等人的曲筆，全然不可信。在方孝孺之前，中國尚無所謂「誅十族」之說，最重的也只是「誅九族」，這已是令人髮指的殘暴了。朱棣竟誅方孝孺「十族」，其殘暴程度真可謂空前絕後！為此，後人有的否認朱棣「誅十族」之說，但這血寫的歷史畢竟無法抹去。對所謂「九族」的解釋，歷代有些歧異，明清時期一般是指犯人的上四代和下四代，加上本人這一代。不管歷代的解釋有何不同，朋友、門生從來未被視作為一族，而方孝孺一案確實株連到他的朋友、門生。御史鄭公智和編修林嘉猷都曾「師事孝孺」，是方氏門生，曾任鞏昌通判、河南參政的鄭居貞是方孝孺的朋友，這些人都受株連死於方案。方孝孺死後，他的學生廖鏞、廖銘收其遺骸，安葬於南京聚寶門外的山上，二人接著也被執殺。

方孝孺以一介儒生，面對專制君主的屠刀視死如歸，抗節不屈，真可感天地而泣鬼神，因而受到了許多後人的景仰和頌揚。號稱中國「第一思想犯」的李贄在《續藏書》中保存了一首詩，為明初曾任過刑部尚書的魏澤所作，抒發了一代文人對方孝孺的悲悼之情：

筝輿沖雨過侯城，撫景令人感慨生。

黃鳥向人空百囀，清猿墜淚只三聲。

山中自可全高節，天下難居是盛名。

卻憶令威千載後，重歸華表不勝情。

在建文諸臣中，方孝孺本不同於齊、黃，而被禍甚於齊、黃，其觸怒朱棣之處無疑只有一個——他對朱允炆忠心的程度，已無法見容於新君。朱允炆對他也確有知遇之恩，就方孝孺的個人氣節而言，歷史上實在並不多見，作為建文諸臣的代表，他正應了中國的一句古話：「**士為知己者亡。**」

四　「瓜蔓抄」

建文遺臣慘遭屠戮，另一件常為後人所提及的事就是「瓜蔓抄」。所謂「瓜蔓抄」，含有順藤摸瓜的意思，即轉相攀染，廣加株連，濫殺無辜。此事始於御史大夫景清。

建文初年，景清出任北平參議。朱棣常常與之交往，他侃侃而談，言論明晰，給朱棣留下了很深的印象。不久回京師，即升為御史大夫。朱棣稱帝後，建文舊臣死的很多，景清曾與方孝孺相約共赴國難，絕不向燕王稱臣。方孝孺等人慷慨殉節後，景清因與朱棣有舊，得授原官，委蛇於朝班很長時間。一日早朝，景清身藏利刃，穿著緋色衣服上殿，準備刺殺朱棣。此前曾有人藉異星赤色犯帝座為名，要朱棣提高警惕。朱棣本來就懷疑景清有異心，及上朝，見景清身穿緋衣，表情有些異常，遂命侍從對景清搜身，得利刃一把。朱棣責問他時，他奮然說：「欲為故主報仇！」邊說邊罵。朱棣命打掉他的牙齒，但他仍罵不絕口，含一口血向殿上噴去，朱棣身上的龍袍被噴上斑斑點點的血跡。朱棣頓時大怒，立命將景清械繫於長安門，用鐵刷子將景清身上的肉一塊一塊地刷掉。肉被刷光，骨被打碎，朱棣猶不解恨，遂滅其族，「籍其鄉，轉相攀染，謂之瓜蔓抄，村里為墟」。

景清死後，其街坊鄰居都受到廣泛的株連，這種打擊面甚至比「誅十族」還要寬。因為「十族」還有明確的界限，而這種「瓜蔓抄」幾乎沒什麼界限可言。只要與當事人有點這樣或那樣的關係，都可能被株連至死。據谷應泰的《明史紀事本末》記載，青州教諭劉固曾因母老乞歸，景清致書劉固，要他回京任職。只是因為這種引薦的關係，劉固受到株連。他和兒子劉超、弟弟劉國、母親袁氏同日受刑於聚寶門外。兒子劉超膂力過人，臨刑時仰天一呼，捆綁他的繩索被掙斷。這個年輕人隨即奪過劊子手的屠刀，連殺場上十餘人，後終被磔殺而死。

此風一開，無辜受牽連被殺者不勝枚舉。監察御史高翔也是被朱棣看中的人才，本來準備授官的。可這書生偏偏不肯，喪服入見，又出言不遜，結果家遭族沒。朱棣還命人挖開其祖先的墳墓，將墓中遺骨摻雜上一些牛馬的骨頭，一起焚成灰揚掉，親黨也全數戍邊。高家被籍沒的田產都徵收特重的賦稅，目的是「令世世罵翔也」，其祖上墓地舊址因而被稱為「漏澤園」。這種連耕種其田地的普通百姓也要受到株連的做法，在歷史上實在是聞所未聞。《明朝小史》還記載了大理寺少卿胡閏的故鄉遭到「瓜蔓抄」後的一片淒慘景象：

文皇（朱棣）既抄沒其一族，男女二百一十七人。所居之地，在府城西隅碩鋪坊，一路無人煙。雨夜聞哀號聲，時見光怪。嘗有一猿，獨哀鳴徹曉。東西皆污池，黃茅白葦，稍夜，人不敢行。

在建文遺臣們慘烈死去的同時，他們的妻女也受到人們無法想像的凌辱。黃子澄的妹妹和齊泰的一個姐姐、兩個外甥媳婦都被朱棣發付教坊司當作娼妓，遭輪姦後生下孩子。這在史籍中有多處記載。《奉天刑賞錄》中的敘述雖文采不足，但卻真實可信：

永樂十一年正月十一日，本司（教坊司）右韶舞鄧誠等於右順門口奏，有奸惡齊泰的姐並兩個外甥媳婦，又有黃子澄妹，四個婦人，每一日一夜二十條漢子守著。年小的都懷身，節除（夕）夜生了個小龜子，又有個三歲的女兒。奉欽：依由他。小的長到大，便是搖錢的樹兒。又奏，黃子澄的妻生一個小廝，如今十歲也。又有，史家有鐵鉉家個小妮子。奉欽：

依都由他。

這些無辜的女子都被刺了字，在教坊司被人任意糟蹋。因為這時已是永樂十一年（一四一三年），黃子澄妻子生的那個孩子十歲，顯然是在教坊司被姦污後生的。鐵鉉的兩個女兒也被發往教司坊為娼，但數日始終不肯受辱。她們二人各賦詩一首，交給鐵鉉往日的一個同官。其長女詩云：

教坊脂粉洗鉛華，一片閑心對落花。
舊曲聽來猶有恨，故園歸去已無家。
雲環半挽臨妝鏡，兩淚空流濕絳紗。
今日相逢白司馬，樽前重與訴琵琶。

其次女詩云：

骨肉相殘產業荒，一身何忍去歸娼！
淚垂玉筋辭官舍，步蹴金蓮入教坊。
覽鏡自憐傾國色，向人休學倚門妝。
春來雨露寬如海，嫁得劉郎勝阮郎。

陸人龍《型世言》

陸人龍，字君翼，浙江錢塘人，明崇禎時期著名的小說家及點評家。其著作《型世言》話本小說，全名為《崢霄館評定通俗演義型世言》，後世著名的《三刻拍案驚奇》等書都是源於《型世言》的殘本。《型世言》一書自明末清初以來失佚，直至 1987 年臺灣東吳大學吳國良教授及法國國家科研中心陳慶浩先生在韓國漢城大學奎章閣發現存本，引發轟動。1992 年由臺灣中央研究院中國文哲研究出版影印本存世。

這位同官將鐵鉉二女的詩呈上，朱棣知道二人志不可屈，不知怎地動了惻隱之心，於是傳令赦出。這段史實後來還被明末陸人龍演繹成小說《型世言》中一段引人淚下的故事。

這些遺臣的妻女有不少人被活活折磨死在教坊司。副都御使茅大芳被殺後，其妻張氏年已五十六歲，仍被發送教坊司，同年病故。教坊司右韶舞安政等奏請處理，得到的聖旨是：「著錦衣衛分付上元縣抬去門外，著狗吃了。欽此。」還有一些女眷被配給家奴，如果這家奴不是太凶殘，身份雖低賤些，但這對女子來說就算是比較好的下場了。御史謝升的妻子韓氏被送往淇國公丘福營中，「轉營奸宿」，夜夜遭人強暴，日日以淚洗面，這也算是對建文遺臣一種獨特的懲罰。

這一幕幕悲劇，幾乎是在與建文遺臣被殺的同時發生的。但是無論在當時還是在後世，人們為那些慷慨赴死的遺臣們唏噓淚下，感慨萬端，卻不曾留意這些女性悲慘的命運，更少有人去專門記寫。我們只是從歷史的縫隙中，才看到了這慘不忍睹的一幕。

對建文遺臣的這場大屠殺，前後延續了十餘年，無辜罹難者成千上萬，難以盡數。其殺戮之慘，手段之惡，株連之廣，甚至超過了異族入侵，確為歷朝歷代所罕見，因而遭到後人的嚴厲譴責。有人批評說：「**當日文皇之暴，甚於嬴秦，奸黨之誅，烈於東漢。**」清朝乾隆皇帝在北京見到永樂初年鑄造的覺生寺大鐘時，也曾寫詩說道：

瓜蔓連抄何慘毒，龍江左右京觀封。

謹嚴難逃南史筆，懺悔詎賴佛氏鐘。……

欲藉撞杵散憤氣，安知天道憐孤忠。

榆木川邊想遺恨，梟氏徒添公案重。

他認為朱棣鑄鐘，是對「靖難」濫殺的一種懺悔。究竟是否如此？已經很難推斷了，但有一點似乎已被史家所認同——這種濫殺成了朱棣一生的一大塊心病。永樂二十年（一四二四年），就是朱棣死去的那一年，新進士邢寬被點為狀元，實際上就和朱棣的心理因素有關。邢寬與「刑寬」同音，取刑罰寬大仁慈之意。這恰恰從另一個側面告訴人們，朱棣在處治建文遺臣的問題上，完全站在寬大的反面。

用專制的屠刀對付那些沒有反抗能力的文人，並且廣為株連，這算得上中國封建社會的傳統，而這些文人們卻又偏偏不肯屈服，雖闔家闔族赴死，仍然毫無懼色，一個個都是鐵骨錚錚。他們寧肯為朱允炆的建文新政而殉身，也不願再回到藩王軍人統治的暴政之下。明人朱鷺在〈過金陵吊方正學諸臣〉的詩中這樣寫道：

四年寬政解嚴霜，天命雖新故忍忘？

自分一腔忠血少，盡將赤族報君王。

這多少道出了他們懷念故主、甘為開明政治獻身的心情。「**吾徒雖死終無憾，望采民艱達聖明。**」他們還企圖以自己的滿門慷慨赴死，喚起執政者對百姓的同情。

五　文武之別

與那些被慘殺的文臣相比，大多數握有兵權的建文朝將領，都是被迫自殺或者被暗殺的。當初和鐵鉉一起抵抗燕軍的盛庸，不像鐵鉉那樣遭到極刑。他於燕軍攻入京師後，率所部降附，朱棣命他鎮守淮安，對付不肯降附的鐵鉉及其屬下諸郡。但到第二年，朱棣還是藉千戶王欽及都御史陳瑛訐劾，迫使盛庸自殺了。

朱棣最初榜示「奸臣」五十餘人中，武臣只有盧振、廖鏞、宋忠三個人。有人說：「文皇移檄遠近，列奸臣狀，深恨左班文職，不及一武臣，意以陰收勛舊為將來啗李景隆地歟？」朱棣的目的顯然不僅在此。他不將矛頭指向武臣，主要還是為防止造成軍事上的尖銳對立。孫岳是抵抗燕軍的武臣，燕軍南下，他曾撤寺材為戰艦樓櫓，大修守戰器械，迫使燕軍改道，朱棣即位後不過遭劾謫遣。可是那些在「靖難」之初攜印逃亡的北平布政司所屬州縣官二百一十九人，卻被下令入粟贖死，並發興州充軍屯戍。對待文臣武臣態度之別，竟如此懸殊。

說起來，朱允炆的武臣也大都缺乏文臣們的骨氣。除去「靖難」之初即被撤換的老將耿炳文之外，李景隆是開金川門迎降，盛庸是率餘眾附降的，顧成、平安是被俘後歸降的，何福也在朱棣即位後變節投靠了新帝。只有兩位皇親國戚不肯甘休，一個是魏國公徐輝祖，一個是駙馬都尉梅殷。

徐輝祖在燕軍入城時，曾指揮守軍毫無希望地抵擋了一陣，後來看到大勢已去，獨自跑到父親中山王徐達祠中，不肯迎降。讓他自供罪狀，他只是在上面書寫其父為開國功勛和封爵鐵券中免死之語。朱棣大怒，又不好下手，於是將他削爵在家中，直到永樂五年（一四〇七年）病故。

梅殷曾受朱元璋密令輔佐朱允炆，但「靖難」之中，他並未得到重用，只是在燕軍南下時，才被命以總兵官鎮守淮安。淮安是南下要道，朱棣本擬假道淮安，遭到梅殷的拒絕，迫不得已改道南下。朱棣奪位後，梅殷仍擁兵淮上。朱棣恐怕有變，讓寧國公主寫血書勸他還京。梅殷見書後慟哭一場，離淮回到京城，很不情願地去見朱棣。

「駙馬勞苦。」朱棣這樣說，不知是真心問勞，還是存心譏諷。

「勞而無功耳。」梅殷冷冷地答道。朱棣見狀，心裡很不痛快，悻悻然沉默下來。

兩年後，十月裡的一個早晨，梅殷入朝，走在笪橋上時遇到前軍都督僉事譚深、錦衣衛指揮趙曦，三人並排走了沒兩步，忽然，譚深和趙曦一起向梅殷一側擠來。梅殷閃躲不及，慌忙間落入水中。橋上眾官員見狀亂作一團，卻沒有一個人去救，直看著梅殷上上下下撲騰了一氣，終於溺水而死。事發之後，開始只以梅殷自己投水報聞，可是寧國公主聽說後大哭大鬧，揪住朱棣衣服向他要人，朱棣被寧國公主弄得狼狽不堪，恰在這時都督同知許成又來揭發所見真相。朱棣見躲不過去，只得把譚深、趙曦傳來問罪。兩人一聽要以害死駙馬罪論處，發起急來，高喊：「此上命也，奈何殺臣！」朱棣急命左右金瓜力士敲落二人牙齒，不讓再喊，遂將他們斬首。

暗殺梅殷一事搞得朱棣非常被動，他遣官為梅殷治喪，並且封梅殷的兒子們官職，揭發此事的許成也被封為永新伯，就這樣將事情掩蓋了下來。他在當時賜給寧國公主的書信中寫道：

駙馬殷雖有過失，兄以至親不問。比聞溺死，兄甚疑之。都督許成來首，已加爵賞，謀害之人，悉置重法，特報妹知之。

顯然，是不許再提及此事了。為了維持自己的統治，朱棣以各種手段誅殺了朱允炆的大批遺臣，然而同樣為了維持他的統治，他還需要更多官吏像忠於朱允炆那樣忠於自己。因而這場屠殺與朱元璋殺戮功臣的做法是有所區別的。其一，朱元璋所殺功臣，均是被指為圖謀叛逆的「奸黨」。建文遺臣雖然被指為「奸黨」，但實際上都是忠於朱允炆的忠臣。朱允炆又並非昏暴之君，頗為後世史家同情；相反地，朱棣得位繼統，則有明顯的「篡弒」之嫌。其二，朱元璋時代的功臣，大都是開國新貴，與整個明朝的文人階層關係不深。建文遺臣們則大都是典型的文人士子，與後世史家有著千絲萬縷的聯繫。其三，朱元璋殺戮功臣之目的在於保障君權的集中和朱氏天下統治，朱棣則主要在於證明自己奪位名正言順，同時還出於政治報復。正由於這些緣故，建文遺臣們的事蹟才被後世所大力宣揚。

這種褒揚是有一個過程的。由於朱棣的追治和禁令，建文事蹟隨著時間的推移，已漸漸不大為人所知。明人張芹曾說：「**諸先正之死烈矣！於今才百餘年，而遺事已落落無傳，至有舉其名而懵然者。**」但到嘉靖、隆慶以後，這些事蹟便逐漸在士林中傳播開來。以記一樵夫身殉建文為例，在《遜國臣記》、《僶暴談餘》、《建文編年》、《會稽志》、《七修類稿》諸書中便有多種不同記述。

在血泊中倒下的遺臣們，成了專制君主和祭祀之用的犧牲品；而被炙烤的這個皇朝本身，最終也無可避免地被送上了祭壇。壬午之年的大屠殺，使國家大傷元氣，在民族心理上造成的創痛，歷有明一代而不得平復。

明末人總結明亡經驗時，將「靖難」視作明亡各種原因之本。這些史家堅持說，正是由於朱棣奪位誅戮無度，才使後來臣子只知自保身家富貴，不肯效死國家，官場上阿諛逢迎、持祿固寵之風漸盛。李自成率師進京時，滿朝文武竟無一人抗節罵敵而死。當然，這已是兩個多世紀以後的話題了。

六　遜國故事

朱棣率軍進入南京後，看到皇宮中燃起了煙焰沖天的大火。他立即趕往宮中，想知道建文帝朱允炆的下落，但卻沒有見到朱允炆的蹤影。士兵們從灰燼中找出一具燒焦的屍體，朱棣非常希望這就是朱允炆，於是故作惋惜地歎息道：「小子無知，乃至此乎！」但是人們大都在私下對此表示懷疑。這位青年皇帝究竟結局如何？是被亂兵所殺？還是縱火自焚？各種史書眾說紛紜，莫衷一是，成為明史上一段撲朔迷離的疑案。

七天之後，朱棣為朱允炆舉行了葬禮，將那具無法辨認的屍體草草埋葬。與此同時，已有傳言說朱允炆在城陷時趁亂出亡了。這種傳言後來演變成《從亡隨筆》和《致身錄》，谷應泰的《明史紀事本末》集其大成，專作一卷〈建文遜國〉，記述了一個與官史截然不同的傳奇故事：

金川門失守時，朱允炆見大勢已去，手刃徐增壽，尋李景隆不得，便準備以死殉國。翰林編修程濟勸阻說：「陛下不如出逃。」少監王鉞也跪在地上說：「昔太祖高皇帝升天時，留下劉基制作的一隻木篋，囑咐遇到大難方可打開，現收藏於奉天殿左側。」

眾人聞言急命王鉞將遺篋取來。這是一隻紅色木篋，周圍俱固以鐵。程濟連忙打碎木篋，裡面有三張度牒，一張名應文，一張名應能，一張名應賢，還有剃刀一把、白銀十錠，

以及僧人穿的袈裟和鞋帽。篋內以硃紅小字寫明出逃的路線：「應文從鬼門出，餘從水關御溝而行，薄暮，會于神樂觀之西方。」

依遺篋所示，程濟為朱允炆剃了髮，吳王府教授賜楊應能願祝髮從亡，監察御史葉希賢說：「臣名賢，當然是應賢無疑。」也祝髮易服。周圍五、六十人都哭仆於地，表示願意從亡。朱允炆流淚道：「多人不能無生得失。有等任事著名，勢必究詰；有等妻子在任，心必縈繫，宜各從便。」

諸人哭了一場，散去了一些。有九人跟隨朱允炆來到鬼門，見一葉小舟停在岸邊，是神樂觀道士王升在那裡等待，自稱太祖高皇帝託夢，特來相迎。一行人乘舟至太平門，由王升帶入神樂觀。這時天正薄暮，楊應能、葉希賢等十三人同至，共有二十二人：兵部侍郎廖平，刑部侍郎金焦，翰林編修程濟、趙天泰，檢討程亨，按察使王良，參政蔡運，刑部郎中梁田玉、監察御史葉希賢，中書舍人梁良玉、梁中節、宋和、郭節，刑部司務馮㴶，所鎮撫牛景先、王資、劉仲，翰林待詔鄭洽，欽天監正王之臣，太監周恕，吳王府教授楊應能，徐王府賓輔史彬。

為防止人多事洩，朱允炆約定左右不離者三人：楊應能、葉希賢及程濟，稱兩比丘、一道人。往來道路給運衣食者六人：馮㴶時稱塞馬先生，或稱馮翁、馬公、馬二子，郭節稱雪

庵，後稱雪和尚，宋和稱雲門僧、稽山主人、槎主，趙天泰稱衣葛翁、天肖子，王之臣稱老補鍋，牛景先稱東湖樵夫。按照史彬的建議，朱允炆一行往來於廖平、王良、鄭洽、郭節、王資、史彬、梁良玉七人家。此時朱棣已即帝位，削在逃諸臣籍，各地方官府奉詔追察蹤跡。朱允炆遂與楊應能、葉希賢、程濟三人入滇，餘人各自星散。

此後的記述雖然簡略，但事情具體，如同旅行日誌，因而給人一種真實感：

（永樂）四年夏四月，建文帝至西平侯沐晟家，留旬日。五月，結茆白龍山。五年冬十二月，建文帝祭死難諸人，自為文哭之。時朝廷偵帝甚密，戶科都給事中胡濙訪求張三丰，蓋為帝也。帝知之，遂遁跡不出。……八年春三月，建文帝復至（白龍）庵。工部尚書嚴震使安南，密訪帝，震忽與帝遇於雲南道中，相對而泣。帝曰：「何以處我？」對曰：「上從便，臣自有處。」夜縊於驛亭中。

不少記述中還收錄了一些具名朱允炆的詩，頗合其身份，不似假冒。其中最著名的是〈羅永庵隨筆〉兩首，據說為朱允炆避居貴州金竺羅永庵時所作。其中一首是：

風塵一夕忽南侵，天命潛移四海心。
鳳返丹山紅日遠，龍歸滄海碧雲深。

紫微有象星還拱，玉漏無聲水自沉。
遙想禁城今夜月，六宮猶望翠華臨。

另一首是：

閱罷楞嚴磬懶敲，笑看黃屋寄雲標。
南來瘴嶺千層迥，北望天門萬里遙。
款段久忘飛龍輦，袈裟新換袞龍袍。
百官此日知何處，惟有群鳥早晚朝。

正統五年（一四四〇年）春天，朱允炆在外已經流浪了近四十個春秋。年紀的增長和身體的虛弱，常常使他追思往事，很想死後埋在祖先的陵墓旁。他向廣西思恩州知州岑瑛講明了自己的真實身份，岑瑛大驚，立即上報朝廷，並將他禮送北京。其時在位的是朱棣曾孫英宗朱祁鎮。為了辨別真假，他便讓建文時老閹吳亮出來鑒別。朱允炆見到吳亮，立即認出他來，吳亮故意不肯相認，朱允炆便對他說：「當年我御便殿，你侍食。我棄子鵝肉於地，你手執壺，據地狗餂之，難道竟忘了嗎？」吳亮聽後伏地泣不成聲。朱允炆左腳趾上有顆黑痣，吳亮驗過屬實，捧著他的腳又大哭一場，回去後自縊而死。後來，朱允炆被迎入西內居

住，宮中人都叫他「老佛」，直到死後被葬於西山，不樹不封。

野史的記載，反映了人們對朱允炆遜國的同情和朱棣奪位的不滿。實際上，當皇宮火起時，皇后馬氏躍入了熊熊烈火中。她是光祿少卿馬全之女，洪武二十八年（一三九五年）被冊封為皇太孫妃。由於屍體取之於火中，朱棣正可以指為朱允炆，於是，馬氏的屍骨被當成建文帝下葬。命運不濟的朱允炆雖然不像傳說的那樣流落西南，又自陳入宮，但他確實在京師城破時乘亂出走了，並且再也沒有回來。這種判斷可以從各方面的史料中得到佐證。

儘管朱棣「用天子禮」安葬了朱允炆，但南京卻沒有朱允炆的墳墓。明末談遷在《國榷》中記道：「**金陵故老，無能指建文帝葬處。**」這是本朝人在記本朝事，相距還不算太遠。此時就已指不出建文陵墓，足見當時安葬雖「用天子禮」，但封塚肯定不大，時間稍久，人們就不能辨識。更重要的是，因明知安葬的不是朱允炆，史牒中未予明確記載，太常寺不按時祭掃，時間用不了多久，墳跡就湮沒無聞了。

《明太宗實錄》載稱，朱棣即位後曾對左右近臣說：「朕於宮中遍尋皇考宸翰不可得，有言建文自焚時，並寶璽皆毀矣。朕深慟之。」寶璽是皇帝發布詔令時所用的印章，這樣一件傳國之寶竟與朱允炆一起神秘地消失了，的確很耐人尋味。如果死在火中的是朱允炆，即使寶璽有所損壞，也絕不至於無影無蹤，至少應有殘骸在其身邊。朱棣像指侄子死於大火一樣，謂「有言」寶璽毀於火，誰也不曾親見。由此可以看出，朱允炆在出亡時也帶走了寶璽。更何況，即使朱允炆真的投火自焚，他並沒有必要帶著寶璽；相反地，朱允炆流亡在外則應帶上寶璽，這樣他才既是正統的合法君主，又可以用合法的印璽名正言順地號令天下。寶璽無意中透露的這條史料雖不起眼，卻可以看作是朱允炆也並沒有淪落到山窮水盡的地步。燕軍雖然進入京師，但江南基本上還是朱允炆的半邊天，即就江北而言，朱棣實際上控制的地盤也不很多。

當時，整個遼東還在朝廷駕馭之下，孫岳還掌握著中都鳳陽，鐵鉉仍控制著山東一帶，駙馬梅殷尚「擁兵淮上」。因此，朱允炆可以調動的兵力仍然不少，沒有必要投火自焚。他完全可以逃往外地，再圖復興。人們看到，朱棣進入南京後，建文遺臣除大量逃跑外，有那麼多人抗命不屈，死得是那麼英勇，所表現的氣節比改朝換代時表現出的氣節還要壯烈；卻很少有人想過，為什麼有那麼多人對朱允炆忠心不貳？其中除去文人士子們甘為新政獻身的因素外，確有不少人出自對朱允炆抱有幻想。他們知道被奪位的皇帝已逃亡在外，還有可能復位，這也成為他們不肯屈節歸附朱棣的一種力量。它還從另一個側面告訴人們——朱允炆並沒有死於皇宮的那場大火之中。

然而，由於人們可以理解的原因，永樂年間士大夫中幾乎無人敢言朱允炆出亡一事。官書所記，都是沿用投火自殉之說。當時的知情者本來大有人在，但礙於「國初殺氣渾不除，越三十年還相屠」，人人噤若寒蟬，避之唯恐不及，因而越是知情者越不敢言。

明中期以後，文網漸疏，此事也已過去久遠，朱棣的後代們已沒有朱允炆或他的子孫復辟的擔心，於是士大夫中談論建文事的人多了起來。自正德以後，甚至不時有朝臣上書，請對朱允炆的後人加封，為這位被廢黜的皇帝加廟號、諡號。也就在這時，記載朱允炆出亡一事的書陸續出現。王世貞、鄭曉等一些著名文人大都持此說。

到了清初，否認朱允炆出亡一說者又成為主流。這是因為這段帝王遜國故事與朱三太子案頗為相似。清初不時有人冒充朱三太子，以崇禎帝太子的身份密謀反清，給政局帶來很多不穩定因素。談論朱允炆出亡一事，頗有借古喻今之嫌，於是士大夫們或者指其為偽撰，或者諱莫如深。清中葉以後，世人對朱三太子案一事早已淡忘，清皇朝的統治也已相當鞏固，人們才又敢於提起朱允炆出亡一事。著名史學家趙翼就寫過有關朱允炆的詩，他在〈金川門懷古〉中寫道：「**從亡芒屨千山險，駢僇歐刀十族空。**」「**一領袈裟宵出竇，九江綺紈夜翻城。**」從詩中可以看出，他是很相信朱允炆出亡一說的。這也是當時一般士大夫的傾向。

數百年間，有關朱允炆的傳說越來越多，吸引著諸多史家殫精竭慮地要尋個究竟，以揭開這樁疑案的真相。目前在學術界引起普遍重視的一種說法是——當年朱允炆出亡後，曾藏於江蘇吳縣黿山普濟寺內。不多久，朱棣的重要謀臣道衍和尚歸隱禪寺，在他的監護下，朱允炆隱匿於穹窿山皇駕庵，直至永樂二十一年（一四二三年）病故於此，葬於皇駕庵後的小山坡上。

七　神秘的建文遺臣

朱允炆出亡後，許多建文朝遺臣隨之下落不明，也成為這種遜國傳奇的附會基礎。南京城破時，在任逃遁的朝臣四百六十三人中，大約有一百多人被逮殺，大多數則不知所終。《明史》中說：「燕兵之入，一夕縋城去者四十餘人。其姓名爵里，莫可得而考。然世相傳，有程濟及河西傭、補鍋匠之屬。」此外還有牛景先、葉希賢等人。其中一些人的傳聞，也被收入這部清代官修的正史中：

河西傭，不知何許人。建文四年冬，披葛衣行乞金城市中。已，至河西為傭莊浪魯氏，取直買羊裘，而以故葛衣覆其上，破縷縷不肯棄。力作倦，輒自吟哦，或夜聞其哭聲。久之，有京朝官至，識傭，欲與語，走南山避之。或問京朝官，傭何人，官亦不答。在莊浪數年，病且死，呼主人屬曰：「我死勿殮。西北風起，火我，勿埋我骨。」魯家從其言。

補鍋匠者，常往來夔州、重慶間，業補鍋，凡數年，川中人多識之。一日，於夔州市遇一人，相顧愕然。已，相持哭，共入山岩中，坐語竟日，復相持哭，別去。其人即馮翁也。翁在夔以章句授童子，給衣食，能為古詩。詩後題馬二子，或馬公，或塞馬先生。後二人皆不知所終。

又會稽有二隱者；一云門僧，一若耶溪樵。僧每泛舟賦詩，歸即焚之。樵每於溪沙上以荻畫字，己，輒亂其沙。人有疑之者，從後抱持觀之，則皆孤臣去國之詞也。

時又其玉山樵者，居金華之東山，麻衣戴笠，終身不易。嘗為王姓者題詩曰「宗人」，故疑其王姓云。玉山樵者又稱玉華山樵。自稱大呆子性天然。

一首屬名玉華山樵的詩歌這樣寫道：

七年艱辛走閩越，日夜思親鬢成雪。
回頭往事付空花，形影相隨衣百結。
當時恨不早見几，扁舟一棹江南歸。
西風塵土障天起，秋水鱸魚空自肥。
即今寄食荒村裡，佳士出迎常倒履。
當歌對酒忍暫歡，握手論人愧知己。
志懷豈能忘故山，神遊往往於其間。
為君寫此轉凄惻，片雲零落何時還？

人知其為建文遺臣無疑。而他書亦有所記。如雪庵和尚，名暨，於壬午時落髮為僧，居白龍山寺。好觀楚辭，「**登小舟，急棹灘中流。朗誦一頁，輒投一頁於水。投已輒哭，哭已又讀，終卷乃已。**」有人說他是建文朝中御史，也有人以為即松楊葉希賢其人。這種傳聞還有許多，如《玉堂叢語》的一段記述：

永樂中，有一人居洞庭湖之濱。久而復有兩人至，聚居一室，不輕出門戶。風月之夕，則棹小舟，操酒榼，泛湖而飲，飲至醉，扣舷而歌，歌竟，相持大慟而歸，人莫測也。居人時以錢米周之，或受或否。而一人病革，呼其鄰曰：「吾欲告汝以姓名，恐為汝累；不言，汝終見疑，奈何？」其人固請，乃曰：「我建文朝某編修也，幸葬我湖旁某山下。」居人收葬之。其二人後不知所在。

當年靈璧戰敗被俘的大理寺丞彭與明，被釋後棄官易姓遁走。幾年後回到京師，已經窮餓憔悴得幾乎認不得了。家人故舊問他情況，他飲泣而不答。第二天又遁去，再沒有回來。

大約在這場變亂後數十年，一位名叫王詔的松楊人遊治平寺時，在轉輪藏上得到一卷書，其中記載著建文亡臣二十餘人的事蹟，「**楮墨斷爛，可識者僅九人。**」有梁田玉、梁良玉、梁良用、梁中節，都是定海人，同族、同仕於朝。梁田玉，建文中官郎中，京師破後，去為僧。梁良玉，官中書舍人，變後走海南，鬻書以老。梁良用為舟師，死於水。梁中節好《老子》、《太玄經》，走為道士。

此外有何申，建文中使蜀，至峽口聞變，嘔血，疽發背死。宋和、郭節挾卜書走異域，客死。何洲，去為卜者，客死。郭良與梁中節相約棄官為道士。後來一個名叫鄭僖的人記下這些事蹟成為《忠賢奇秘錄》一書。有關朱允炆出走西南的《致身錄》等，就是在此基礎上附會而成的。

在政治上的一片肅殺之氣中，這些變換姓名的建文遺臣隱居僻鄉，操各種不同的職業，不時吟詩懷舊，更為朱允炆的疑蹤增添了一抹神秘的色彩。

八　難釋疑蹤

早在朱棣登極之初，朱允炆率從亡諸臣出走的消息便傳到他耳中。從火堆中發現的那具屍體並不一定是朱允炆，這一點他比任何人都清楚。這個陰鷙狠毒的皇帝無論如何放心不下，他知道，只要侄子仍活在世上，他就是一面神聖的旗幟，隨時都可以對自己的皇位構成威脅。於是，朱棣一面發出在全國各地追治所謂「奸黨」，追繳在逃諸臣的誥敕；一面派心腹大臣四出查訪，有的是明言出使，藉機探察，有的則扮成普通百姓模樣，秘密尋找朱允炆的下落。

第一個被派出的是太監鄭和，他於永樂三年（一四〇五年）出使西洋的目的之一，便是尋找朱允炆。《明史》上說：「**成祖疑惠帝亡海外，欲蹤跡之。**」朱棣的疑心來自當時的傳聞：「**傳言建文**

帝蹈海去，帝（朱棣）分遣內臣鄭和數輩，浮海下西洋。」這個舉動後來發展成為「三保太監下西洋」的盛事。

應該說，用宦官為使臣出使外國並不合適，因為宦官被人們認為是「刑餘小人」，歷代外交活動中也無此成例。而鄭和與他的副手王景弘都是宦官。難道只有這些宦官才能勝任，朝廷之內竟無使節之才嗎？顯然不是。人們不難想像，朱允炆對待宦官十分嚴厲，因為他們紛紛逃歸朱棣，透露南京皇宮中虛實，幫助朱棣奪取帝位。這些宦官自然不像文人士子那樣講究忠義，因而被朱棣認為可靠而易於差遣，所以就以他們為使臣，暗中擔負著訪察前朝之君的使命，以致不少宦官在永樂朝竟有幸躋身外交家之列。

檢諸史籍還會發現，鄭和下西洋的使團中包括不少錦衣衛特務人員。這些人跟隨鄭和出使，不僅是察訪朱允炆的一個有力證據，而且也是朱允炆確實逃亡在外的明證。另一個受命密查朱允炆疑蹤的人是當朝戶科都給事中胡濙，永樂五年（一四〇七年），朱棣命他以頒御制諸書及訪尋仙人張邋遢為名，遍尋天下州郡鄉邑，其主要任務亦是尋找朱允炆。張邋遢是明初一個具有神奇色彩的民間人物。他名金二，號三豐，因平素不修邊幅，人稱張邋遢。其人龜形鶴背，大耳圓目，不論寒冬盛夏，隨身只穿一件破衲衣和一領蓑衣；讀書過目不忘，善戲謔，有人說他能一日千里，行無定處。其形象就如同家喻戶曉的濟公一樣。據說太祖朱元璋聞其大名，派人訪察而無所獲。朱棣此時讓胡濙去訪，也是積數年不遇——也許胡濙一開始就沒準備遇上，因為他微服出行的真正目的在於訪察建文帝朱允炆。

胡濙在將外近十年之久，不斷將伺察情況及時上報，朱棣對胡濙的上報非常重視，讓他書寫成大字，以便夜間報至，也能夠立即披閱。為了保證密查的可靠，朱棣在委派胡濙出巡的同時，又另派人暗中監視胡濙的行動。這位形跡詭密的大臣於永樂十四年（一四一六年）還朝，向朱棣匯報了訪察情況，但關於朱允炆的下落，除去得到更多傳聞外，並未有所結論。朱棣當然仍不能放心。這一年，胡濙母親病故，他按制度乞歸守喪，朱棣沒有准許，這在明朝制度中稱為「奪情」。明初雖不及中葉後的丁憂制度那樣嚴格，但若非有至關重大之事，他是不會輕易奪情起復的。這至關重大之事還是尋覓朱允炆的蹤跡。

永樂十四年（一四一六年）底到十五年（一四一七年）初，發生了谷王朱橞案。這個當年開金川門迎納燕軍的藩王當然知道朱允炆下落不明的情況，他利用蜀王之子崇寧王朱悅燇獲罪逃來谷王府避匿的機會，欺騙眾人說：「往年我開金川門出建文君，今在邸中。我將為申大義，事發有日矣。」這雖然是一場騙局，但是谷王朱橞作為「金川門之變」的當事人，居然也利用朱允炆下落不明為己用，足以證明朱允炆確實未曾焚死於皇宮中。

這種影響所及，居然在老百姓中也有人出首告發朱允炆疑跡之事。浦江義門鄭氏廳中有朱允炆親書「孝友堂」三字，於是有人向朝廷告發，說朱允炆藏在此家。朱棣急忙派人到這家搜查了一番，並沒有找到朱允炆，不由大怒，告發者以誣告罪被斬。此事表明，朱棣知道朱允炆逃亡在外，否則他就沒有必要派人去搜查了；同時也說明，當時下層人士也知道朱允炆逃亡在外。告發者以誣告罪被殺，實際上是因為他無意中觸及了當朝皇帝的痛處。朱棣本已宣布建文帝死於火中，怎麼又出來一個建文帝呢？看來此人被殺實屬必然。

永樂十六年（一四一八年），已官拜太子少師的道衍和尚病倒在北京大慶壽寺。臨終前，朱棣前往探望，問起他有何囑託，道衍和尚提出釋放溥洽的請求，又一次涉及到朱允炆即匿其所，朱棣為此尋故將溥洽關押了十多年。居「靖難」功臣之首的道衍和尚臨終僅有此請，使朱棣一時竟無話可說，隨即下令釋放溥洽。道衍和尚聽罷，才撒手歸天。

釋放溥洽，或許是因為朱棣感到亡命在外的朱允炆已不會構成對皇位的威脅，但查詢之令並未解除。於是永樂十七年（一四一九年）胡濙以禮部左侍郎再次受命出巡江、浙、湖、湘諸府。這次他又在外四年，至永樂二十一年（一四二三年）還朝奉事時，京師已遷至北京。胡濙還朝後得知朱棣北征阿魯台出至宣府，立即馳赴謁見。

胡濙到達宣府時正是深夜，朱棣業已就寢，聽說胡濙趕到，急忙起身召見。兩人密談至次日凌晨，胡濙漏下四鼓乃出。雖然無人知曉密談內容，但多以為必與朱允炆的蹤跡有關。很可能他這時已經得到了有關朱允炆的確訊，如果不是死亡的消息，則必定已示甘心讓國，恩怨勾消，總之是可以放下心來。兩個月後，朱棣北征回師，詔諭禮部尚書呂震。「**盡赦諸死義者家屬，給還田產，於是稍稍有敢言建文時事者。**」追尋了多年的疑案，才算悄悄了結。然而，這時距朱棣去世只有八個月的時間。他以篡弒奪位二十二年，竟被侄子的疑蹤攪擾了二十一年之久。

無論如何，建文帝朱允炆是亡國了。

以一位得人心曾無過舉的青年皇帝，僅執政四年而橫遭慘敗，飲恨終天，引起了當時和後世許多人們的懷念。明代文人筆下的建文四年，士大夫崇尚禮義，百姓家給人足，道化融洽，路不拾遺。他的仁聲義聞甚至遠播西域，有「治民等於三代」之譽。對於以藩王奪位繼統的朱棣，歷來的文人卻多有微詞。《儒林外史》的作者藉了一位士林人物之口說：「**本朝的天下要同孔夫子的周朝一樣好的，就為出了個永樂爺，就弄壞了。**」話雖說得偏狹，卻是當時的民心所向。

不該勝利的成了勝利者，不該失敗的卻大敗虧輸。

儒林外史

《儒林外史》是清代文學家吳敬梓所著的諷刺章回小說，全書共五十六回，內容時代及人物背景設定為明朝，但實際上是假託明朝，實指清朝，反映了康雍乾時代科舉制度下的士人生活。吳敬梓運用樸素、靈活、幽默的語言，揭露了科舉制度的腐朽黑暗、名士假道學的庸俗虛偽、貪官污吏的卑鄙行徑等。《儒林外史》是中國小說史上第一部不留話本痕跡的長篇小說，其中大部份的故事和人物都是真有其事其人，描寫深刻而精彩，「雖云長篇，形同短製」。

這種歷史的逆反現象使人們感到困惑難解，傳統史家們只好將其歸於「天意」。建文遜國和永樂繼統，給正在步入耄耋之年的專制皇朝打了一劑強心針。朱棣以「建文信任奸回，悉更舊制，使天下臣民無所遵法」為藉口，廢除了朱允炆的全部變革措施。洪武朝的嚴刑峻法和江南重賦隨之恢復，被精簡掉的官僚機構又很快臃腫起來，建文年間遭廢黜幽繫的諸王也一律恢復了王位，紛紛來朝。再加上黨禁嚴迫，人人自危，使明朝政治進一步走向僵化。有關建文的史籍遭到了篡弒者的野蠻禁毀，於其不利者，雖片紙不留，以致「焦園蠶室，盡付劫灰，頭白汗青，杳如昔夢」，給後世治史者造成了極大困難。

朱棣的屠殺和禁毀，並沒有消除人們對朱允炆的懷念。朱棣死後，他的兒子仁宗朱高熾就不得不勉從民意，稍示開明，宣布大赦建文家屬。但這種解禁的速度又是極為緩慢的，建文殉難諸臣的平反建祠是在穆宗隆慶六年（一五七二年），其姻黨軍籍的除豁是在神宗萬曆十二年（一五八四年），建文年號的恢復則是在萬曆二十三年（一五九五年）。直到「壬午之難」的二百四十二年以後，南明福王朱由崧才確定朱允炆的廟號為「惠宗」，諡號為「讓皇帝」。這後一個尊號之所以被選用，據說是為了適應民間的說法——朱允炆是為了解除內戰中百姓的苦難而自願遜位於叔父的。由於福王的短命政權及其敕令未被清朝統治者所承認，只是到了清乾隆元年（一七三六年）朱允炆被封為「恭愍惠帝」時，他的皇帝地位才算完全恢復。於是，朱允炆在《明史》中被稱為惠帝，在其他一些史籍中則直截了當地稱為建文帝。

朱允炆與他的從難諸臣在通俗性歷史著作中被描寫成充滿悲劇色彩的英雄，他的故事成了人們發洩壓抑情緒的出口，成為人們在政治高壓下對仁慈與寬容的真誠呼喚。作為明初的一份政治遺產，朱允炆仁君之治的理想並未因禁毀而喪失殆盡，依然被後代許許多多文人士子們所珍惜與稱頌。

第六章　皇權密網

一　「天子耳目風紀」

奪位後，朱棣廢除了建文年號。大概是出於篡弒者的一種心理，他下令將建文四年（一四〇二年）改稱為洪武三十五年，以後又將建文四年全部革除，這就是所謂「革除之際」。第二年，他改元永樂，成為名副其實的永樂皇帝。

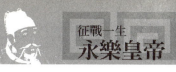

這年的九月初一，朱棣正式頒布了他登極後第一個涉及到統治方針的敕諭：

為治之道，在寬猛適中；禮樂刑政，施有其序。唐虞二代至漢唐宋，率由茲道。……朕皇考太祖高皇帝，奮起布衣，當胡俗沉浸百年之後，奸雄睥睨反側之餘，撥亂反正，不得已而用刑特，權一時之宜。及立為典常，既有定律頒之天下，復為祖訓垂憲子孫，而墨、劓、剕、宮，並禁不用。朕以菲德，纘成大統。仰恩聖謨，夙夜祇服。惟欲舉賢材、興禮樂、施仁政，以忠厚為治。爾文武群臣，當思各共乃職、敬乃事，勿為朋比，勿事貪黷，勿恣情縱欲，以干匪彝。至於用刑，以欽必慎，期於刑措，用臻康理，以上不負皇考創業之艱，而朕

於守成之道，亦庶幾焉爾惟，欽此。

看上去，這是一份慎刑寬仁的宣言，然而事實上句句都是謊言。當時正在追治「奸黨」，建文遺臣們被刑之慘，對份這慎刑寬仁的宣言不啻極大的諷刺。人們很快就發現，他們仍然處在一張皇權淫威的密網之下。一套由酷吏、特務和宦官為主體的監察偵緝機構，給永樂朝的政治生活蒙上了一層脫不去的陰影。都察院的都御史和監察御史被賦予諫諍與彈劾之責。作為「天子耳目風紀之司」，他們的彈劾，足以使內外百官聞之生畏。

自洪武十三年（一三八〇年）朱元璋廢罷了御史台，兩年後改設都察院，至十七年又更定都察院官制，使與六部並重，但並未握有炙手可熱的權勢。建文元年（一三九九年）朱允炆改都察院為御史府，因標榜寬仁，又忙於戰事，更無顯政可言。朱棣登極後，恢復了都察院舊制，他將曾因接受他金錢而被朱允炆貶謫的原北平按察使陳瑛調來，任左副都御史，不久又升任他為左都御史。隨著對當時建文遺臣的追治，都察院的地位驟然顯赫起來。

倘若朱棣利用都察院只為追治建文遺臣，事情也這還不至於弄到後來的地步。可是朱棣以「篡弒」得位，心理上多有疑忌，陳瑛對此不僅深有所知，而且更有同感。他當年因私受燕王府金錢而名聲不佳，這次入掌都察院，在竭力效忠於朱棣的同時，自然要用空前的熱情去顯示他的威勢——這就難免有小人得志之嫌。陳瑛不僅將追治的範圍盡量擴大，而且熱衷於告訐，在朱棣的支持下製造了永樂初年官吏人人自危的政治局面。

永樂元年（一四〇三年）八月劾歷城侯盛庸怨誹當誅，盛庸自殺。次年劾曹國公李景隆圖謀不軌，又劾其弟李增枝知情不諫，多置莊產，蓄佃僕，心懷叵測，將二人下獄收繫。駙馬都尉胡觀，「靖難」中隨李景隆北伐，建文三年（一四〇一年）被燕軍俘獲。陳瑛在彈劾李景隆後，指謫胡觀參與密謀，納娼為妾，又心懷怨望，致使胡觀下獄自殺。又彈劾長興侯耿炳文逾秩不法，耿炳文被迫自殺；還彈劾駙馬都尉梅殷，梅殷後被暗殺。指揮房昭「靖難」中固守西水寨，騷擾燕師，後來雖然迎附，但還是被陳瑛彈劾得罪。寧遠侯何福也是「靖難」中建文方面主將，雖然永樂初一度受到重用，永樂八年（一四一〇年）從朱棣北征被群臣指為「數違節度」，陳瑛乘機彈劾他「心懷怨望」。何福自殺而死。

這些人在「靖難」中曾與朱棣為敵，對他們的彈劾應該也正是朱棣的本意。但是值得注意的是，陳瑛所彈劾的勛戚、官吏並不都是朱棣舊日的仇怨。

北京行部尚書雒僉曾上書朱棣，對當時私厚薄藩邸舊臣的現象頗有微詞。因為雒僉的話代表了朝中一部份官吏的心情，朱棣沒有立即正雒僉之罪，但卻心生厭惡。陳瑛最善於窺察這些秘情，於是尋機彈劾雒僉居官貪婪暴虐，擅作威福，又縱妻笞辱屬縣官吏，逼索財物、強買貨物於市等。朱棣為表示公正，特地命人復按。陳瑛羅織的罪名本屬不實之詞，復按結果卻是「查實無誤」，雒僉與其妻同時被殺。僉都御史俞士吉、大理寺少卿袁復，是陳瑛的三法司同列，先後遭到陳瑛彈劾而下獄，袁復竟死於獄中。通政司參議賀銀，「靖難」中有守城功，掌通政司事。因受西方奏疏後，非重務不送朱棣，自作主張送往六科。朱棣對他的做法十分不滿，說他使通政司不能通政，陳瑛也將他彈劾問罪。茹瑺曾為建文朝兵部尚書，與黃子澄不和。燕軍入京師，他帶頭勸進，得到朱棣信用，封忠誠伯，但永樂初年也被陳瑛彈劾。茹瑺獲罪是因過長沙未謁谷王，逮下錦衣衛獄，他自知不免於死，服毒自殺了。

陳瑛又彈劾工部尚書黃福，說他「不能存恤工匠」。黃福雖是建文舊臣，但並未與朱棣作過對，又頗有政聲，在大名士解縉對諸大臣的評語中，黃福是唯一一個沒有貶語的人。因此，朱棣仍重用了黃福，讓他擔任工部尚書。這時因陳瑛劾奏，遂將黃福降一級使用，改任北京行部尚書。他還算是幸運，沒有掉腦袋。嘉興知縣李鑒奉命籍沒「奸黨」姚瑄，沒有將姚瑄的弟弟一起逮治，於是陳瑛立即彈劾李鑒，說他對應當連坐的人沒有逮繫，應予治罪，並將李鑒向朱棣解釋說，都察院行文中只有姚瑄的名字，沒有他弟弟的名字。幸賴朱棣謂李鑒這是出於「慎重之意」，未予治罪。但這件事卻生動地表明，陳瑛用法是何等苛刻。

最令人感到吃驚的是陳瑛對隆平侯張信的彈劾。張信因當年入燕王府告變，成為朱棣親信，呼為「恩張」。即位後，命他伺察藩王動靜，是個專職高級特務。但陳瑛居然敢彈劾他無汗馬功勞，忝冒侯爵，恣肆貪墨，強佔陽練湖八十餘里、江陰官田七十餘頃，請下有司驗治。陳瑛的彈劾得到朱棣的同意：「瑛言是也。昔中山王有沙洲一區，耕農水道所經，家僮阻之以擅利。王聞，即歸其地於官。今信何敢爾！」後來雖以舊勛不問，但開始確曾命法司雜治。也有的史書中記述張信曾為立嫡之事觸怒朱棣。朱棣一直想立朱高煦為太子，一次私召張信，問他的意見。張信聽後，變色斥道：「事干天常，豈易為耶！」這種態度使朱棣勃然大怒，他拔劍將張信砍傷，血污衣袍。過後朱棣平靜下來，又賜他新衣，稱他為「直臣」，事情也就過去了。其實這才是陳瑛彈劾張信的緣由。

以上只是陳瑛所劾治的人中有代表性的一些，其他被彈劾獲罪的還有很多，如順昌伯王佐，都督陳俊、曹遠、王端，御史車舒，指揮王恕、林泉、牛諒等，都受到陳瑛的誣劾。《明史》上說：「**都御史陳瑛滅建文朝忠臣數十族，親屬被戮者數萬人。**」這並沒有誇大其詞，而且還不包括歸降朱棣的那些人。

由此看來，陳瑛作為一名酷吏，並不像人們想像的那麼簡單。他不僅僅是竭力追治建文遺臣，以正朱棣奪位之名，而且要對一切違背皇帝意願和當時規矩的人進行監察訐發，這是朱棣的需要。陳瑛的做法，使他得以掌握官吏的情況，所以認為陳瑛「能發奸」，寵任為耳目。這種重用酷吏濫施罪名的現實使許多人感到失望而為之悲歎，永樂初曾任翰林檢討、後受牽連獲罪致死的詩人王偁這樣寫道：

有淚莫泣鮫人珠，有足莫獻荊山玉。
赤心徒使按劍猜，至寶翻令笑魚目。

由於受到朱棣的寵信，陳瑛後來連皇太子朱高熾也不放在眼裡。由於他和太子及大批朝臣衝突日深，終於導致了後來的失敗。

永樂七年（一四〇九年）朱棣北巡，太子朱高熾留在南京監國，這種衝突一下激化起來。先是陳瑛彈劾兵部主事李貞受皂隸葉轉等四人賄金，將李貞入獄。幾天後，李貞妻子擊登聞鼓訴冤，引起朱高熾的重視，命六部大臣廷鞫。誰知等了半晌，李貞也未到廷，直到午時只有葉轉被送來，才知道李貞因不承認受賄之事，已被拷虐至死，另外三名皂隸也已笞死三日。這一來，事情鬧大了。經查實，李貞並未受賄，只因御史袁綱、覃珩「朋奸蒙蔽，擅殺無辜」，朱高熾命將袁綱、覃珩繫獄，並將事情奏報朱棣。不久，又發生學官坐事謫充膳夫之事，朱高熾命法司改役，陳瑛拒不執行。中允劉子春等人為此彈劾陳瑛。朱高熾對陳瑛說：「卿用心刻薄，不明政體，殊非大臣之道。」

朱棣回到京師後兩個月，陳瑛即被罪下獄論死，終於成為朱棣緩和諸臣情緒的犧牲品。這個善於告訐而為群臣所側目的酷吏，被史家視為「首承風旨，傾誣排陷者無算」的小人，列入〈奸臣傳〉中。

二　告奸與密查

許多人認為，陳瑛的惡劣，在於他的行為影響和帶動了一批酷吏，造成了永樂朝告訐盛行、鍛煉成獄的惡劣政風。其實，此一根源完全在於朱棣，正是朱棣在極力鼓勵告奸，以達到控制官吏軍民的目的。

作為執法大臣，刑部尚書鄭賜便是以為政嚴苛、善伺人過而為朱棣所用的。他一上任就彈劾孫岳，指責他毀鳳陽寺廟，取木材造船以抗禦燕軍，後來又和陳瑛一起彈劾耿炳文、李景隆等人。有一次，教諭康孔高朝京師，因老母有病，順道回鄉探望老母，耽擱了一些時日。鄭賜便予彈劾，請逮問治罪。好在朱棣覺得探母病情有可原，又恢復了康孔高的官。在配合陳瑛等人劾治建文舊臣中，鄭賜扮演了一個很重要的角色，後來終為同官所間，憂懼而死。

當時以傾險聞名的還有馬麟、丁珏、趙緯、秦政學等人。馬麟歷官工、兵二科給事中及通政司右通政等官，無以建樹，專以訐發為能，糾彈諸司幾無一日安寧。他後來署兵部事，僅一天時間，就因有過失而為人所彈，從此以後奏事才稍稍有所收斂。本為山陽縣民的丁珏更是一個全憑告訐起家的小人。永樂四年（一四〇六年）山陽里社百姓賽神，其實並沒有什麼不軌之意，丁珏誣告為「聚眾為妖」，致使數十人屈死刀下。朱棣覺得這樣一個小人對自己很忠心，立即授官刑科給事中。他居官十年，貪黜無能，專門伺察百僚小過奏聞。後來因罪謫戍時，朱棣也不得不承認丁珏所言太過：「朕素疑其奸邪，若悉行所言，廷臣豈有一人免耶！」禮科給事中趙緯居官「務捃摭朝士過」，居然升任浙江副使。太子朱高熾說他「無異蛇蝎」，當非過言。秦政學雖然不在言路，卻也專事告奸，是個愛進讒言的小人。這幾個人都名列〈奸臣傳〉中，除趙緯因參與「靖難」有守城之勞，得終永樂一朝，其餘幾個或病卒，或謫戍，或被殺，也都不得善終。

朱棣還鼓勵官吏的家庭內部互相訐發。清遠侯王友妾徐氏曾訐王友及其妻誹謗，這種情況有悖於傳統道德，很容易成為誣告。但結果是王友引伏，被奪爵。有人將銀藏在瓜中，饋送給刑部主事劉寧。劉寧妻安氏發現後，立刻告發了此事。劉寧與安氏都受到褒獎，朱棣說劉寧「平日廉信於妻，妻能佐夫大義」，特贈白金二百兩，彩幣八表里，以資鼓勵。

風行一時的告訐、彈劾籠罩了永樂時的政治生活，這一方面固然出於朱棣的需要和鼓勵，而更重要的是當時有秘密監察系統，成為告訐、彈劾的保證。朱棣不斷派遣官吏巡行各地，考察吏治，了解民情，其中有些出巡的官吏，竟唯恐各地官民作奸犯科太少，顯得自己巡察不力，於是採取了誘民犯罪的辦法。給事中丁琰巡行四川，一路卻無奸慝可察。因當時禁止民間用白銀交易，他便派手下親信用白銀引誘百姓交易，然後再處以違禁之罪。

在作為耳目巡察各地的官吏中，戶科都給事中胡濙是最著名的一個。他在訪巡張三豐的名義下，密使各地十年，足跡遍於江南。其主要任務當然是為訪巡建文帝朱允炆蹤跡，但同時也巡察太子、東宮官屬及各地官吏軍民的情況，可算是個重任在身的特務。永樂十六年（一四一八年）朱棣在北京，命胡濙出巡江浙，而密令過南京時偵察太子的行動。他到南京後便多住了些時間，殿閣大學士楊士奇等見他久住京師，感到疑惑，直截了當地促他急行，胡濙以「冬衣未完」為辭，掩飾過去。後來他行至安慶，才將太子情況寫成密報，在裡面說了些太子的好話。胡濙的舉止則又在朱棣另派的人監視之下。胡濙在外曾遇到一個土酋，以三奩櫻桃饋贈，想從胡濙那裡討得一本《洪武正韻》，胡濙送書給他，卻拒絕接受櫻桃。還朝後，朱棣突然問起此事。

「櫻桃，小物耳。途中口渴，你何必推辭呢？」

「因求書故耳。」胡濙知道已經有人將自己的舉動密報了。

在京的官吏更逃不出朱棣的偵緝網。應天府尹薛均，頗有廉名。有人說他暇餘荷鋤自耘，種蔬自給。朱棣開始不大相信，派人去偵伺，回來報告說薛均確實日飽饘粥菜茹，才相信了。廣東布政司官徐奇來京時帶了些嶺南土產分贈廷臣，開列了一份名單。這份名單立即被人送報告給朱棣。因為名單上沒有楊士奇的名字，朱棣便單獨召他來問事，並準備以私交廷臣罪處置徐奇和名單上的人。楊士奇解釋說，當初徐奇以都給事中赴廣東，廷臣多作詩文相贈，故有此贈答。自己只因當時有病，才未去相送，否則也難免入名單之上。徐奇這次所贈無非是些土產，況且還不知廷臣是否都肯接受。經他這番解釋，才免去一場官司。

京城是朱棣專制統治的中心，比起其他各地尤為重要。永樂初，京中密察民俗也甚為嚴密。街巷中發生的一起幼孫毆打祖母的家庭瑣事，竟也立即被報到朱棣那裡，幾乎定成死獄。

因為告密的人多，執法大臣又多以嚴苛為能，獲罪的人自然也就多。有些大臣被繫於詔獄，朱棣外出巡幸時，下詔獄者還要用車輛隨押，稱之「隨駕重囚」，這顯然帶有折辱他們的意思。更有甚者，有許多人瘐死獄中，有時一個月即瘐死獄中數百人。永樂九年（一四一一年）十一月，刑科都給事中曹潤上書稱：

臣竊見其中有淹禁一年之上者，且一月之間，瘐死九百三十餘人，使罪重者不得示懲，而輕者死於無辜。

朱棣見奏，馬上召法司官說：

朕於一物不忍傷害，況人命乎！爾等不體朕心，冤濫如此，縱不畏國法，獨不畏陰譴耶？姑記爾等，徒流以下，期十日內皆決放，重罪當繫者亦須矜恤，無令死於饑寒。違者譬不宥。

從朱棣前前後後的所為來看，這些話顯然不是由衷而發。他對司法官的要求是否得到落實，當是另一回事，但一個月之內瘐死九百三十餘人卻是事實。由此可以看出，酷吏們草菅人命達到了何種嚴重的程度！因為朱棣鼓勵告密，朝內朝外趁機挾私誣告的人越來越多，到後來連他自己也覺得實在不成體統了，於是用禮部尚書李至剛言，榜示全國，嚴格禁止挾私誣告：

李至剛言：「……無知小人往往搜求細故，拑制諸司，或懷挾私仇，陷害良善；或妄稱奏訴，躲避差徭；或馳騁小才，希求進用。甚者無稽泛言，煩瀆聖聽，雖稱興利除害，其實假公濟私，宜治以重罪，榜示天下。」詔可之。

這番話生動地表明，當時的告訐之風是何等之盛。為了制止誣告，朱棣還頒布了懲治誣告的辦法。有一次，某大臣被誣誹謗時政，按律當斬，朱棣懷疑不實，命法司細察，果屬誣告。朱棣惱怒的說：「小人敢誣君子，此風不可長。」殊不知，這種誣告之風正是他自己提倡起來的。

三　搏擊臣民的錦衣衛

告訐、彈劾與密察所構成的是一張無形的密網，朱棣彷彿要將人們的一切活動都置於自己的視野之內。錦衣衛當屬他的得力鷹犬。

按照明代兵制，自京師至各郡縣都設立衛所，外統之於都司，內則統於五軍都督府。此外還有所謂「上十二衛」，是由皇帝直接指揮的內廷親軍，錦衣衛就是「上十二衛」中的一衛。它一面掌管侍衛之責，一面又擔負鹵簿儀杖的任務，因而必須是特別靠得住的親信才能擔任。

由於是皇帝的私人貼身衛隊，錦衣衛經常要以大批校尉四出探事，進行秘密調查，這當然是皇帝特許的。《明史．職官志》明白規定他們的職責是：「**盜賊奸宄，街涂溝洫，密緝而時省之。**」這已經完全是特務的任務了。任何人他們都可以直接逮捕，根本不必經過外廷法司的法律手續。皇帝還授命他們審問，即所謂「錦衣衛」或詔獄。「上十二衛」的長官都是指揮使，錦衣衛也是這樣，只是它的位置特別重要，其指揮使地位較之其他衛更高。衛下領有十七所，分置官校，官的名目有千百戶、總旗、小旗等，死後許以魁武材勇的親子弟頂替，無則選民戶充之。校是校尉力士，專司偵察，當時名為「緹騎」。錦衣衛特務究竟有多少人？當時並沒有明確記載，但《明史．兵志》上說「其眾自為一軍」，並且和正規軍一樣「下直操練如制」。據後來治史者估計，正式特務總有幾萬人以上，收買的流氓無賴特務大致可達十五、六萬人之多。

錦衣衛所屬除十七所外，還有南北兩個鎮撫司，南鎮撫司掌管本衛刑名，兼理軍匠；北鎮撫司專理詔獄。起先大獄經其訊後，便送司法擬罪，還沒有具過獄辭，以後一切刑獄便不再關白本衛，連本衛所下公事也可直接上請皇帝解決，衛使不予干預，外廷三法司自然更不敢過問了。所以鎮撫職位雖卑，權力卻是特重，這是統治者的深意所在。皇帝對衛權日重不大放心，便使北司與衛互相牽制，分散權力，自己從而折衷之，用心實在是十分深刻的。

錦衣衛官校在四出跡訪時便有數不清的暴行。按規定：「**凡緝事，必行賄受賄有人，現獲有贓，獲贓有地，謂之『四角全』，而後打入事件，有一不全，不敢行，恐反坐也。**」但事實上他們所緝訪的都是止屬風聞，多涉曖昧。緹騎抓到人後，並不立刻帶回，先找一所空廟祠宇，將逮到的人毒打一番，而被逮者也就「家資一空，甚至盡同室之有而席卷以去」。

被抓的人一律送入錦衣獄。這獄就是北鎮撫司所管，建在地下，其牆厚數仞，即隔壁嗥呼，悄不聞聲。每市一物入內，必經數處檢查，飲食之屬，十不能得一。又不得舉火，雖嚴寒，不過啖冷食披冷衲而已。明代人將詔獄與刑部獄相比，稱有地獄與天堂之別，其慘毒之狀不難想見。至於獄內刑法更是殘酷：「**五毒備嘗，肢體不全。其最酷者，名曰琶，每上，百骨盡脫，汗下如水，死而復生，如是者二三次。荼酷之下，何獄不成。**」既然成獄，自然不復有生之理了。

錦衣衛人員的升賞也值得一提。因為它是特務機關，所以只要長官提請，無有不從。也正因為如此，這些官員就貪功冒濫，製造案件，裁誣良善以邀功獲賞。可逞之勢是皇帝特予的，必獲之功也是皇帝特許的。皇帝不但要特務替他維持統治，而且還鼓勵特務去栽誣良善、枉人利己。特務的升賞，必然使臣民們吃更多的冤枉苦頭。

朱棣身邊有三個親衛軍指揮——紀綱、劉江、袁剛，都是朱棣的親信，經常侍奉於左右，因為名字音相近同，朱棣稱他們為「三綱」。其中錦衣衛指揮紀綱原來是濟陽儒學生，因劣行被黜。人們沒有想到，當年這個品行不端的紀綱，後來竟成了朱棣搏擊臣民的鷹犬。

「靖難」中，朱棣率燕軍南下濟南時，紀綱這個平民百姓竟叩馬投效，毛遂自薦。朱棣和他一交談，覺得他學行雖劣，卻善於騎射，人又聰明，便視為人才，留在身邊。紀綱極善察人主意向，頗得朱棣歡心，不久便得授忠義衛千戶，朱棣即位後升錦衣衛指揮使，典親軍、司詔獄。按照朱棣的密旨，紀綱「廣布校尉，日摘臣民陰事」奏告。朱棣倚為心腹，全權交與他處理，他便深文誣詆，嚴加懲治，很快又被提升為都指揮僉事，仍兼掌錦衣衛。紀綱利用錦衣衛指揮莊敬、袁江，千戶王謙、李春等人為羽翼，將錦衣衛牢牢控制在自己手中，更加權勢遮天，在永樂年間橫行了一段時期。

明代頗有名氣的廉吏周新就死於紀綱之手。有一次，紀綱派一名錦衣衛千戶到浙江緝事。這個千戶大作威福，廣收賄賂。周新當時是浙江按察使，準備逮治這個千戶。因事不秘，這個千戶早早地逃跑了。不幾天，周新因公事入京，在涿州偶然遇上了這個千戶，周新立即將他逮繫於涿州獄中。但是，周新還未入京，千戶卻已提前趕到。紀綱遂誣劾周新諸多罪狀，朱棣大怒，立命逮治周新。旗校都是錦衣衛人員，在路上就把周新打得體無完膚，奄奄一息。周新自知被誣，當廷抗辯，被朱棣立命斬首。後來紀綱因罪被殺，周新才得以昭雪。

明初的大名士解縉也死於紀綱之手。解縉自恃才高，勇於任事，喜歡評論諸臣短長。在立儲一事上他支持皇長子朱高熾，為漢王朱高煦所忌，後進讒將其逮繫於錦衣衛，拷虐備至。在紀綱的嚴刑逼問下，獄詞連及八九個大臣，都被打入獄中，其中五人死於鐵窗之下。幾年後，朱棣查看囚籍時，發現還有解縉的名字，對紀綱問道：「解縉還活著嗎？」言語之間，流露出殺縉之意。紀綱心下明白，回去後便用酒將解縉灌醉，埋在雪中活活凍死。

紀綱要處死哪一個人，就先把他領到家中，讓他洗個澡，設酒席款待一番，佯說要在皇帝跟前為他開脫，藉以索取財賄。等到這人家產快用盡時，突然將他殺掉。這樣，既受了賄，又殺了人，在朱棣面前還顯得忠心能幹。在他掌錦衣衛期間，臣僚被殘殺者不可勝數。雖然紀綱的官並不算高，但朝中大臣都很怕他，連皇親勛舊也都敬而遠之。

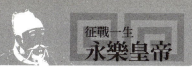

都督薛祿是「靖難」著名功臣，官階遠在紀綱之上，卻無法同其抗衡。有一次，紀綱想買一個女道士為妾，結果被薛祿先得到了。紀綱懷恨在心，在大內遇見薛祿時，突然用鐵撾將其頭擊破，險些喪命。都指揮啞失帖木兒大概有些不識時務，自以為與紀綱是同級官，與他在路上相遇沒有避讓道路，被紀綱誣告冒賞捶殺。

在朱棣的寵信下，紀綱的膽子也越來越大，後來竟搞到了主子的頭上。朱棣下詔選妃嬪，他先細察一番，將姿色最出眾的女子留下供自己淫樂。明初大富豪沈萬三在洪武中家產雖被籍沒，但漏資尚富，其子沈文度向紀綱賄送了許多奇珍異寶，紀綱便讓他打著皇室的旗號到蘇州一帶遴選美女，選來後兩人私下分掉。

紀綱畢竟結怨太多，一旦為朱棣所棄，必將被群臣置於死地。永樂十四年（一四一六年）七月，朝中異己份子已被打殺得差不多了，朱棣也發現人們對紀綱普遍懷有一種不可言狀的怨憤，便以圖謀不軌的罪名將紀綱磔殺於市，以消天下人之怨。這隻橫行了十四、五年的錦衣衛惡犬，最終變成了一隻替罪羔羊。

四　宦官刺事

錦衣衛畢竟還是個外廷機構，既管偵緝，也負責侍衛皇帝。朱棣感到利用錦衣衛刺事還不放心，就讓宦官也幹起特務的勾當，刺探到什麼事情就直接向他報告。由於宦官晝夜在皇帝身邊，報告這類事特別方便。於是，用宦官刺事之舉終明不廢，成為明代宦官干政的一個重要因素。

從對待宦官的態度來看，朱棣與太祖朱元璋、建文帝朱允炆都截然不同。朱元璋鑒於歷史上「宦官誤國」的教訓，專門鑄製鐵牌放在皇宮門口，規定「內臣不得干預政事，預者斬」，並且規定諸司不得與宦官衙門文移往來。不過朱元璋並未嚴格遵守自己的規定，當時就已經有派宦官出使的情況發生。朱允炆用文人士子治國，對宦官的管理更為嚴格。到朱棣即位後，為加強對文武官吏的監察偵緝，便公開使用宦官，委以這類特殊使命，於是宦官開始正式進入明朝政治生活之中。

在靖難之役還在進行之時，就有許多宦官偷偷跑到朱棣那裡，向他報告朝廷虛實。朱棣之所以敢孤注一擲，長驅金陵，就是因為他從宦官那裡得到了京師空虛的情報。有些宦官還為他拚殺疆場，多有戰功。值得注意的是，朱元璋原來規定宦官不許讀書識字，但後來明代的宦官多通文墨。一般人認為，這種情況是從宣德時設內書堂開始的。其實，朱棣雖然沒有正式設內書堂，但已開始派人教宦官們讀書識字。明朝的宦官在永樂時就已通文墨了，這也正是他們在各個領域中表演的資本。

永樂時的情況確實與洪武中大不相同，朱棣沒有也不可能像他父親朱元璋那樣，分封諸子去取代功臣守邊。在「內難初平，恫疑未解」的情況下，他也不能無所疑慮。而各地鎮守的將領又大都是洪武舊人，於是，他決定用宦官分赴各地鎮守、監軍。這些鎮守、監軍之類的宦官一般都帶有刺事的任務。據《罪惟錄》中關於「定制內官」的記載，永樂十年（一四一二年），「**內官奉諸差行。上曰：『朕恐在外諸司，行事或有不便，間往詢之。但不許干預有司事。』**」這顯然負有刺事的使命。朱棣還改變了洪武時由吏部管理宦官的舊制，讓宦官第一衙門司禮監來管理宦官事務。這種制度的變化在正史上難以尋覓，但在記述明宮掌故的野史上卻有案可稽。由於他將宦官的管理權由吏部轉歸內廷，宦官的政治活動就有了方便條件。

當時上至太子親王、公主駙馬，下至普通官吏和芸芸百姓，都處於特務們的嚴密監視之下。甚至連這些監視別人的特務，自己也處在其他特務的監視之中。誰稍有越軌行為，馬上就會被最高統治者知道，真可謂水銀瀉地、無孔不入了。這方面最典型的例子就是偵伺錦衣衛頭子紀綱。紀綱以陰伺臣僚、彈劾搏擊而氣焰遮天，天下臣民似乎都在他的監視之下，沒想到自己卻被宦官監視著。他視朝臣為敵，首發其罪的卻並不是朝臣，而是朱棣身邊更有資格充當鷹犬的宦官。他被宦官指為圖謀不軌，自己竟也嘗到了被磔殺的滋味。

明代的宦官之禍，在歷史上是極為突出的，其責任自然應該追究到朱棣。正是從朱棣開始，對宦官的嚴密防範被打破，這些刑餘之人居然成了官僚隊伍中的重要成員。他們傲視公卿，在皇帝左右必蟒服。按照史書中有關輿服的記載，這種服飾是連文武一品官員也不容易得到的。後世王振、劉瑾、魏忠賢之禍，隱然肇始。

當然，儘管朱棣廣泛地使用宦官刺事，但由於他威柄自操，剛果有為，宦官們的活動基本上還是在他的控制範圍之內。一個宦官「以私財寓外人」，朱棣隨即予以嚴懲，並敕各衙門衛士，宦官出入之際，要「遵舊制嚴搜」。一個宦官私役工匠，朱棣訓斥應天府尹向寶，怪他不予制止：「為京尹，朝夕在朕左右，尚畏如此，若在遠外任小官職，當如何畏之？」遂命錦衣衛將這個宦官逮治。人們從朱棣這段話中也不難看出，臣下對宦官是何等害怕！

五　東廠：特務中樞

中國歷史上職業特務的記載，據說最早見於《三國志》中魏吳的「校軍官」，其實還有更早一些的。自春秋以來，作戰雙方使用特務刺探對方是常見的事。《孫子兵法》十三篇中，就有一篇〈用間篇〉，實際上就是使用特務。漢代有「大誰河」，「主問非常之人」。唐代的緝事番役被稱為「不良人」。明代從一建立起便使用特務，後來只是名稱時有變化，機構越來越多罷了。因為這樣就可以互相牽制，層層監督，最後一統於皇帝。朱棣也是出自這一目的，便設置了由宦官統領的東廠。

對於東廠的設置，朱棣一向諱莫如深。人們知道這個以宦官掌管最著名的特務機構始設於永樂中，但是設置的具體時間卻無詳知。由於特務都是幹些見不得人的事，特務機構又大都是秘密建立起來的，所以外人很少知道內情，正史對此自然語焉不詳。東廠衙門的設立是永樂十八年（一四二〇年）朱棣遷都北京時才為人所知的，人們因此習慣地將東廠成立時間記為永樂十八年。而宦官刺事早在永樂初年便為數不少，故一些治史者認為東廠始設於永樂七年（一四〇九年）的冬季。

遷都北京後，朱棣將東廠設於東安門北，即後來的東倉胡同。提督東廠的，最初「選各監中一人提督，後專用司禮秉筆第二人或第三人為之」，稱為「督主」。特務們也各設私臣、掌家、掌班、司房等官員。明代宦官有十二監、四司、八局，合稱二十四衙門。其中，司禮監為第一衙門。司禮監有掌印大監一員，因可以代替皇帝對奏章「批紅」而權力甚大。掌印太監以下是秉筆太監，掌東廠的就是秉筆太監第二號人物或第三號人物。按照朱棣的設計，東廠與錦衣衛互相監督，互相牽制，又互相勾結，東廠的很多隸役就由錦衣衛撥充。從這種安排不難看出，朱棣在編織這張特務網時下了十分精心的功夫。

東廠特務偵事的小頭目稱「檔頭」，下領番子數人，這些番子也稱為幹事。一些地痞流氓經常送情報給檔頭，稱「起數」。檔頭給他們賞錢，稱「買起數」。為了進一步敲定罪名，檔頭率領番子前去偵伺，稱「打樁」。有時對所謂犯人先毒打一頓，受賄滿足後再放開，稱「乾榨酒」。每月的月初，東廠的數百特務抽籤，分配偵伺對象，在各官府和城門訪緝稱「坐記」。當會審大獄或錦衣衛拷訊重犯時，他們就去旁聽，稱「聽記」。將情報報告給東廠頭目，稱「打事件」。打來事件後，即使是深夜，也能馬上直接報告皇帝。這些事件有大有小，皇帝聽來大都興味盎然。東廠還自設有監獄，收繫重犯，因而可以不經過法司就刑訊犯人。

在中國制度史上，尤其是特務制度上，東廠的設立無疑是個重大事件。明代以前，專制帝王使用特務刺事都是偶爾為之，沒有形成一整套的機構和制度。明代東廠的出現，形成了專門的特務機構，特務刺事也走向制度化。明末嘉興諸生沈起堂擬撰《明書》，謂：「**明不亡於流寇，而亡於廠衛**。」這雖然把明代滅亡的原因說得過於簡單，但廠衛特務的肆意屠殺臣民，乃明代滅亡的重要原因之一，卻也是事實。

無論如何，朱棣的做法為明朝政治開了兩個惡劣的先例，一是造成告訐密察的特務政治，二是造成了後世帝王昏庸時宦官的專權。第一點朱棣是看到了，也是他著意安排的，不過他表面上依然要標榜寬仁。永樂五年（一四〇七年）夏天，朱棣到靈谷寺，一條青蟲掉到他身上，他讓左右取置樹間，告誡說：「此物雖微，皆有生理，毋輕傷之。」其實這也正是他大肆殺戮建文遺臣之時，難怪對一條青蟲的仁慈也要記入《明太宗實錄》。一次殿試時，朱棣原取第一名叫孫曰恭，因為曰恭兩字合起來成為「暴」字，便將其改為第三名，改取了一個名字叫邢寬（近「刑寬」）的人作為第一名。這種莫名其妙的做法簡直成了一個生動的政治笑話。

然而，人們並沒有因此從專制的密網下解脫出來，朱棣不過是比歷史上的其他專制君主更熟練地使用了一張一弛的文武之道，正所謂：「**內外弛張，使恩威莫測，惟文廟為然。**」久而久之，人們習慣了在這張密網下的生活，漸漸地對一切都熟視無睹了。於是，一個所謂的「永樂盛世」就這樣被創造出來。

六　削廢二王

朱棣在寵信特務、宦官，依靠他們鋪設血腥盛世之路的同時，也曾經給那些因朱允炆削藩而處境窘迫的藩王們帶來巨大的希望。

「靖難」之役中，不論是已被削廢的藩王，還是那些將遭削廢的藩王，大都將希望寄託在燕王朱棣身上，他們相信朱棣的勝利必定會給他們帶來好處。朱棣很能理解這一點，而且他的奪位登極也正需要得到藩王們的支持。因此，當他率領軍隊攻入京師後，首先要做的一件事，便是命令軍士們迅速趕去護衛被拘繫的周王朱橚和齊王朱榑。周、齊二王此時已經得知燕軍兵臨城下的消息，惴惴不安地等待著朱棣的到來。大隊全副武裝的軍士們趕來時，周王朱橚還以為是朱允炆城破前派來的殺手，失聲驚呼，以為必死無疑。直到被送入燕軍軍營見到朱棣後，周王朱橚才知道厄運已經結束了。這樣情形下的相見，使這對同父同母的兄弟不禁相對而泣。他們並轡來到金川門，下馬登上城樓。此刻燕軍已經控制了整個京城。

建文帝朱允炆的削藩，隨著這場戰爭的失敗而告終結。

像削藩這樣一件需要魄力和手段的壯舉，卻偏偏要讓朱允炆那樣一個以仁柔聞名的青年皇帝去完成，歷史的安排有時令人感到近於殘酷了。但是朱允炆這次削藩雖流於失敗，卻並非毫無作用。朱元璋分封所造成的藩王擁兵分鎮局面從此一去不復返，只有燕王朱棣在這場戰爭中崛起，而這位奪位登極的皇帝當然會比任何人都更懂得削藩的重要。不管朱棣是否情願，他都必須接過朱允炆未能完成的削藩之業，這也是歷史賦予他的使命。

不過，朱棣還不能立即著手削藩，作為以反抗削藩為名義起兵奪位的一個藩王，立即削藩實際上等於自我否定。朱棣暫時採取了優禮諸藩的做法，以換取他們的承認和支持。這樣一來，便給藩王們帶來了一段短暫而微妙的「黃金時代」。

五個在建文初被削廢的藩王，除湘王已死外，周、齊、代、岷四王全部被復爵。湘王自焚而死後，朱允炆給他的謚號為「戾」，顯然帶有貶義，朱棣改謚其為「獻」，這就有褒義了。他還為各王府增置了賓輔、伴讀、伴書等，這也是提高諸王待遇的一個標誌。朱棣即位正值盛夏，南京酷熱，他讓京諸王不必每日上朝，而改為三日一朝，以示優遇。諸王除嫡長子承襲外，其餘諸子隨著宗支的疏遠，按規定封為將軍、中尉等職，朱棣也為他們提高了品級。這樣一來，宗室成員都因朱棣即位而得到了不同的好處。

朱棣還對諸王進行慷慨的賞賜，其中周王朱橚因與朱棣同母，賞賜最為優厚。朱棣剛即位，就給周王加歲祿五千石，並賜鈔兩萬一千錠。七月九日是周王的生日，朱棣又賜給他豐厚的生日禮物：冠一，通天犀帶一，彩幣三十匹，金香爐、盒各一，玉觀音、金銅佛各一，鈔八千錠，馬四匹，羊十隻，酒百瓶。這種禮遇是別人所不敢奢望的。

另一個被增歲祿的是谷王朱橞。朱棣攻抵南京時他與李景隆開金川迎駕有功，朱棣特賜他樂七奏，衛士三百，改封於長沙，增歲祿二千石——僅他增加的這些就等於伊王朱㰘的全部歲祿。兵部尚書茹瑺之死也與谷王有關。茹瑺過長沙時沒有去謁見谷王朱橞，朱橞告於朱棣。《明史》中記：「**時方重藩王禮，谷王又開金川門有功，帝意向之。陳瑛遂劾瑺違祖訓，逮下錦衣衛。瑺知不免，命子銓市毒藥，服之死。時永樂七年二月。**」茹瑺的死，可能還有其他更重要的原因。在此前，他曾因不送趙王，被遣歸里。「既而為家人所訟，逮至京，釋還。」家人究竟告發何事？史書中不記。但茹瑺作為「靖難」功臣，因為得罪谷王而至入獄自殺，足見當時藩王的聲位之重。

建文時一般不准諸王進京，朱棣則一改此規，許諸王時而入京朝覲，這實際上也是他安撫諸王的一個措施。但諸王們很快就發現，他們在朱棣手下必須小心行事，不能驕恣放縱，更不能做任何危害皇權的事。否則，這位「大兄」削起藩來比當年的建文帝要厲害得多。

永樂中的藩王已經無法與洪武中相比，因為朱棣不同於朱元璋的最根本之處，是他不再用藩王代替功臣守邊。這不能不歸功於朱允炆削藩。而憑藉武力奪得皇位的朱棣，也有足夠的力量和資格去左右那些藩王和武臣們了。有人解釋說朱元璋封藩守邊是出於無奈：「**又況和林以外，金陵遙制特難，於是分樹九王，自燕以往，延錯萬里，優以聲靈，顧盼特重，是誠有不得不然者。**」其實根本原因是朱元璋對功臣多疑。朱棣接受教訓，不再依靠藩王，仍用功臣，不過他派遣了親信宦官分鎮監軍，加強了對武臣們的控制。當時駐守北方的總兵官是洪武舊臣何福，他在建文中曾與朱棣交戰，因此對受命鎮邊心存疑慮。永樂六年（一四〇八年）他上書給朱棣，說自己「總番漢兵久，慮勢重致讒」，請求調蒙古族軍官赴邊領軍，朱棣沒有同意。用武臣守邊的方針，這時早已確定下來。

永樂元年（一四〇三年）冬天，秦王朱尚炳（秦王朱樉之子）入朝，一行人馬趕到潼關時，已是夜間關門緊閉。秦王命左右叩關甚急，鎮守潼關的指揮使姚鎮命令將士嚴守關隘，自己登關對外面說道：「朝廷禁門，深夜不得啟也。」秦王又急又怒，卻只得夜宿關外。他到京師見到朱棣時，垂泣哭訴說：「潼關姚指揮慢朝廷甚，夜不容入關。」朱棣聽了只是微微一笑。不久姚鎮入朝，朱棣故意當眾問起不令秦王入關的情形，姚鎮答道：「潼關，國家重地也。臣止知陛下，非知秦王。」朱棣顧視左右，大聲說道：「如姚指揮，真鎖鑰之臣。」賜予寶鈔以為獎勵。朱棣在有意樹立姚鎮這樣的榜樣，他需要武臣們絕對效忠皇權。姚鎮和茹瑺截然不同的結果，不僅因為秦王與谷王的地位不同，更主要的是姚鎮嚴格執行了制度，而茹瑺卻違反了制度。

永樂初年的藩王們對朱棣的優禮得出了一個完全錯誤的結論——把「靖難」的勝利看成是他們自己的勝利。這種錯誤認識使他們更加恣縱不法。

明初藩王居藩不法是司空見慣之事，只有極個別的人表現較好。如封到四川的蜀王朱椿，雍容好儒，守禮法，還為當地百姓做了一些善事，其餘的可以說都有不法行為。輕者驕縱放蕩，為害地方；重者則暗養勇士，陰謀奪位。如若按照他們的行為而論的話，恐怕很少有能夠逃脫罪責的。但是朱棣所注意的並不是他們是否劣跡昭著，而在於他們是否構成了對皇權的威脅。幾乎是在優禮藩王的同時，朱棣已經開始對他們進行嚴格的限制，他接續建文帝的削藩也就同時開始了。

齊王朱榑是個凶暴尚武的藩王。自從復爵歸藩後，他的行為更加驕縱。事情傳到朱棣耳中，朱棣將他召到京師，當面教訓了一番，讓他不要忘記建文中削奪之苦。誰知朱榑怙惡不悛，回去後變本加厲擴大勢力。他陰蓄刺客，廣招異人術士，而且命王府護衛據守青州城，不准守吏登城夜巡。這種將藩國獨立於朝廷管轄之外的做法是朱棣不能允許的。守吏李拱、曾名深等人上書急告變故，朱榑得知後將他們拘匿起來，殺掉滅口。永樂三年（一四〇五年）朱棣下詔索要李拱等人，並責諭朱榑改過。當時也有人告發周王朱橚有不軌之舉，朱橚為此上書謝罪，態度頗為誠懇。朱棣封其書示朱榑，以為勸警。第二年五月朱榑再次入朝，廷臣們當面彈劾他，朱榑大怒，厲聲喝：「奸臣喋喋，又欲效建文時耶？會盡斬此輩！」朱榑是個不識時務的藩王，他已經完全忘記了被削奪時的狼狽相。而他這種種言語行為的根源，正是他錯誤地將「靖難」的勝利認為是所有藩王的勝利。朱榑未能再返藩國，他被拘留京師，削奪官屬護衛，齊府護衛指揮柴直等人被捕殺。同年八月，他被廢為庶人，禁錮於南京。這是朱棣削廢的第一個藩王。

第二個被朱棣削廢的是谷王朱橞。他倚仗開金川門之功，永樂初優禮過於諸王，更加肆意橫行，在當地「奪民田，侵公稅，殺無罪人」。王府長史虞廷綱數次規勸，惹得他大發雷霆，反誣虞廷綱誹謗，將其磔殺。他招納了一批亡命之徒，教他們習兵法戰陣，造戰艦兵器；又大建佛寺，找來一千多僧人為他念咒祈福。他還偽引占卜中的讖語，稱自己是太祖的第十八子，當主神器。谷王朱橞實際上是第十九子，因趙王朱杞早死，他即自稱為第十八子。以致後來當皇帝心切，竟打算藉元宵節獻燈的機會，選壯士同入內宮，伺機為變。致蜀王書中，多有起事的隱語，受到蜀王的回書切責。不久，蜀王的兒子崇寧王朱悅㷮因罪逃來長沙，藏在谷王府中。朱橞藉此廣布謠言：「往年我開金川門，出建文君，今在邸中，我將為申大義，事發有日矣。」他的部下密報於朝廷，蜀王也上書告變。於是朱棣召他入朝，數其罪過，他無言以對，伏地請死。朱棣請周王朱橚、楚王朱楨和蜀王朱椿共議處置，諸王異口同辭，指為大逆當誅。永樂十五年（一四一七年）正月，朱棣正式削廢谷王，禁錮不誅，倒似乎是法外開恩了。

由於谷王打著建文帝朱允炆的旗號謀反，故殃及朱允炆的弟弟允熥。當時，他是朱允炆唯一還活在世上的弟弟。朱棣怕有人藉他搞不軌之謀，派人將他暗中殺掉。

七 諸藩的悲哀

朱棣的削藩在手段上確實超過了朱允炆，他不是一味削奪，而是有明顯的區別與選擇。一些藩王雖然劣跡比比，但並不對皇權構成危害。像伊王朱㰘，時時挾彈露劍，馳逐郊外，擊傷百姓，又將男女剃光頭髮，剝光衣服，以為笑樂。這無非是流氓成性，喜武好鬥，朱棣並不放在心上。儘管民怨沸騰，百官交章彈劾，結果卻都不曾被廢奪。

代王朱桂曾被朱允炆廢為庶人，朱棣復其爵，讓他於永樂元年（一四〇三年）回原封地大同，但不久就聽到他有驕縱不法的行為。朱棣賜璽書警告他：「聞弟縱戮取財，國人甚苦，告者數矣，且王獨不記建文時耶？」代王仍不思悔改，又有告發者列出他的三十二條罪狀。朱棣遂召他入京，他不來；再召，只得硬著頭皮上路。走到半路，朱棣又派人將他遣回。雖然削其三護衛，止給校尉三十人隨從，但爵位總算保住了。

岷王朱楩在建文時也被削廢，朱棣復其王爵。當時西平侯沐晟向朱允炆奏報其不法行為，使其被廢為庶人，故復爵後與沐晟交惡甚深。得知岷王惡習如故，朱棣賜書勸諭，同時也戒諭沐晟一番。岷王不思改過，整日沉湎於酒色，擅自收繳諸官司印信，妄戮吏民。朱棣聽說後十分惱怒，奪其冊寶，但不久又還給了他。岷王繼續作惡不悛，朱棣遂削其護衛，罷其官屬。名義上雖然還是藩王，但實際上如同一介平民，自然也就無法繼續作惡了。

遼王朱植在「靖難」中聽命於朝廷，朱棣雖然對他極為不滿，但知其並無威脅，因此只是削奪護衛，作為報復，並未將其發落。周王朱橚和寧王朱權是諸藩王中的佼佼者，他們的情況有些特殊，一個是朱棣同母兄弟，建文中又因朱棣的關係而首遭削廢；一個曾參與「靖難」，朱棣當初有「中分天下」之許。永樂中這兩個地位特殊的藩王與朱棣的關係十分微妙，他們都受到朱棣的特殊優禮，同時也都成為重點防範的對象。

寧王朱權的三護衛都是驃悍的騎兵，為朱棣奪取天下立下了汗馬功勞。朱棣即位後，不僅沒有和朱權「中分天下」，而且連個較好的封地也沒有給他。寧王自然也不敢提中分天下的事，一開始只要求封到蘇州。朱棣以蘇州為畿內之地，沒有答應。又請封往錢塘，朱棣則說，父皇曾打算封周王到錢塘，但是並沒實現，所以現在也不能封給他，最後終於將寧王改封到南昌。當時的南昌還屬於比較荒僻的地方，寧王自然怏怏不樂。他於永樂元年（一四〇三年）二月就封，當年就有人告以「巫蠱誹謗罪」。這種罪名如果不是出於有人希旨誣告，便是朱棣有意「敲山震虎」。寧王聽說後非常害怕，但朝廷派人按驗，並沒有找到確切的證據，朱棣又見寧王那麼惶恐，總算未予懲治。從此以後，寧王行韜晦之術，構精廬一區，以鼓琴讀書自娛，才得以終永樂一朝無事。

周王朱橚一向不安分守己。建文時，長史王翰多次規勸他，都被他當成耳邊風，後來他的次子汝南王朱有爋向朝廷告變，說他的父親有異謀，致使周王被廢，禁錮於南京。朱棣念其為同母兄弟，對他格外優厚，復其王爵後，讓他回原來的封地開封。周王說開封臨近黃河，為河患所苦，希望改封別處。朱棣命在洛陽為他建造新宮，準備將他徙封到洛陽。但是不久，周王又說河堤已加固，請求再修一下開封的舊宮，以節省費用。朱棣又答應了他。但周王並不接受教訓，違犯禮法，擅自在他封地以外的州縣張貼榜文，號令地方，地方官抄下來報告朝廷。永樂三年（一四〇五年）七月，朱棣賜書切責，要他「行事存大體，毋貽人譏議」。

永樂十八年（一四二〇年）十月，有人告發周王準備謀反，朱棣遣心腹「察之有驗」，遂召他進京，把別人揭發他的罪狀讓他看。周王無言可辯，頓首連稱死罪。朱棣許其歸國，但已革去三護衛。他在諸王中還算較好的一個，才是這種樣子，其他藩王也就可想而知了。周王大概覺得，除朱棣外，他是眾兄弟中最年長者，朱棣之後該輪到他當皇帝了，所以明代人就說周王「豈非復襲壬午故事耶」？

之所以說周王是諸王中較好的一個，因為他畢竟

李時珍

李時珍（1518 年～ 1593 年），明朝蘄州人，是中國歷史上著名的醫藥學家，與扁鵲、華佗、張仲景並稱中國古代四大名醫。1566 年李時珍在京師供職，但因不滿庸醫在太醫苑的做法而辭官，此後一直在家鄉研究醫藥，歷經三十多年時間，著成影響後世深遠的《本草綱目》一書。為了編著《本草綱目》，李時珍帶領徒弟龐憲和兒子建元遠涉深山曠野，蒐集藥物標本，不辭勞苦各地採藥、試藥，並採訪當地平民及名醫宿儒以求民間藥方，足跡遍及湖廣、江西、江蘇、安徽等地。

是個讀書人。特別值得一提，他還是明代頗有成就的科學家，著有《救荒本草》一書，收錄了可供人食用的野生植物四百餘種，李時珍曾稱讚該書「詳明可據」。周王還主持編寫了《普濟方》一書，共一百六十八卷，集明代以前方劑之大成，是中國現存最大而又最完備的一部古代方劑學著作。周王還善同賦，著有《元宮詞》百章。這些大概都是他在政治上失意後專注於學問的結果。

朱棣的削藩雖然沒有像朱允炆那樣的聲勢，但卻比較順利，不像朱允炆那樣一波三折。這一方面是因為朱允炆削了幾個藩王，為朱棣處理藩王問題奠定了基礎；另一方面也因為當時已沒有足能與朝廷抗衡的強藩。明朝人論及此事時說：

昔高皇帝眾建諸王，皆擁重兵據要術以為國家屏翰，此固一時也。迨『靖難』以後，防範滋密，兵權盡解。朝廟無懿親之跡，府寮無內補之階。

朱棣在削藩的同時，逐步加強了對諸王的控制，也就是所謂「藩禁」。嚴格地講，這也是削藩的一個內容，雖然名義上仍設置了許多藩王，但藩王的實際權力卻大大削弱了，這或者可以稱作另一種形式的削藩。這類藩禁在洪武、建文時已規定了一些，自永樂以後禁例更多，而且更加嚴厲。

自永樂初始，朱棣就不斷訓諭諸王，要他們老實守法，以全親親之誼。永樂三年（一四〇五年）五月，朱棣賜書訓誡諸王：

《易》曰：『履霜堅冰至。』孔子釋之曰：『其所由來者漸矣。』……雖不可虧親親之私恩，亦不敢廢天下之公義。……諸弟至亦惟常念皇考之法俱在，各盡乃道，共保富貴。

同年十月，朱棣乘賜諸王《皇明祖訓》之機，再次向諸王表示，自己不是宋太宗，諸王也不要當「漢七國」。但歷史事實表明，諸王想當「漢七國」的大有人在，有的是沒敢當，有的是當了一下，很快就被削去了。朱棣則比宋太宗更有過之，他反而更像漢武帝，因為正是在他們這種雄才大略的帝王手裡，兩代的藩王之害怕才徹底被消除。

明初藩王實力最強的是幾個「塞王」。因為有禦邊的任務，不僅自己控制的軍士多，且有節制其他軍事將領的權力。對朝廷構成威脅的也主要是他們。朱允炆曾把幾個塞王移往內地，如遼王朱植原封廣寧，被移往荊州，肅王朱楧也由甘州移往蘭州。朱棣即位後雖稱恢復諸王舊日爵封，但移往內地的藩王不許再回原地，而且還把原封宣府的谷王移往長沙，寧王也由大寧改封南昌。原來，一般的藩王都有三護衛，一衛大約五千六百人，朱棣用各種方式，有的三衛盡削，有的只留一衛，有的則僅留幾十人「備使令」而已。

洪武年間，諸王可以節制武臣，尤其是幾個塞王，一旦邊境有事，元功宿將都要聽藩王節制。這是一種很大的權力，也為諸王提供了培養羽翼、擁兵割據的條件。朱允炆曾經規定：「親王不得節制文武吏士。」但沒有形成制度，也沒有切實有力的措施。這一點在朱棣手裡得到了有力的實施。他陸續把「靖難」功臣派往各地，讓他們指揮當地的軍隊，明令諸王不得干預。他命左都督劉貞鎮守遼東；何福佩征虜將軍印，以總兵官鎮陝西、寧夏等地；武安侯鄭亨充總兵官，駐宣府備禦。北平雖有他的三子朱高燧駐守，朱棣仍命靖王侯王忠前去節制諸軍。這樣，諸王節制武臣、指揮軍隊的權力就消失了。同時，朱棣又設立京軍三大營，強幹弱枝，藩王尾大不掉的局面便不復存在。

洪武末年也曾有過禁止藩王干預地方事務的規定，建文時又加以重申，但那時由於藩王的實際權力過大，干預地方事務的事還是經常發生。朱棣由藩王「繼統」，深知其中故事，即位不久就宣布——王府「不許擅役一軍及一民及領一錢一物」。朱棣還明確規定：「**事干王府者，遵祖訓啟王知之。有司令行事務，不許一概啟請，推托利害。若王府事有相關，即遣人馳奏，不得報而擅承行者，論以重罪。**」即使這樣，永樂三年（一四〇五年）還是發生了周王府在地方州縣張貼榜文的事，為此朱棣賜書嚴加訓誡：

朝廷與王府事體不同，（王府）長史專理王府事，豈得遍行號令於封外，與朝廷等？一家有一家之尊，一國有一國之尊，天下有天下之尊，卑不踰尊古制也。今賢弟居國，如諸子擅行號令於國內，其亦可乎？

周王是朱棣的同母兄弟，尚不許干預地方事務，其他諸王自然更不在話下。以反對削藩起兵奪位的朱棣坐享了朱允炆削藩的成果，人們不得不承認，他的削藩手法確比朱允炆高明，也顯得更從容老練。永樂年間的削藩是在優禮藩王的同時進行的，朱棣對諸王誡諭在先，對有異謀者則或削護衛，或廢為庶人，對未廢削者也作了一些嚴厲的限制。經過朱棣這一系列的處置，徹底結束了明初曇花一現的強藩分立局面，使藩王難以再危害朝廷。因而自朱棣以後，諸王「若無罪而拘之者」，雖覬覦皇位的不乏其人，有的人也搞了點小動作，但沒有能成氣候者，諸如安化王和寧王的反叛，都是旋起旋滅，「片紙旦下，而夕繫於請室」，沒有也不可能造成兵連禍結、甚至皇位轉移的結局。

令人感歎的是，朱允炆沒有完成的削藩的歷史使命，後來卻由反對削藩起兵的朱棣去完成了，歷史的辯證法竟是如此。藩王「擁重兵，據要地，以為國家屏翰」的情況，成為歷史的陳跡，他們過去那種尊崇的地位此後也一落千丈，一去不復返了。

宣德年間，明宣宗朱瞻基秉承祖父的削藩方略，又陸續增加了一些藩禁措施，凡皇族人員不得參政、出仕，也不得從事士農工商「四民之業」，出城不得二王相見，嚴禁與官府交結，以後甚至還禁止藩王入朝。這樣，宗室成員從明政權軍事和政治的支柱最終徹底淪為皇朝的附庸。正統十三年（一四四八年）九月，英宗朱祁鎮對禮部尚書胡濙等說：「近聞內外官員有以事至王府者，多方需索，以致窘迫。自今使臣至者，止許待以酒饌，餘物一毫勿與之。」景泰六年（一四五五年）三月，南京吏部驗封司郎中孟創上言：「近年以來，王有畏懼勢要，下堂執手相見（朝廷使臣）者，下下失儀，甚乖大體，乞悉遵祖訓。」所以出現這種情況，主要是諸王畏懼朝廷，唯恐得罪。而永樂以後藩王獲罪之易也遠遠超出了人們的想像，如隨意出城網魚、遊玩、選擇墳地、送喪等等，都會以有違「祖訓」而受到申斥。這些藩王簡直像囚犯一樣，困處一城，受到嚴密的監視，真正成了「徒擁虛名、坐糜厚祿」的寄生蟲。除了傳宗繁衍、消耗財富以外，再也不可能有所作為。這類寄生蟲人數少時還問題不大，但到明末竟繁衍至二、三十萬人，成了國家財政上的一個大包袱，帶來一系列嚴重的社會問題。當「開宗室之禁」時，明皇朝也就臨近滅亡了。

八　鐵幕下的問號

對朱棣的盛世皇權作出最有力的批評的不是朝廷的官吏們，當然也不是心存不測的藩王們，而是那些因無法生活而起來造反的百姓。

永樂初年，明教信徒李法良由江西入湖廣利用傳教聚眾揭竿，號召繼承元末明教起義，反抗朱元璋對明教的背叛。這次起義於永樂七年（一四〇九年）被江西按察司僉事何穎鎮壓。永樂十六年（一四一八年），在北京附近的昌平爆發了以劉化為首的農民起義。同一年，潞州農民暴動，兵部主張發大軍剿捕，按察使鄭辰說「民苦徭役而已」，自請前去招撫，事情得以平息。在此前後還有在嘉興發生的倪弘三起義、在曲靖發生的楊得春起義、在湖州發生的吳貴歸起義。僅此數例就可以看出，永樂年間的農民起義並不是什麼稀奇事。

中國是個具有農民起義傳統的國家，永樂時距元末農民大起義相去不遠，明教在民間流行甚廣，雖然洪武年間朱元璋下令禁白蓮社、明尊教，並將禁令頒布於《大明律》中，但並未收到明顯效果，明教各支仍然堅持傳教與起義。任何動蕩、激變都成為明教起義的機會。

自幼誦讀佛經、自稱「佛母」的山東蒲台女子唐賽兒是明教的秘密傳播者與領導者。她的丈夫林三很可能也是明教的首領，但是較早去世了。到了起義前夕，她的傳教範圍已不僅在蒲台，而且漸及益都、諸城、安州、莒州、即墨、壽光等州縣。為了發動和組織農民，唐賽兒詭言一次祭奠丈夫歸來時，在山麓見到石罅露出一個石匣角，挖出來看，匣中有天書、寶劍等物，從此通曉法術，並且能用運神劍。於是在許多農民心目中，唐賽兒成了一個能知前後成敗之事，並能剪紙為人馬相鬥的真正「佛母」。

永樂十八年（一四二〇年）三月，唐賽兒發動起義，起義軍迅速奪佔了益都的卸石棚寨。青州衛指揮高鳳領兵前去鎮壓，結果被起義軍擊潰，高鳳也被殺死。山東都、部、按三司接到戰報後又派遣莒州千戶孫恭火速帶人前去招撫，但是起義軍拒絕接受，殺掉了前來招撫的官兵。由於起義軍聲勢迅速高漲，「細民翕然從之」，隊伍很快發展到數萬人。

這時，唐賽兒的部下董彥升、賓鴻乘勝攻佔了莒州和即墨，並圍攻安丘。奏報送到朝中，朱棣立命安遠侯柳升、都指揮使劉忠率京軍前往鎮壓，將卸石棚寨圍得水瀉不通。寨中派耿童兒出降，聲稱義軍「食盡無水，欲趨東門汲道」。參贊軍務的山東右布政使儲埏勸柳升派兵控制了寨外水道，以為寨中真正無水無糧，不戰自降了。誰知當天夜裡，唐賽兒突然偷襲官軍軍營，都指揮使劉忠倉促應戰，在混戰中被殺，義軍乘機突圍而去。這時，朱棣又緊急調來在山東況海備倭的都指揮僉事衛青率騎兵夾擊，起義軍在安丘戰敗，四千餘人被俘後遭殺害。

山東悉平的奏報並不能使朱棣感到滿意。他完全沒有想到，這樣一個既沒有嚴格組織，也沒有明確口號綱領的農民起義竟會在一個月內橫掃山東，攻城掠地。更使他惱怒的是，這次起義的領袖唐賽兒始終未能捕獲。朱棣曾經發布過一個搜捕唐賽兒的詔令：

上以唐賽兒久不獲，慮削髮為尼，或混處女道士中，遂令法司，凡北京、山東境內尼及女道士，悉逮至京師詰。

兩個月後，在北京及山東的尼道姑中仍未發現唐賽兒的蹤跡。於是，朱棣又發布了一個詔書，要將全國的尼道姑盡數逮送京師，以從中搜捕唐賽兒：

上懲妖婦唐賽兒誦經扇亂，遂命在外有司，凡軍民婦女出家為尼及道姑者，悉送京師。

朝廷先後逮捕幾萬人，成為當時事佛婦女的一大厄難，但唐賽兒仍然未能捕獲，而有關唐賽兒下落的傳聞卻愈發神奇起來。祝允明的《野記》和《存硯樓二集》上均有唐賽兒被俘復去的傳說：

既而捕得之，將伏法，恬然不懼。裸而縛之詣市，臨刑，刃不能入，不得已，復下獄，三木被體，鐵鈕繫足，俄皆自解脫，竟遁去。……獲唐賽兒暨劉峻等男婦百餘人，賽兒坐檻車，語解者曰：「今死矣！幸畀我一杯水以止渴。」護解者哀之，不知其詐，比水至，而賽兒遽遁矣。

在這些文人筆下，唐賽兒是一個通曉諸術的「妖婦」，但老百姓把她當成一個傳奇的女英雄。明朝人也對唐賽兒在朱棣的重重密網中未被捕獲而感到驚奇，認為她一定得到了神人祐助。朱棣在搜捕毫無結果的情況下，不得不在永樂十九年（一四二一年）趁北京宮殿告成之際大赦天下，宣告「各處監收及取來到尼姑道姑，悉宥還俗」。明末谷應泰在評論朱棣的大搜捕時，將之比為「石閔久之戮羯部，多鬚高鼻者並誅；袁紹斬宦官，面不生鬚者亦殺」。

歷史上的極端專制統治，一向是以強大嚴密而著稱，但實際上有時卻虛弱無用到如此地步。一切官府、巡檢、軍隊而至特務機關，都無濟於事。像朱棣這樣一個專制皇帝，對此也只能束手無策了。唐賽兒起義雖然最後遭到失敗，但它卻給朱棣的皇權密網撕開了一個大大的問號。

第七章　煌煌文治

一　開科．祭孔

人們常常將朱棣與知識份子的關係與朱元璋進行比較，在這一點上，父子兩人確實有所不同。確切地說，朱棣雖然和父親一樣熱切地追求赫赫武功，但時時都不曾忘記標榜自己的「文治」。

洪武之政給一代文人留下了難以忘懷的畏懼，在政治上為官「如作虎穴遊」，在經濟上「既盈而覆」，難於發展。用解縉的話說：「**無幾時無變之法，無一日無過之人，……禍不止於一身，刑必延乎親友。**」到洪武晚年，導致大批地主階級拒絕與洪武政權合作。建文的寬仁便是在這種形勢下出現的，這實際上也是對洪武過於嚴猛的一種反作用。然而，受益於建文「仁政」的文人士子，並未能保持住他們所擁護的建文朝廷。當時的朝鮮國王李遠芳和大臣趙浚曾議論起這些變化。李遠芳以為「大抵人心懷於有仁」，他對「建文寬仁而亡，永樂多刑殺而興」很不理解。趙浚對他說，這是因建文「徒知寬仁而綱紀不立故也」。奪位後的朱棣則要在保證綱紀維護中央集權的前提下，去爭取知識份子們最大限度的合作。

一次，通政使趙彝等引奏一個山東男子進獻陣圖，這本來是要迎合朱棣以獻媚取寵的，不料朱棣卻戴上了「不好武」的假面具。他說：

自古帝王用兵，皆出於不得已。帶驅人以冒白刃，鮮有不殘傷毀折。其得不死，亦幸也。朕居軍旅數年，每親當矢石，見死於鋒鏑之下者，未嘗不痛心，但出不得已耳。今天下無事，惟當休養斯民，修禮樂，興教化，豈復當言用兵。此輩狂妄，必謂朕有好武之意，故上此圖，以冀進用。好武豈盛德事？其斥去之。

永樂元年（一四〇三年）八月，除北京外，在全國範圍舉行了鄉試。次年會試時，禮部尚書李至剛奏請選士數目。朱棣問洪武時選士多少，李至剛答道，各科不和，多的時候達四百七十餘人，少的時候只三十人。朱棣說：「朕初即位，取士姑准其多者。」於是，這年一次就錄取新進士四百七十二人，與洪武十八年（一三八五年）乙丑科相和。經廷試，一甲三名為翰林修撰、編修，二甲五十一人具為翰林院庶吉士。

永樂年間會試每三年舉行一次，從未間斷，只是錄取數目不像這次多。如永樂四年（一四〇六年）會試，取了二百一十九人，較這次減少了一半多。但在科舉時代，錄二百一十九人也算是較多的。雖然洪武十八年錄取過四百七十二人，但那是因為科舉已被停了十五年。而朱棣第一次開科取士即達此數，盛況如同開國，這對消彌士大夫的敵視情緒是很有用處的。

這次會試與洪武三十年（一三九七年）丁丑「南北榜」案形成鮮明對照。那一次，朱元璋為限制江南地主並籠絡北方士子，殺掉考官白信蹈、復閱考官張信和考中廷試第一名的陳郊，將考官劉三吾戍邊。他親自閱卷後，取錄六十一人，全部是北士。永樂二年（一四〇四年）會試取錄的新進士中，一甲及二甲全係南士，三甲中也多為南士。

願意入朝為官的，為他們敞開仕途；不願入仕的，也不去勉強。朱棣擺出了一副尊儒的架勢。他一面對建文儒臣們展開殘酷的屠殺，一面又著力於振興文教，對儒士們採取了尊優籠絡的態度，這大概就是他所津津樂道的「寬猛適中」了。

朝中有個姓丁的學士，學問不錯，朱棣對他很器重。一次問起他「少從誰學」，丁學士回答說，曾經學於元末翰林學士李征臣。李征臣為人倔強，入明後不肯為朱元璋所用，家屬被殺光也不肯屈從，被謫戍到寧夏。朱棣得知後讓人將李征臣接到京師，勸他為官。他對朱棣說：「臣於洪武中既不受官，則今日義不得復受。」

「那麼你欲何之呢？」朱棣問。

「願還行伍。」李征臣還像當年一樣倔強。

「朕既已召卿，何可復從戍？」朱棣倒不在意，免去他戍籍，讓他回吳中故鄉。提到故鄉，李征臣倍感淒涼。洪武嚴政使他已無家可歸。於是，朱棣按照他的意願，送他去吳中故人盛景華家館執教去了。

洪堪是洪武時進士，因為太年輕，朱元璋讓他回去，等二十五歲時再來京聽用。這時的皇帝已是朱棣，但還是照常任用了他。

朱棣對會試落第的舉人也很優容，他讓翰林擇其較優者，送入國子監繼續研讀，以俟下科再試，並給予教諭的俸祿。所以《明史．選舉志》載：「**舉人入監，始於永樂中。**」永樂時會試有「副榜」，這些人就是入國子監繼續讀書的落第舉人。

「靖難」之役中，朱棣率師南下時，曾經過山東孔孟之鄉。他當時限令將士，不得入境騷擾，表示了尊儒之意。這在他奪位過程中，確實稱得上是一妙筆，因為在中國傳統社會中，誰抓住了尊儒，大抵也就抓得了正統。

永樂四年（一四〇六年），朱棣在京師又導演了一幕戲劇性的祭孔活動。

一月初一上朝時，朱棣向群臣宣布了祭孔的計劃：

孔子萬世帝王之師，其道之在天下，載於六經，天下不可一日無生民，生民不可一日無孔子之道。朕將臨國學，躬禮孔子，以稱尊崇之典，所司其差吉日行之。

祭孔的日期定在三月初一。朱棣服皮弁，備法駕至孔廟，行四拜禮。這是超逾常規的禮節。當時禮官考謁廟儀時，僅規定宋服靴袍行再拜禮的。朱棣又對禮部官員說：「**孔子，帝王之師。帝王為生民之主，孔子立生民之道。三綱五常之理，治天下之大經、大法，皆孔子明之，以教萬世。……今當躬詣太學，釋奠先師，以稱朕崇儒重道之意。**」祭過孔廟後，車駕前往太學，這更是盛況空前。朱棣將《五經》授與國子監祭酒胡儼和司業等人，特賜他們坐講，三品以上的文武官吏及翰林儒臣全都賜座聽講。胡儼講完《五經》，朱棣一面命人送上茶水，一面擇其中要點不斷提出問題。那天國子監周圍擠滿了衣冠儒士，還有不少外國使臣圍觀。儒臣們為這種空前的禮遇而飄飄然了。

幾個月之後，朱棣在奉天門召見了翰林侍讀學士胡廣等人，談到對儒臣的恩禮，胡廣感激涕零地說：「陛下待儒臣，進退之際，恩禮俱至，儒道光榮多矣。」

「朕用儒道治天下，安得不禮儒者？致遠必重良馬，粒食必重良農，亦各資其用耳。」朱棣笑起來，他為自己的措施感到得意。

按照禮部的奏請，當時還為朱棣到太學祭孔視學一事立了一塊碑。碑文也是他親撰的：

朕惟帝王之興，必首舉學校之政，以崇道德，弘教化，正人心，成天下之才，致天下之治。……世之極其尊崇之禮者，非於孔子有所增益，特以著明其道之至大，天下不可一日而無也。

這些做法確實達到了目的，不僅當時的儒臣感到滿意，後世也看到這種變化，有人評論：

國初（指洪武朝）右武事，上民功。士之出為世用者，不限以科第。至於永樂紀元，民庶且富，文教大興。龍飛初科，取士倍蓰於前，一時績學館閣試政方洲者多其人。至今言進士科者首稱之。蓋文皇帝所以鼓舞一世，摩礪天下，而為此盛舉耳。

《明史》中也說：

當是時，海內混一，垂五十年。帝方內興禮樂，外懷要荒，公卿大夫彬彬多文學之士。

二　刊行《聖學心法》

朱棣之所以要把自己打扮成儒家政治理想的繼承者，是想作為一位盛世明皇留於史冊之中。最能反映這一思想的是他親自編纂的《聖學心法》。他「修文竟武，滅虜遷都，終其身不敢自逸」，其中一個原因就是受這種思想驅使。

成書於永樂七年（一四〇九年）二月的《聖學心法》是一部帝王教科書。其時，朱棣即將巡視北平，講讀後，他隨手向翰林侍讀學士胡廣等出示一書，說：

古人治天下，皆有其道。雖生知之聖，亦資學問。由漢唐至宋，其間聖賢明訓，具著經傳。秦漢以下，教太子者多以申韓刑名術數，皆非正道。朕間因閑暇，采聖賢之言，若執中建極之類，初於修身、齊家、治國、平天下者，今已成書。卿等試觀之，有未善，更為朕言。

胡廣等人讀過此書，奏稱：「帝王道德之要，備載此書，宜與典謨訓誥並傳萬世。請刊印以賜。」於是，朱棣將此書定名《聖學心法》，命司禮監刊印。

在歷代帝王中，朱棣最稱許唐太宗，稱其事功而追慕之，大概是因為他們都具備有奪嫡繼統的相似經歷。他曾說：「**若唐文皇帝，倡義靖難，定天下於一。躬擐甲冑，至履弘堂而登睿極。其思患也，不可謂不周；其慮後也，不可謂不遠。作《帝範》十二篇以訓其子，曰飭躬闡政之道在其中。詳其所言，雖未底於精一執中之蘊，要皆切實著明，使其子孫能守之亦可保為治，終無閨門藩鎮之禍。**」由此可以說，《聖學心法》正是朱棣模仿唐太宗的《帝範》之作。

關於成書的原因，朱棣還說：「**朕常欲立言以訓子孫，顧所聞者不越乎六經聖賢之道，舍是則無以為教，尚何舍哉！故於幾務之隙，采古聖賢嘉言，編為是書。**」因而，該書可以說是歷代「聖賢」治國方略語錄之大成。雖然是採集古人言論而成，但書中表述的卻是朱棣的政治觀念，特別是卷首洋洋六千餘言的序，更可以視作他追求盛世名皇之夢的自白：

不觀吾言則無以觀吾之用心，不知吾之用心則不能窺聖賢之閫奧。非欲其法於吾言，實欲其取法於聖賢之言也。

除去尊崇儒教之外，朱棣還利用開館修書籠絡這些知識份子。永樂朝頒降於府、州、縣學的書籍計有：《大誥三編》、《大明律》、《禮儀定式》、《表箋式》、《減繁行移體式》、《新官到任須知》、《韻會定式》、《六部職掌》、《科舉程式》、《孟子節文》、《朔望行香體式》、《四書大全》、《五經大全》、《性理大全》、《孝順事實》、《為善陰騭》、《勸善書》、《五論書》等。其中《四書大全》、《五經大全》、《性理大全》均刊行於永樂十三年（一四一五年），花費了不少人力財力，以致後來頗感耗費，急成全書，結果似乎還有些儒士略感不盡滿意。文人中交口稱讚的也不在少數，楊士奇就曾說：「文皇帝之心，孔子之心也。固欲天下皆純質之俗，斯民皆誠篤之行，而況左右供奉之臣哉！」

把朱棣之心比於孔子之心，確實有些令人好笑。這些儒臣的恭維，也許真的出於誠心，但朱棣尊儒卻只不過是他統治的方法。他在〈御制重修孔廟碑文〉中寫道：

孔子參天地，贊化育，明王道，正彝倫，使君君、臣臣、父父、子子、夫夫、婦婦，各得以盡其分，與天道誠無間焉。

應該說，這才是朱棣的本意所在。其實，太祖朱元璋也是尊儒的，但他並不信任那些桀驁不馴的儒士。明初的方孝孺和解縉，算得上是當時名儒，都被朱元璋藉故趕回家去，說是「今非用孝孺時」，又說令解縉回家讀書「後十年來」再用。說來說去，總之是不肯信用。理學的那套東西，雖說是維護君命，但是與明初的發展並不相吻合，建文帝朱允炆過分倚靠方孝孺以理學之道治國，終至失敗，這對朱棣不無教訓，因此，他的治國並非盡用儒道。這一點上，他又追隨了父親朱元璋。儒臣們也並非毫無察覺，不過他們感到和洪武之政比較起來，永樂政治畢竟做了更有利於儒臣的調整，這就是後來閣臣楊士奇所說的：「昔我太宗皇帝於洪武之政，仁宗皇帝於永樂之政，皆有因時損益之宜，亦皆是上體祖宗保民之心而行，故當其時無人曾有異議。」應該說，楊士奇的話只講對了一半，因為當時在以儒道治國的問題上，並非沒有異議，也有人提出過不同主張。江西按察使周觀政曾上書提出「不必盡法祖」。他知道這事若被儒臣們知道，必定惹來一場攻擊，所以要求朱棣對上書內容「秘不公布」。朱棣看過周觀政的上書後，不置可否地笑了笑，說他「真是個怪人」。這當然算不上是表態，或者只能算是模棱兩可的表態。

周觀政的慎重並不是沒有道理，永樂二年（一四〇四年）發生的朱季友上書事件，便是明證。

饒州鄱陽的教書先生朱季友發憤著書立說批評儒道，跑來上書給朱棣，據說其中「專斥濂洛關閩之說，肆其醜詆」。解縉等人得知後十分惱火，要求朱棣對「謗毀聖賢」的朱季友嚴加處置。其實朱季友的所謂「謗毀聖賢」並非批評孔夫子，還只是「詆毀宋儒」。一個小人物，說上幾句不中聽的話，居然引起這樣一場軒然大波。朱棣不好再不明確表態了：「愚民若不治之，將邪說有誤後學。」一中國有笞辱示眾、抄家焚書的傳統，於是，朱季友被押還鄉里，會布政司、按察司及府縣官，杖之一百，又到家中搜出所著文字，全數銷毀，不許稱儒教學。對這個無權無勢的鄱陽縣民，無須顧忌，被理學家們拿來開刀，連飯碗也砸碎，成為明初批評儒家的少數人中最倒楣的一個。

三　道衍：歸儒不盡而為墨不終

當時敢於批評宋儒的還有一個大人物，那便是「靖難」第一功臣道衍和尚。道衍是在朱棣奪位成功後奉旨從北平南下的。回到闊別整整二十年的南京時，他已經是六十八歲高齡的老人。作為首功之臣，他面臨著成功後的選擇。

朱棣要賜給冠服，委以高官，道衍婉言謝絕了。賜給他兩名宮女，他讓人送到別處住，自己仍然身披袈裟，保持著僧人的身份。所以明朝人說他：「**金陵戰罷燕都定，仍是癯然老衲師。**」道衍最初只接受了僧錄司左善世的職務，掌管佛教之事。當時這個職位是由高僧溥洽擔任的，他主動將這職位讓給道衍，自己去當僧錄司右善世。但這左善世官秩僅僅六品，與道衍「靖難」首功的地位極不相符，因此人們大都認為他遲早還要受官。

事情果然不出人們所料，道衍後來確實受官了，但對他受官的過程卻有兩種不同的說法。

有人說，一次道衍上朝時面帶不快之色，被朱棣發覺了，退朝後召他來問，起初道衍不肯講，在朱棣一再追問下才吐露實情：「臣上朝前待漏門外，因有話要同吏部尚書談，歷五階而上，談畢又歷五階而下，年邁不堪趨蹌。因此心中介介。」於是朱棣當天拜他為太子少師，復姓姚，賜名廣孝，從此人們都稱他姚少師。

另一種說法截然相反，說道衍屢次推辭，不肯受官，朱棣便想了個辦法，將道衍召進宮中，乘他不備，讓侍從悄悄將冠服披在他身上，隨即宣讀聖諭，連聲叫他謝恩。道衍不得已只好受命為官，但終生不肯蓄髮娶妻，而且經常居住在寺院中。

這兩種傳說，實際上正好反映了政治和閱歷又使人對仕途感到惶惑不已。

永樂二年（一四〇四年）四月，道衍被復姓賜名並加官太子少師。太子少師是當時文臣的最高品秩，正二品。兩個月後，他又被命以欽差的身份前往蘇杭等地賑濟災民。這對他來說也是一種榮譽，在離別故鄉二十多年後，他終於衣錦還鄉了。道衍此次受官回鄉，離京時「威聲赫赫，車徒甚眾」，遭到一些人的妒忌和流言醜詆，但他確實比一般人要超脫一些，對蜚短流長只作不知，並不介意。在蘇州賑災期間，除去忙於公務之外，他有時獨自出遊，身披袈裟，依然是一個超世不羈的高僧。一次他獨自到寒山寺散步，走得倦餓了，便坐在寺外亭子裡吃些乾糧。一個姓曹的縣丞也來遊寺，看見一個老和尚在亭中吃飯，自己來了也不迴避，便發怒叫左右衙役將道衍拉來打了二十皮鞭，關進縣獄。道衍任他們擺佈，也不分辯。到了第二天，隨從們見少師一夜未歸，十分著急，四處去找，才在縣獄中找到他。這下可把那個姓曹的縣丞和當地官吏嚇壞了，紛紛來向道衍請罪。道衍不說話，提筆在紙上寫了幾句，眾官吏拿起來看時，原來是一首詩：

敕使南來坐畫船，袈裟猶帶御爐煙。
無端撞著曹三尹，二十皮鞭了宿緣。

眾人放下心來，知道道衍並未把受辱之事放在心上。事後他對那個曹縣丞斥責說：「野僧路邊吃飯礙你何事？書生為官，豈可張狂欺人！」

道衍這次回鄉，也發生了一件與出家人身份不大相符的事。據說一天他偶然外出散步，見到酒肆門前高懸酒帘上大字寫得奇偉不凡，心中感到詫異。向酒家詢問，才知這字竟出於里中少年之手，連忙命人將少年召來，見這個貧家少年衣著雖然儉樸，人卻聰明伶俐，便將他收為養子，改名姚繼，帶回京師。身為出家之人的道衍竟然有了兒子。姚繼承蔭作了尚寶卿，後來一直作到太常寺少卿。道衍就是這樣一個難以捉摸的人，有時候似乎對名利和仕途生活表示厭倦，但有時似乎又有所追求。

儘管思想處於矛盾之中，但是道衍並沒有去作一個功成身退的人。賑災回京後，他蓄養了一隻雄雞，每天早晨聞雞而起，度過了一生中最後十個忙碌的年頭。他身為太子少師，擔負著輔導太子的重任，還要為皇太孫朱瞻基講讀華蓋殿。明朝後來的太子少師只是個虛銜，實際並不輔導太子，但是道衍任職時情況比較特殊，由於朱棣經常北巡，住在北京，道衍留在南京輔佐太子朱高熾居守，是名實相符的重任。

在太子少師任上，道衍專門撰寫了一部名叫《道餘錄》的書。在這部書中，他從佛家觀點出發，對宋儒反對佛、老的學說一一給予駁斥。他摘了《二程遺書》中二十八條和《朱子語錄》中二十一條，逐條剖析，無非是些佛家的道理。這在百廢待興的明初，本來也算不得什麼，但卻招致了眾多儒臣的強烈不滿，只是當時理學家們還不敢公開指責這位「靖難」首功之臣罷了。這就是《明太宗實錄》中所謂：「**廣孝嘗著《道餘錄》，詆訕先儒，為君子所鄙。**」

有一個名叫張洪的人，大概就屬於這「君子」之列。他在洪武中以儒生任官，曾著《四書解義》，是個典型的儒臣。雖然此君與道衍多有交往，而且受過道衍的恩惠，但在道衍去世後卻到處搜尋《道餘錄》一書，得到後便予以焚毀。他說：「少師對我恩厚，如今無以報。這樣做是不使人們對少師厭惡。」

朱棣對道衍的褒譽的確未能長久，僅僅在他身後五、六年時間，來自儒臣們的各種指責便越來越多了。在這些人眼中，「歸儒者不盡而為墨者不終」的道衍是一個助紂為虐的惡人。他們不敢責罵朱棣，於是便將罪過加在道衍頭上，說道衍回鄉賑災時遭到親友唾罵，去看望姐姐時被拒之門外。姐姐冷冷地對他說：「貴人為什麼要到貧家來呢？」他改易僧服再去，姐姐還是不肯見，家人再三相勸，才勉強在中堂見了他一面。道衍連連下拜，姐姐卻說：「我何用你這樣拜？誰見過作和尚不到底的？能是好人？」說完進屋便再不肯相見了。還說道衍去看望舊友王賓時，也遭到同樣對待，再三求見，王賓閉門不開，直到第二次再來時才見了一面，嘴裡還連聲說：「和尚錯了！和尚錯了！」將道衍斥責了一頓。今天來看這些傳說，不難判定乃「吳兒委巷妄語」，是人們「不滿靖難時事，而歸過於榮國者之託詞」。

儒臣們對於道衍的貶斥，在嘉靖以後達到了高峰。嘉靖九年（一五三〇年），道衍的神位被撤出太廟，移置護國寺中。據說這是出自「海內公論」，在這樣的輿論壓力之中，到萬曆中，道衍養子姚繼的後人竟然不敢承認自己是姚家之後。就連永樂中賜給道衍及其父母、祖父母的五道官誥，都被賣給了他人。隨著對建文遺臣們的褒譽，對道衍的貶斥越來越激烈，明末為方孝孺建祠，竟然要將道衍像跪置在階下——人們顯然已經忘記了當初道衍勸朱棣勿殺方孝孺的囑咐。清代史學家錢大昕在經過道衍祠堂時曾寫詩道：

濺濺泉流檻外分，披緇入定戒香熏。

空登北郭詩人社，難上西山老佛墳。
好殺共知和尚誤，著書賴有故交焚。
依然病虎形容在，曾否聲名值半文？

應該說，道衍作為盛世名臣在身後遭到如此殘酷的偏見，並非緣於他對宋儒的批評；在很大程度上，他是在為朱棣背黑鍋。從這個意義上看，道衍的思想也許更能反映這位「文皇」的思想，這在編修《永樂大典》的過程中，更加明顯地展現出來。

四《永樂大典》

《永樂大典》是中國古代重要的文化典籍，它為保存古代文獻作出了不可磨滅的貢獻。然而，朱棣當時下令編纂《永樂大典》，除標榜文治以外，還另有一番用意。這一點，明人已經看出。孫承澤《春明夢餘錄》中有這樣一段話：

陸文裕深曰：「宋太宗平列國所得裸將之士最多，無地以處之，於是設六館修三大部書，命宋白等總之。……永樂靖難後，修《永樂大典》亦此意。……文裕所考或未確乎？至

靖難之舉，不平之氣遍於海宇，文皇借文墨以銷塊壘，此實係當日之本意也。」

古人所見不差，朱棣對於文化事業的熱衷，豈會沒有政治用意？知識份子總要想問題，怎樣想呢？有《四書》、《五經》、《性理大全》作藍本；知識份子總要有事可做，做什麼呢？讓他們去抄書好了！

永樂元年（一四〇三年）七月初一，朱棣到太廟祭祖，禮儀過後，找來從祭的翰林侍讀學士解縉等人，對他們說起修書的打算：

天下古今事物，散載諸書，篇帙浩穰，不易檢閱。朕欲悉采各書所載事物聚之，而統之以韻，庶幾考察之便，如探囊取物。再嘗觀韻府、回溪二書，事雖有統，而采摘不廣，紀載太略。爾等其如朕意，凡書契以來，經、史、子、集，百家之書，至於天文、地志、陰陽、醫、卜、僧、道、技藝之言，備輯為一書，毋厭浩繁。

話講得很清楚，一是要全，要輯錄各家之言；二是要大，要不厭浩繁。但是解縉似乎並未理解這些要領，

解縉

解縉（1369 年～ 1415 年），明朝第一位內閣首輔。明太祖朱元璋非常器重他，常常令他在身邊，曾對他說過：「朕與爾義則君臣，恩猶父子，當知無不言。」但到了永樂年間，解縉與明成祖朱棣和朝臣之間的衝突日增。當時明朝欲大軍用兵交趾，解縉上疏勸阻，朱棣不聽，隨後討伐成功並設置郡縣。解縉又曾勸諫朱棣勿過度寵愛朱高煦，因而招致朱高煦的記恨。永樂八年，解縉遭朱高煦誣陷入獄，永樂十三年被活埋而死，時年僅四十七歲，他的妻子宗族也慘遭流放。

儒家的偏見使他根本不打算去兼收諸家之學。他曾經公開對朱棣說過：「陛下好觀《說苑》、《韻府》雜書，與所謂《道德心經》者，臣竊惟甚非所宜也。」這次解縉受命之後，便按照自己的意圖編輯起這部書來。

編纂工作進展頗速。第二年十一月，解縉等人便將纂就的成書上呈。朱棣起初很是高興，特賜書名為《文獻大成》。參與修書的一百四十七人也都得到了賞賜。可是待朱棣親自翻檢時，才發現這書遠遠不符合自己當初的要求，他幾乎立即決定重修此書。朱棣大概也感到像解縉這樣的儒臣，很難做到兼收百家，於是將七十高齡的太子少師道衍請了出來，加上刑部侍郎劉季篪，與解縉共總修書之事。擔任總裁官的則有翰林學士王景、王達，國子監祭酒胡儼，太子洗馬楊溥等人。朱棣還命禮部挑選中外官員和宿學老儒充任纂修，讓國子監和各府、州、縣學中善書的生員繕寫，開館於文淵閣，由光祿寺供飲食，開始了第二次大規模的編書活動。

重新開館修書後不久，兼通百家之學的名士陳濟被召到京師。這位陳靖雖以學行聞名於朝野，但卻未曾任官，是一位布衣之士。他被任用為總裁，以布衣之士總裁全書的編修工作，這完全因為他「貫穿經史百家之言」，頗有雜家味道。太醫院御醫趙友同也被選充為副總裁，他本為明初大儒宋濂弟子，曾以華亭訓導主持浙江鄉試。道衍知道他精通醫術，推薦他作了醫官。其實趙友同還通曉水利，曾跟隨戶部尚書夏原吉治水江南，又是一位多才學的雜家。這些兼通百家的人物集中到文淵閣，才使《永樂大典》能編得宏富、詳備。

當然，不僅僅是這幾位名士，參加修書工作的前後多達三千餘人，除去文苑名士，還有不少名僧、名醫以及擅長書畫的人才，後來人們便習稱這件盛事「三千文士修大典」。

永樂四年（一四〇六年）四月，朱棣來到文淵閣檢閱書史，這時正值修書工作進展過程之中，當時閣中書籍的不完備，使他感到不甚滿意，解縉等翰林儒臣們被召來詢問。

「文淵閣經、史、子、集皆備否？」

「經、史粗備，子、集尚多缺。」解縉回答。

實在不成話，開館修書已一年有半，子、集尚多缺不備，這樣的修書進度，恐非朱棣所願。

「士人家稍有餘資，皆欲積書，況於朝廷可缺乎？」朱棣召來禮部尚書鄭賜，命禮部選派通曉典籍的官吏四出求購遺書。「書籍不可較價值，惟其所欲與之，庶奇書可得。」這奇書，恐怕指的還是諸子、文集的精華。朱棣當時對解縉等人說：「置書不難，須常覽閱乃有益。凡人積金玉欲遺子孫，朕積書亦欲遺子孫，金玉之利有限，書籍之利豈有窮也？」然而問題還不在積書，而在於積奇書。永樂四年的這次大規模購求遺書，對《永樂大典》的編修發揮了非常關鍵的作用。因為編修《永樂大典》所使用的書籍，全係文淵閣所藏。

此後不久，解縉便不再主持修書工作了。這倒並非因為他在修書中的偏執。解縉的失勢，一是由於他反對當年對交趾的用兵，二是由於他指出漢王朱高煦「禮秩踰嫡」而觸怒朱棣，後來又遭到朱高煦的誣陷。永樂五年（一四〇七年）二月，便被改任到交趾布政司去作參議。之後的修書工作主要還是由道衍和以布衣充任總裁的陳濟負責。刑部侍郎劉季篪所長並不在修書，而以辦案幹練著稱，主要承擔修書過程中的一些事務性工作。

永樂五年十一月，編修工作告竣。道衍等人將這部寫成一萬餘冊的巨帙進呈給朱棣。

一切都依照朱棣的意圖。書中輯錄了上自先秦，下迄明初的各種書籍七、八千種，包羅了經、史、子、集、百家、天、文、地志、陰陽、醫、卜、僧、道、戲劇、小說、技藝諸項內容，共達二萬二千八百七十七卷，其中僅書目便有九百卷之多，總字數達三億多，是我國最大的一部類書。這部書是以《洪武正韻》分部的，以一個字為綱，依韻排列。將十三經、二十一史、諸子百家分類相屬，完全據原書照抄。雖然將原書支離，但卻直錄原文，不曾擅減片語隻字，書名和作者名都用紅字寫出，顯得格外醒目。

這一回朱棣感到滿意了。這正符合他那一切求大的心理，完全可以作為他文治的炫耀。他將這部亙古未有的巨帙定名為《永樂大典》，並且親自為之撰寫了序文：

昔者聖王之治天下也，盡開物成務之道，極裁成輔相之宜。修禮樂而明教化，闡禮樂而

宣人文。……朕嗣承鴻基，勔思纘述，尚惟有大混一之時，必有一統之制作，所以齊政治而同風俗。序百王之傳，總歷代之典。……

口氣既大，又開誠布公，將纂修大典的目的講述開來。作為一部便於檢索的治國參考書，必然是包羅萬象的百科全書。《永樂大典》確實做到了這點。在《永樂大典》以前，中國已有不少類書。魏時繆襲等人的《皇覽》共六百八十卷，梁代劉孝標等人的《類苑》共有一百二十卷，北齊祖珽等人的《修文殿御覽》三百六十卷，唐代魏徵等人的《文思博要》共一千二百卷，歐陽詢的《藝文類聚》一百卷，宋代李昉的《太平御覽》一千卷，王欽若的《冊府元龜》一千卷。由此可以看出，以前的類書最多的也就是一千餘卷，長達二萬餘卷的《永樂大典》實在是煌煌巨作，是以前的類書無法比擬的。

《永樂大典》輯書，不像後來清代修《四庫全書》那樣對原書任意刪改，而是一字不改地原文照錄，保存了典籍的本來面目。由於它收羅宏富，所以使宋元以前的帙文秘典多賴以流傳和保存。清代乾隆年間修《四庫全書》，從《永樂大典》中輯出佚書達五百餘種，清嘉慶時，又從中輯出一部《宋會要》，也是一部學術價值很高的書。被收在「水」字韻下的《水經注》，是流行最古老的本子，清代考據學家戴震、趙一清為《水經注》的版本問題爭論多年，《大典》本一出，問題便迎刃而解。過去，人們對工技、農藝之類的書多不重視，而《大典》則廣加收錄。元人薛景石的《梓人遺制》即是其中之一，被錄在「匠」字韻下，後人據此找到了半部《梓人遺制》，是一份十分珍貴的建築學文獻。

可惜的是，朱棣卻未曾真正利用這部巨帙。他當時正忙於對北方的經營，只得將《永樂大典》藏之秘閣。直到遷都北京後才將此書運至北京，但仍是束之高閣，真成為「遺之子孫」的財產了。不過，後世人們對這部書的看法也是大不相同的。有人認為這部書「過於穰濫」，其中「精華」合起來不過四千九百四十六卷，其餘則是可以捐棄的「糟粕」。這畢竟是儒臣的偏見，因為如此大小精粗無所不有的修書之法，與儒生們斷章取義的傳統做法自然大相徑庭。也有人稱這部書未曾修完，因所錄過於冗濫而不得不中途罷修，其實並無此事，這也只是後世文人們對這部驚人巨帙的誤解。

書成當時，朱棣曾動了刊行《永樂大典》的念頭。這便需首先複寫一部，計劃於永樂七年（一四〇九年）十月完成，後以工費浩繁而未果。抄寫這樣一部大典確非易事。嘉靖四十一年（一五六二年），皇宮三大殿遭受火災，幸賴大力搶救，《永樂大典》才未被焚毀。這件事提醒了嘉靖帝朱厚熜，如果萬一再被燒，這部大書可能就徹底完了。於是，他決定重錄《永樂大典》，用書手一百八十人，每人每天抄寫三紙，每紙三十行，每行二十八字。直抄到隆慶元年（一五六七年），用了五年時間，方告完竣。這部副本藏於北京的皇史宬，正本在明末已完全不知去向，人們猜測毀於明清之際的戰火中了。明朝的皇帝中，經常翻閱《永樂大典》的只有嘉靖帝朱厚熜。但他的所為卻遠非朱棣對後世子孫的期望。

五　「取諸亡國，舉於仇怨」

朱棣在憑藉武力「繼統」後，面臨的是一個官吏奇缺、政體紊亂的局面。

為了掩飾篡弒，朱棣在奪位後屠殺了大批建文朝的文臣，但他同時更需要得到文臣的支持，這就是所謂的「可以馬上得天下，不可以馬上治天下」的道理。不過，當時的誅戮過於嚴酷，文臣們一時很難放下心來，朱棣不得不為此專門發布詔諭，安定人心。作為政治家，他當然明白以人才成帝業的道理，而且要不厭其煩地將這番道理講給那些願意入其彀中的文臣們聽：

帝王圖治，必審於用人。或取諸亡國，或舉於仇怨，惟其賢而已。若唐太宗用王珪、魏徵、房玄齡、杜如晦、李靖、尉遲敬德，宋太祖用范質、王溥、石守信、王審琦輩，相與協心比力，共建功業，載在信史，垂光後世，昭然可鑒也。朕太祖高皇帝嫡子，奉藩於燕。荷天地宗社之靈，肅清奸宄，遂正大統。蒞阼以來，思惟文武群臣，皆皇考舊人，惟誠用之，纖悉無間。比聞群臣猶有心懷危疑，不安於職者。此蓋不達天命、不明朕心故也。凡爾文武群臣，皆皇考所教育以遺子孫者，豈異國仇怨之比者乎？孟莊子不改父臣與父之政，見稱孔子。朕每誦之，慨然希慕，故今所任，幾務之重，宥密之嚴者，非皆前日靖難之人。此天下所明見而共知也，又何嫌疑之有哉？各盡乃心，共乃職，據誠共事，可以永保富貴。朕言不

再，其深體之。

朱棣在許多場合中是言不由衷的作戲者，但在這裡所講的確實是出自真心。他當然希望能夠有一批自己選任的官吏，但是這需要時間。雖然從永樂初就開始在全國範圍普遍舉行鄉試，會試則要等到第二年方可舉行。況且依靠一次會試取錄也難以解決官吏奇缺的狀況。這對朱棣來說，簡直是在望梅止渴。

朱棣也曾實行薦舉，他在永樂元年（一四〇三年）九月給吏部的一份敕諭中說：

朕以藐躬嗣承大統，圖惟求賢，以資治理，宵旰皇皇，急於饑渴。其令內外諸司，於群臣百姓之中，各舉所知，或堪重任而沈滯下僚，或可剸繁而優遊散地，或抱道懷才隱居田里，並以名聞，毋娼嫉蔽賢，毋循私濫舉。書曰：「舉能其官，惟爾之能；稱匪其人，惟爾不任。」欽哉。

求士圖治的急迫心情躍然紙上，但薦舉的情況同樣並不理想，永樂初年，幾乎沒有一個要臣來自薦舉。無論情願還是不情願，朱棣必須從那些降附的建文舊臣中選擇一些能為己所用者。

建文中引疾歸里的戶部尚書郁新，被召回重掌部事。他雖然到永樂三年（一四〇五年）便卒於官，但對永樂初經濟發展仍有相當重要的作用。朱棣在郁新死後曾歎道：「新理邦賦十三年，量計出入，今誰可代者？」此後他選擇夏原吉接替郁新掌管戶部之事。

朱棣即位之初，建文朝官居戶部右侍郎的夏原吉被作為「奸黨」收治，朱棣知道他善於理財，將其釋放，並且升他為戶部左侍郎，不久又升任為戶部尚書。夏原吉不負朱棣所望，在戶部詳定賦役諸制，多有所建樹。曾受命治水江南，布衣徒步，日夜籌劃，卓有成效。朱棣曾經向他問起天下錢穀，對答得十分詳細。除戶部事外，凡國家大事也多和他商議，經常在便殿召見他，長時間交談。朱棣北征時，夏原吉留輔皇太子朱高熾居守北京，每天早晨入佐太子參決庶務，退朝後，諸曹郎御史圍住他請示諸事。夏原吉口答手書，不動聲色，處理得有條不紊。因此《明史》中稱讚他說：

當是時，論「靖難」功臣封賞，分封諸籓，增設武衛百司。已，又發卒八十万問罪安南，中官造巨艦通海外諸國，大起北都宮闕，供億轉輸以鉅萬萬計，皆取給戶曹。原吉悉心應之，國用不絀。

與夏原吉齊名的是吏部尚書蹇義，他與夏原吉一起當政，被人合稱「蹇、夏」。蹇義也是建文朝舊臣，朱棣率領燕師入南京時，他是少數迎附者之一，與夏原吉一起升任尚書。當時正在反對建文之政，凡是建文朝新改易的制度，全部廢罷復舊。只有蹇義不避嫌疑，規諫朱棣說：「損益貴適時宜。前改者固不當，今必欲盡復者，亦未悉當也。」

在中國古代，士是一個獨立的階層，它可以為君所用，也可以不為君所用，關鍵要看君所採取的是什麼態度。即以明初言之，其時文人多有不出仕者。清人趙翼說：「**蓋是時，明祖懲元季縱弛，一切用重典，故人多不樂仕進。**」朱棣奪位後，為了維護統治，大肆屠戮建文遺臣，更使不少文人不願與朝廷合作。無論是出於改變形象的考慮，還是出於朝政運轉的實際需要，他都不能不對文臣們示以開明的姿態。看來他比父親更明白這樣的道理——自己雖是國家政治生活的主角，但大多數政務則有賴於臣僚去完成。從夏原吉、蹇義等人身上，不難看出專制者這種有限開明所帶來的好處。

六　內閣七學士

明初政治形勢的發展趨勢，是以專制和集權為特徵的。朱元璋利用「胡惟庸案」廢罷丞相和中書省，是明初專制主義中央集權統治發展的一個重要步驟。中書省廢罷後，六部升秩，直接統屬於皇帝，皇權更加集中。但六部之間互不統屬，又沒有中書省統一管理，一切政務都必須由皇帝親自過問，使皇帝陷入了過去丞相所掌管的事務中。朱元璋很快便感覺到其中的問題，先後採取建置四輔官和殿閣大學士的辦法，但問題並未得到解決。朱允炆即位後情況有所變化，他依靠兵部尚書齊泰和太常侍卿黃子澄等人入掌機務，形成了一個圍繞著皇帝周圍的執政班子，以致在戰事頻仍的四年中，這個仁柔的皇帝居然能夠花那麼大精力去研討改制。這些變化對朱棣應當有所啟示，不過他不打算像朱允炆那樣選用朝中要臣參預機務，他決定起用一些資歷較淺、年輕幹練的文臣，這樣的人更便於駕馭，於是他將目光轉向了翰林院。

翰林，意同翰苑，即文士薈萃之地。翰林院無定員，人可以多，也可以少，翰林學士掌秘書、著作之職，品級雖不高，但若表現的才華出眾，往往能很快升至顯要。

這時的翰林院幾乎是名存實亡了。建文四年（一四〇二年）七月，朱棣登極時，翰林之臣殺的殺，逃的逃，只剩下十幾人。他下詔檢選「文學行誼才識之士」，授職翰林院中，並從中選用楊士奇、解縉、胡廣、金幼孜、胡儼、楊榮、黃淮七人入直文淵閣，參預機務，內閣制度開始形成。

楊士奇是七人中任事最久、也最負盛名的一個。人們常說「三楊當國」，為首的就是楊士奇，另兩人是楊榮和楊溥。朱棣起初以楊士奇為左中允，繼為左諭德，後升任編修。他奉職謹慎，在家從不言公事；且善於應對，每言輒中。人有小過，他極力與人為善，不予苛責。

頗有點恃才狂放味道的解縉是明初著名大才子，在七人中最具有才華。洪武時就上書反對分封，建文中官翰林待詔。壬午之變時，他卻主動降附，被升為侍讀學士。編撰《明太祖實錄》、《列女傳》等書，朱棣都讓他擔任總裁。

胡廣是建文二年（一四〇〇年）狀元。廷試的對策中有「親藩陸梁，人心動搖」之語，朱允炆聽了很合心意，親點為頭名狀元，賜名胡靖，取意靖藩王之難的意思。他與解縉同時迎附朱棣，被改任侍讀，恢復原位。朱棣北征每紀功勒石，都由胡廣書寫。

楊榮是七人中最通曉兵事的一個。朱棣在兵事上遇到什麼問題，常常向楊榮徵詢意見，因而多有贊劃之功。一次，寧夏急報說被敵人包圍，情勢危急。朱棣問楊榮如何處置，他回答說：「寧夏城牆堅固，將士習戰，奏書送京十餘天，圍已解了。」半夜時寧夏果又來報，說圍已解。這使朱棣頗為歎服，他也因而益受信任。

其他幾位閣臣也都各有所特長。黃淮達於治體，論事明析，所言多被朱棣採納。金幼孜詩文寫得很漂亮，常侍朱棣身邊，作詩詠山川形勝，書功紀行。胡儼嗜學，天文、地理無不究覽，能以師道自任，故長期擔任國子監祭酒。

這七位文人組成了一個聚於朱棣周圍的幹練秘書班子。每日早朝奏事畢，內閣之臣便被召上密奏密議，經常要很久方退。他們最接近皇帝，不僅代筆，而且可以和皇帝一起從容議事。這是外廷官員很羨慕的。

閣臣被稱為大學士，這個名號也頗為榮寵。大學士最早見於唐代，為皇帝的文學侍從。到了宋代，大學士則用來優遇曾當過宰相的人。明代大學士品級雖不高，名聲卻不低。朱棣曾於立春時賜七學士金綺衣，待遇與六部尚書一樣。他為這種破例的恩遇解釋說：「代言之司，機密所繫，且旦夕侍朕，裨益不在尚書下也。」閣臣還有個小特權，即可以向皇帝上「密揭」。臣下上書言事，外廷由通政司轉呈，內廷由會極門宦官轉呈，只有內閣成員可以進「密揭」。往往「外廷千言，不如禁密片語」。這無形中提高了內閣的身價。

但是如果以為明代的內閣相當於以前的丞相，那就大謬了。內閣並非一級官署，沒有法定的政治權力。以前的丞相可以直接對六部尚書發號施令，六部有事也直接向丞相請示匯報，但內閣絕無這等權力。六部有事直接向皇帝請示報告，根本不經過內閣。此其一。閣臣們的品秩也遠在六部之尚書之下，終明之世不過正五品。明代官分九品，五品官只是中級官員，而以前的丞相都是當朝一品，位極人臣。故《明史．職官志》上說：「**雖居內閣，官必以尚書為尊**。」此其二。明代就有人指出：「**文皇嗣統，妙簡英哲，於是解縉、楊士奇等入直內閣，備顧問，代王言而已**。」也就是說，明代內閣最主要的職能不過是「代王言」而已。只有他們代表皇帝辦事時，才具有至高無上的權力，否則他們不過是幾個與國家軍政大事無干的翰林儒臣。

由於內閣七學士來自翰林院，於是翰林院成了朱棣的官吏儲備機構。永樂二年（一四〇四年）的會試試題為「治國平天下」，會試後朱棣又命「采天文、律曆、禮樂制度為問」進行殿試，目的是為「求博洽之士」。朱棣選取了曾棨等二十八人入翰林院讀書，被當時人稱為「二十八宿」。新科進士周忱年少，自請隨入翰林院讀書，也得到朱棣的稱許。這樣，「二十八宿」之外又多了一個周忱，他便被稱為「挨宿」。按照朱棣的旨意，司禮監月給筆墨紙張，光祿寺的給朝暮饌，禮部月給膏燭鈔每人三錠，工部擇近第宅居之。就學者五日一休沐，必使內臣隨行，並派給校尉騶從，可謂優禮之至。

「二十八宿」中領頭的是當科狀元曾棨。朱棣在他的卷子上批道：「**貫通經史，識達天下，在講習之學，有忠愛之誠。擢魁天下，昭我文明。**」廷試時還親自賜予他寶帶。此人好酒，有一次因酒醉遺下火種，竟燒毀數家民房，朱棣知道後也未予治罪。還有一次，蒙古使臣號稱善飲，朱棣命找伴飲的人，得一武將，還擔心不敵，命廷推，曾棨毛遂自薦。三人一直飲了一天酒，蒙古使臣已爛醉如泥，武將也已醉倒，只有曾棨尚毫無醉意。朱棣很高興，笑著說：「無論文字，此酒量，豈非大明狀元耶！」

入翰林院這二十九人的讀書情況並不如朱棣所願，儘管他經常親臨檢查，「時舉僻書疑事以驗其學，激勵而期待之甚至」，還是發生了一件令人難堪的事。這二十九人不按照朱棣要求讀書，當朱棣命他們背誦柳宗元〈捕蛇諸說〉時，竟無一能夠全誦者。這是明初文人輕視古文、追求浮華的惡習所致，朱棣決心改變他們的學風。他將二十九人全都發戍邊衛充軍，不久，又令他們去充役運木。這些讀書人感到苦不堪言，託人說情。朱棣待他們吃盡苦頭，才將他們召回，重令入翰林院讀書，後來其中不少人都成為頗負名望的官吏。

七　妝點盛世的台閣體

永樂年間，文壇上出現了一個新流派——台閣派，成為朱棣「文治」的一種點綴。台閣派的代表人物是「三楊」，即楊士奇、楊榮和楊溥。實際上，朱棣的內閣七學士在其間都起了推波助瀾的作用，連不是內閣成員的道衍、夏原吉等人，也捲入了這個潮流。台閣派雖然代表的只是一種宮廷文學，但由於它的代表人物均為治國名臣，影響甚大，故成為一時的文學主流。

台閣派的興起自然與朱棣或明或暗的提倡有關。他自覺文治武功椿椿可述，國勢強盛，祥瑞紛呈，每逢喜慶盛事，自己也著文抒懷，君臣之間時有應答。朱棣被忠於建文的文臣譏為「篡逆」，但在文臣們一片歌舞昇平的歡慶之中，內心便得到一種補償與滿足。這種盛大喜慶的場面等於向世人宣告，他才是名符其實的真龍天子，才是高太祖皇帝合格的皇位繼承人。故而楊士奇等人投其所好，爭獻頌辭，一時蔚為風氣。

元末明初文風的演進，至此也與朱棣對歌詠稱頌的陶醉合為一流。元末戰亂不已，天下洶洶，文學多有激昂悲壯之氣，朱元璋驅逐元蒙，建立明朝，天下由戰亂進入太平，文學也一變而為平正通雅，但其間仍保留著雄邁氣象。這種文風在劉基、宋濂等人的著述中表現得較為突出。但時過不久，朱元璋便一批接一批地屠戮大臣，朱棣即位之初也對建文舊臣進行大規模屠殺，這種政治上的摧殘表現在文學上，那種悲壯雄迫的文風不得不悄然斂跡，而日益流於平淡，這就促成了台閣體的出現。「三楊」等人以太平閣臣的身份撰寫的大量詩賦，自然詞氣安閑，平正典雅，雍容曉暢，充滿著富貴福澤氣象。

楊士奇在〈玉雪齋詩集序〉中的一段話可以代表台閣派的文學主張：

嗟歎詠歌之間，而安樂哀思之音，各因其時，蓋古今無異焉。若天下無事，生民乂安，以其和平易直之心，發而為治世之音，則未有加於唐貞觀、開元之際也。……諸君子清粹典則，天趣自然。讀其詩者，有以見唐之治盛。

就文風上來說，「清粹典則」是楊士奇希望達到的理想境界，可視為台閣派的四字門楣。在內閣七學士中，楊士奇為文講究切近恰當，意盡而止，無艱難勞苦之態。《四庫全書總目》對其《東里全集》的評價是：「**其文雖乏新裁，而不失古格。前輩典型，遂主持數十年之風氣，非偶然也。**」

影響僅次於楊士奇的楊榮也是台閣派代表人物，由於一生官運亨通，文章中很有「富貴福澤之氣」。「**應制諸作，渢渢雅音。其他詩文，亦皆雍容平易，肖其為人。雖無深湛幽渺之思，縱橫馳驟之才，足以震耀一世，而逶迤有度，醇實無疵。**」《四庫全書總目》對楊榮的這段評述得相當恰切，因而被許多治文學史者津津樂道。

「三楊」中只有楊溥無獨自文集傳世，但從偶有保留的文章中，不難看出其弘識雅操，為文力摹韓愈，有意矜練。另外，黃淮、金幼孜等文風與「三楊」略同，也頗具氣象。

歌頌朱棣的武功，是台閣派詩文的重要內容，不僅「三楊」寫有大量這類頌辭，連道衍、夏原吉等人也有不少這類的詩賦。當然，寫這類頌辭最多、最合朱棣心意的還是楊士奇。朱棣出兵討伐安南，楊士奇有〈出師頌〉；平定安南後，楊士奇上〈平安南詩〉；朱棣親征漠北，楊士奇又寫了〈平胡詩〉。永樂四年（一四〇六年），朱棣命朱能率兵八十萬討伐安南，並親自送行至江邊。這一天晴空萬里，戈甲耀日，巨艦蔽江，使人頗覺「浩浩乎已氣吞跌鳶之壤於萬里之外」，楊士奇遂獻〈出師頌〉以致賀。頌辭的末尾寫道：

惟帝之聖，舜禹為君；
惟能之賢，方召為臣。
南交氛壒，不日澄鮮。
王師勞勛，不日凱旋。
八表一統，皇明御天。
八臣作頌，豫歌太平。

討平安南後，諸大臣紛紛獻詩賦歌頌。楊榮在〈平安南頌〉中寫有這樣的句子：

捷書入奏，大賚助庸。
功逾銅柱，勒碑崇崇。
凡在戎行，咸預顯融。
莫不稽首，惟皇之功。
惟皇之功，克紹太祖；
惟皇之基，超軼前古；
惟皇之德，上侔堯禹。
於萬斯年，作民父母。

臣下歌頌朱棣武力的頌辭甚多，大都類此。他用兵之餘，聽著大臣們的爭相頌揚之聲，自然要龍心大悅了。

永樂年間，所謂「祥瑞」事物在各地不斷出現。白鵲、白烏、白兔、騶虞等奇異鳥獸不斷發現，檜樹、柏樹也時而奇異地開起花來，地方官不時送嘉禾、報豐穗，甘露也降於孝陵，這都被認為是國運昌隆的徵兆。大臣們將祥瑞歸結於皇帝的功德弘大，這也成了台閣派歌詠的對象。

有一次，朱棣在北京，見到白色的喜鵲，因為白鵲被古人認為是瑞鳥，朱棣遂命南京禮部慶賀。當時太子朱高熾在南京監國，命五府六部各進賀表，皆不稱意。這時楊士奇因有病在家，未參與此事，太子遂命蹇義拿著這些賀表去見楊士奇，讓他閱改。楊士奇改了一對：「**望金門而送喜，馴彤陛以有儀。**」後邊又添了一對：「**與鳳同類，蹌蹌於帝舜之廷；如玉有輝，翯翯在文王之囿。**」太子看了後，高興地說道：「此方是帝王家白鵲也。」

永樂年間，許多國家的貢使絡繹來朝，進獻給朱棣不少奇珍異寶、珍禽異獸，這也為台閣派提供了歌詠之資。榜葛剌貢獻麒麟至京，成為舉朝興賀的一件大事。當時的所謂麒麟實際就是長頸鹿，長期以來一直被看作非同尋常的瑞物，是太平吉祥的象徵。楊士奇作〈西夷貢麒麟早朝應制詩〉，以歌詠此事：

天香神引玉爐薰，日照龍墀彩仗分。
閶闔九重通御氣，蓬萊五色護祥雲。
班朕文武齊鴛鷺，慶合華夷致鳳麟。
聖主臨軒萬年壽，敬陳明德贊堯勛。

據沈度所作〈瑞應麒麟頌〉可知，朝中大臣紛紛爭獻頌詩，今天尚可見到的就不下十餘首，至於其時究竟有多少歌頌麒麟之作已難知其詳。明內閣藏書目錄記事，匯編這些詩歌而成的《瑞應麒麟詩》達十六冊之多，足見當時歌頌此事之盛。

台閣派是永樂盛世的產物，反過來又為永樂盛世增添了一抹絢麗的色彩。但台閣派的那些歌舞昇平之作，充斥著濃重的貴族氣息，所以後世的文學史諸書對其多有貶詞，評價甚低。更何況「三楊」以後，其他人爭相摹仿，「餘波所衍，漸流為膚廓冗長，千篇一律，物窮則變」，只能淪為空泛庸俗的末流。

第八章　漠野烽塵

一　「月犯氐宿」之象

在邊疆的經營上朱棣稱得上是一位名耀後世的帝王。如果滿足於奪位登極的話，他本來可以不費氣力的去作一個守成之君，因為明太祖朱元璋為子孫們打下了一個不錯的開國版圖。自從元大都被攻克後，元順帝北逃開平，準備依靠殘餘勢力與明朝對壘；但在常遇春的進攻下，第二年又敗逃應昌，不久便死在那裡。元順帝死後，北元騎兵仍然倏忽往來於廣袤無垠的草原大漠上，蹤跡莫測。朱元璋一面派功臣、藩主多次率師北征，打擊北元殘餘勢力，一面將北方的州縣民戶內遷，在大寧設置泰寧、朵顏、福餘三衛，分封遼、韓、沈、寧、燕、谷、代、晉、秦等藩王分鎮北方重鎮，採取攻守結合的方針，維持了北部邊疆的暫時穩定。

洪武後期，北元陷入了內部紛爭之中。從脫古思帖木兒到坤帖木兒，五代君主都是被殺的，這樣殺來殺去，鬧得帝號也無從知曉了。鬼力赤自立為可汗後，索性去掉國號，恢復了蒙古族原來的部落名號，稱為韃靼。在韃靼西邊還有一支蒙古部落，叫作瓦剌。

這時的蒙古族已經沒有南下復辟的可能與希望了。朱棣在南京即位的時候，鬼力赤正在與瓦剌相互仇殺。但大隊蒙古族騎兵經常往來塞下，也常與明軍發生衝突。由於朱元璋安排的藩王守邊舊局早已不復存在，朱棣便在削藩集權的同時，逐漸把經營的重點放到北方，他決心親自去解決北邊的局勢。

朱棣是個性格宏魄的人。他不喜歡宋人夏珪、馬遠的畫，斥之為「殘山剩水，宋僻安之物」，無可取之處。他在書法上喜歡沈度，畫則喜歡郭文通的作品，這是由於沈度的字豐腴溫潤，而郭文通的山水畫佈局茂密的緣故。這種性格也決定了他對統一盛世的追求。

永樂元年（一四〇三年）初，一個被韃靼俘獲後南歸的邊卒帶來一些有關韃靼動向的消息。據他說，韃靼本欲掠虜大同，後未成而轉北行。朱棣派人把此人送至寧夏總兵何福處，讓何福從他那裡盡量了解一些敵情。他對北邊的事總不放心，甚至認為所謂韃靼北行的說法，很可能是「詐而欲綏我邊防」的計謀，「不可不深慮」。三個月後，欽天監對星象的解釋更令人吃驚——「月犯氐宿東北星」，是主將有憂之象，而「金星出昂北」，是北軍勝、南軍敗之兆。朱棣連忙敕諭何福與甘肅總兵宋晟，讓他們「動靜之間，常加警省，不可輕率」。到七月間，又有「火星犯壘壁陣」，占卜後說是「先起兵者亡」。朱棣告誡諸將，「宜謹天戒，切勿妄動」。這些連續的不利星象，真不知究竟是出自欽天監的占卜，還是朱棣的神經質。

誠然，朱棣的顧慮不是沒有道理的，這時的蒙古族雖然處於分裂仇殺之中，卻並未歸附明朝。朱棣即位後便曾以大明皇帝的身份敕諭兀良哈、韃靼和野人女真諸部，專門派遣專使赴各部宣諭，但韃靼卻仍未歸附朝貢。

朱棣在半年中兩次致書韃靼可汗鬼力赤，希望通過懷柔政策使其歸附；同時還分別致書韃靼太師右丞相馬兒哈咱、太傅左丞相也孫台、太保樞密知院阿魯台等人，表示了同樣的心意。

這一年冬天，鬼力赤在剌瓦剌馬哈木交戰中失敗，人馬盡失，朱棣派往韃靼的兩名使臣也被瓦剌俘獲。後來一人逃歸，報告了這些消息。朱棣得知後，恐怕瓦剌乘勝南來，下令邊將嚴兵以備。瓦剌的強大，雖然對明朝構成了新的威脅，但一支足以和韃靼抗衡的瓦剌，無疑又在一定程度上起到了互可牽制的作用。

永樂六年（一四〇八年）春天，韃靼發生內訌，知院阿魯台殺鬼力赤，迎元朝皇室後裔本雅失里，立為可汗。這時朱棣尚不知鬼力赤被殺，因而對迎歸本雅失里的事感到困惑不解，但還是立即致書本雅失里，表示了招撫之意，並隨信送去織金文綺衣二襲、彩幣四端。然而，本雅失里對朱棣的勸諭也未予理睬。從朱棣第一次致書鬼力赤起，已經整整六年，使者的往來、費盡斟酌的措詞、贈送的彩幣文綺，竟然未能換得一句回覆，這不僅有損大明皇帝的尊嚴，而且使朱棣明顯地看到了北方形勢的動蕩不安。

這六年間，朱棣一直將韃靼作為北部防邊的重點，因為韃靼是元朝後裔，與明朝的對立必然難解。對於一直與韃靼互相攻殺的瓦剌，朱棣即位後多次遣使招諭，起初也沒有反響，到永樂六年（一四〇八年），馬哈木等卻突然派人入朝貢馬，請求封號。這正是朱棣求之不得的。他決定封馬哈木特進金紫光祿大夫、順寧王，將瓦剌穩定下來。

永樂七年（一四〇九年）春天，朱棣北巡至北京。這是他奪位登極後第一次回到北京。北巡的目的十分明確，就是為解決北邊問題。

朱棣除在北京大賚官吏軍民外，一是開始營建昌平天壽山的陵墓，一是給瓦剌首領封號，他要集中力量解決韃靼問題了。四月，本雅失里南下騷擾時遭到明軍打擊，部下二十二人被俘。朱棣沒有放歸被俘的人，而命都指揮金塔卜歹、給事中郭驥帶書信前往韃靼，又一次提出「相與和好」的建議。但兩個月後，朱棣得到的卻是郭驥被殺，本雅失里與阿魯台準備繼續南下的消息。

倘若事情發生在幾年前，朱棣一定會諭令將領們小心守備，以防為主。但現在形勢不同了，經過七年的苦心經營，朱棣感到自己已經有足夠的力量採取主動的軍事行動。他決心教訓一下桀驁不馴的本雅失里和阿魯台。受命為大將軍率師北征的是淇國公丘福，左副將軍與右副將軍分別為武城侯王聰和同安侯火真。

本雅失里與阿魯台在與瓦剌的交戰中失利，退駐臚朐河。這對明軍來說，是個好機會。朱棣抓住這個時機組織第一次北征，本來是有一定把握的。出征前，他告誡諸將說：「兵事須慎重。自開平以北，即不見寇，宜時時如對敵，相機進止，不可執一。一舉未捷，俟再舉。」朱棣擔心諸將輕敵冒進，在出師後不久，又接連派人敕諭諸將，切勿相信可以輕易取勝的說法。他把這次出征比喻為打獵，要求丘福以縛虎之力去縛兔，以保萬全。朱棣的擔心並非多餘，這次北征的將領雖多老將，但丘福、火真等均係敢戰少謀之人。這種出塞作戰，很容易造成孤軍深入而導致失敗。

八月秋高氣爽，正是草肥馬壯的季節，丘福等率千餘騎先至臚朐河南岸，在這裡遇到少量韃靼游騎。擊敗游騎後，明軍渡河北進，俘獲了一名韃靼尚書，丘福向他問起本雅失里的去向。「聞大兵來，惶恐北走，去此可三十里。」被俘尚書並不隱諱本雅失里的所在。

丘福不知道這是對方的誘敵之計，不顧諸將勸阻，以俘獲的尚書為嚮導，繼續北進。本來預定在臚朐河集結的明軍，此時尚未趕到，丘福等人北進後，與後繼的明軍完全脫節，進一步處於進退不利的境況。這正是兵家之大忌。從征的諸將並非都沒有看到這些問題，但丘福完全聽不進等待諸軍集畢再戰的意見。他貿然下令出擊，結果被韃靼大軍團圖，全軍覆沒。

丘福部下散亂將士陸續南歸，帶回臚朐河兵敗喪師的消息。這消息與其說使朱棣感到震驚，毋寧說使他感到懊悔。用非其人，朱棣不得不主動承擔失敗的部份責任：「丘福不聽朕言，以至於此。而將士何辜？此朕不明知人之過。」

於是，朱棣御駕親征成為必然。

二　半百之年跨征鞍

朱棣對於征戰並不感到陌生，但是這次出征卻不同以往——這一次是他以大明皇帝的身份去征討不肯降附的本雅失里和阿魯台，因此必須做到萬無一失。

這時恰好有人從塞外南歸，帶回一些本雅失里的消息。臚朐河戰後，本雅失里志驕氣盈，認為明軍新挫，不可能再出，準備移營東南過冬。朱棣認為如若本雅失里果真移營東南，那麼北征出師時間是可以推遲一些的，這樣也可以做充足的準備。但若是待草青之時再行出師，又恐本雅失里已先行乘勝西攻瓦剌，明軍負重遠進，無法追趕。因此他決定將出師時間定在來年早春。

正式宣告親征是在永樂八年（一四一〇年）正月。朱棣在書諭太子時，正式聲明要「親率六師」北征，以太子留總軍國之務；並詔諭從征將士「挺拔自奮」，「建立大功，高爵厚賞」。他在詔書中指責韃靼叛逆不化、殺使擾邊，表示將「蕩除有罪，掃清沙漠」。

出師的前一天，北京的耆老們請求接見，他們要為這次出征送行。朱棣接見了這些耆老，對他們說：「朕此舉為安民也。父老有子孫親戚從行者，皆當訓勵之，使奮忠勇樹勛名，渠能卓然有立，亦將於爾有光。若出外而撫循之。惟朕在，爾無庸憂。」

永樂八年二月初十，舉行了親征的儀式。在承天門祓災求祥後，又遣官祭太歲、旗纛等神。隆重而莊嚴的祭祀，更加使人領略到了御駕親征的威嚴。當天，朱棣率師出德勝門，踏上了他登極後第一次北征的艱途，這時他已整整五十歲。

這天是個風清日和的好天氣，但這支浩浩蕩蕩的北征大軍卻僅僅行進至距北京二十餘里的清河。春日雪融之時，車馬在泥濘中行進，一直比較遲緩。朱棣似乎也並不急於求進，他的心情格外好。出征第四天，在永安甸又遇到大風雪，但風雪即刻便過，天氣頓清，五彩雲霞照耀著山谷，西南山峰漫山積雪，被雲霞映照，分外妖嬈；東北諸山則突兀於雲海之中，氣勢雄偉，景致奇特。朱棣帶領文臣武將們在帳殿前觀山，直至暮濃始還。第二天，朱棣邊獵邊行，一路欣賞著山景，彷彿這不是艱難的遠征，而只是一次春天的游獵。實際上，朱棣的心情應該是不平靜的，沿途看到的那些元朝廢棄傾圮的花園亭閣、遼金時橋梁的墩柱，這一切都說明當年這裡曾經是居民交通繁盛之地，如今卻是一片荒蕪，人跡罕至。這與他當年以燕王身份北征時的情景又有所變化了。

明軍經過宣府後，再由宣平北上，取道萬全、興和、沙城。朱棣對這一帶地形頗為熟悉，萬全城即是他當年以燕王鎮守北平時所築。途經凌霄峰時，朱棣駐馬瞭望，只見平漠萬里，一片蕭條。這裡在元朝盛世時，也曾經居民輳集，朱棣不覺有些滄海桑田的感慨。這是他作為燕王時第一次北征的歸途。二十年前朱棣曾北至迤都，擒獲乃兒不花。如今又重抵迤都，為此他在這裡留下了一篇紀行的銘文。由此再向北，朱棣便不曾涉足了。

出塞後，軍情開始緊迫起來。朱棣在鳴鑾戍大閱全軍，將士們列陣數十里，旗甲鮮明，戈戟森列，鐵騎騰踔，鉦鼓震動，使朱棣感到振奮。文臣們是不曾見過這種場面的，他對侍從在左右的金幼孜等人說道：「爾等未經大戰，見此似覺甚多，見慣者自是未覺。」朱棣心裡是明瞭的。對於韃靼的征戰，他不敢絲毫掉以輕心。

五月初一，明軍進抵臚朐河畔，這就是不久前丘福喪師之地。朱棣立馬岸邊，沉思良久，賜名為飲馬河。循河東進時，哨馬發現了敵人的小股騎兵，這裡距韃靼大營已經不遠。從俘獲的韃靼騎士口中得知本雅失里等駐營兀古兒扎河。於是朱棣下令全軍渡過飲馬河，留下軍士紮營駐守，親自率精銳輕騎每人帶二十日糧草，兼程趕至兀古兒扎河。但這時本雅失里已經北去。朱棣不肯放過機會，連夜倍道追擊，終於在第二天與本雅失里的韃靼騎兵遭遇。

這時韃靼內部因意見不一發生分裂，阿魯台率所部東去，剩下本雅失里只得獨力拒戰。他趁明軍立足未穩，以悍騎發起猛攻，力圖先發致勝。朱棣登山佈陣，不待敵人騎兵攻到，針鋒相對，以先鋒逆擊，雙方騎兵展開激戰。韃靼騎兵漸漸擋不住明軍的攻勢，臨陣潰敗。本雅失里只得丟棄輜重，率輕騎渡河敗走。一年前丘福喪師的恥辱至此已經得到雪洗，於是朱棣下令班師。但在步軍回師的同時，他自己卻率精騎東行，去尋擊阿魯台去了。

朱棣來到蒼松峽，這是一片草木扶疏之處，正當準備宿營時，發現草木有被馬食過的痕跡，知道阿魯台剛剛經過這裡。明軍不顧山路崎嶇，平川泥淖，晝夜疾行，兩天後終於在飛雲壑附近與列陣而待的韃靼騎兵遭遇。氣氛立刻緊張起來，朱棣命將士們排成方陣前進，自己率數十騎登山瞭望。山谷中可以看到韃靼騎兵出沒，但似乎尚無意向明軍攻擊。

阿魯台這時正處於進退維谷之中，他與本雅失里分裂東走，本欲避免與朱棣交鋒。如今明軍追擊至此，已經沒有退路，他只能在降與戰之間作一抉擇。從當時形勢看，只有降附才能保住實力，因此明軍到達後不久，他便派人叩營表示降附之意。但是他終於未能投降，這阻力既來自他屬下的反對，更來自明廷方面——朱棣此次親征的目的是為打擊韃靼的實力，迫使其無力南下，他絕不肯放過這樣的機會。

正當阿魯台遲疑不決之時，明軍突然發起攻擊。山谷中炮聲隆隆響過之後，明軍左哨首先與韃靼騎兵接戰。阿魯台率數千騎兵迎擊朱棣的中軍。朱棣親率宿衛精騎高呼衝陣，箭矢如雨，阿魯台無法抵擋明軍的攻勢，丟棄部屬，攜家突圍。韃靼騎兵潰散了，山谷中到處是丟棄的輜重。明軍沿山谷追擊了兩天，由於炎熱乏水，軍士饑渴，才迫使朱棣不得不放棄繼續追擊。從廣漠戍南歸時，仍發現有少量零散的韃靼騎兵時而出沒尾隨於明軍之後，戰事似乎尚未結束，直到朱棣設伏河曲，擒殺了這些尾隨的散騎後，明軍才得以安然班師。

這確實是一次相當艱難的遠征，當朱棣在沿途勒銘歌功時，軍隊已經幾乎斷糧了。他把御用的儲糧散發給將士，並命軍中糧多者借貸互濟，還京後加倍償還，藉以暫渡饑困。回師至開平宴勞將士時，朱棣感慨地對左右說道：「在塞外時，念士卒艱苦，食不甘味。想起過去征戰，亦均如此，只是這次尤念士卒勞苦。」

應該說，朱棣這一次親征是卓有成效的。儘管他未曾擒獲本雅失里和阿魯台，但他確確實實打擊了韃靼的實力，這也正是朱棣北征的目的。

永樂九年（一四一一年）冬天，阿魯台主動遣使來朝，表示願意歸附，但同時又提出請求役屬女真和吐蕃諸部，讓朝廷刻金為誓詞，磨金於酒中，以同諸酋長飲酒盟誓。朱棣沒有同意。當時不少朝臣主張准許其請，以求安寧，唯獨閣臣黃淮反對。

「韃靼之勢，分則易制，一則恐難圖矣。」黃淮的主張與朱棣是一致的。

「黃淮論事，如立高崗，無遠不見。」朱棣對他深表認同。

三　再度北征

隨著韃靼的削弱，瓦剌的勢力乘機發展起來。永樂十年（一四一二年）九月，瓦剌順寧王馬哈木攻殺本雅失里，阿魯台被迫率部眾大約兩萬人南遷開平。他無力與瓦剌抗衡，上書清朝廷出師征討，並不斷遣使進貢稱臣。

此前，馬哈木已遣指揮觀保來到明廷，聲稱「既滅本雅失里，得其傳國玉璽，欲遣使進獻」，但是「慮為阿魯台所要，請天兵除之」。來使還恃強向朱棣提出一些要求：「脫脫不花之子今在中國，請還之」；瓦剌部屬伯顏阿吉失里等「多效勞力，請加賞賚」；甚至宣稱「瓦剌士馬整肅，請軍器」等等。瓦剌想用傳國玉璽打動朱棣的心，誘使他成為其復仇的工具。雖然朱棣說過「朕未嘗重此寶」，但玉璽畢竟是故元皇帝所繫，是與明廷對抗的象徵，朱棣也不能不有所考慮。他對諸臣說：「此虜驕矣，狐鼠輩不足與較。」心中的不快是顯然的。

永樂十一年（一四一三年）正月，瓦剌馬哈木又遣使來明廷貢馬。這次更是「表詞悖慢」，「多所請索」，向朱棣提出要將甘肅、寧夏原歸附韃靼的各部轉為瓦剌部屬。當時，明廷派赴瓦剌的敕使舍黑撒答等被馬哈木無理扣留不歸，朱棣對瓦剌的驕橫大為不滿。

瓦剌的強大打破了北方原有的穩定和平衡，這是朱棣始料未及的。他在派中官敕責馬哈木時說道：「能悔過謝罪，待爾如初；不然，必舉兵討罪。」朱棣這番話並非恐嚇，他當時確已準備親征瓦剌。就在這一年的四月，朱棣又一次來到了北京。阿魯台大概猜到朱棣北巡的用意，派人上奏馬哈木殺本雅失里，搶走國璽，擅立答里巴等罪行，請求以所部為先鋒，討伐瓦剌。朱棣不希望韃靼、瓦剌形成偏強之勢，於是決定扶植一下窮蹙無力的阿魯台。

七月，朱棣賜封阿魯台為和寧王，連同其母親、妻子都賜予誥命冠服。對韃靼的封賜，進一步招致了瓦剌的不滿，馬哈木等從此不再朝貢，並於當年冬天進兵飲馬河。聲稱襲擊阿魯台，實際上是在對明廷施加壓力，於是朱棣決意再次親征。朱棣對這次親征有十足的取勝把握，明軍已經具有前次出塞的經驗，而且瓦剌這次進抵飲馬河，深入韃靼領地，韃靼和寧王阿魯台又宣布與朝廷同壘，這些條件都比上一次更加有利。

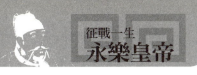

永樂十二年（一四一四年）三月十七日，朱棣帶著皇太孫朱瞻基率領五十萬大軍，浩浩蕩蕩北征，開始了登極後的第二次親征。儘管阿魯台表示支持這次親征，但是朱棣對他並不十分信任，他告誡部下保持警惕——凡遇東行的騎兵，很可能是瓦剌去投見阿魯台的；凡遇西行的騎兵，則可能是阿魯台部下往投瓦剌者，一律不得放過。

在茫茫的荒漠草原上，明軍仔細地尋找著瓦剌騎兵的蹤跡，頻繁的雨雪給行軍帶來許多困難，但朱棣仍然比上次北征提前十天到達了飲馬河，按照部將的報告，已經發現瓦剌的騎隊東行。他本以為在這裡能與瓦剌大軍會戰，但是在這裡停留了四天，卻並未等到敵人的騎兵，於是又不得不繼續前進。濛濛細雨中，明軍前哨終於在康哈里孩與瓦剌騎兵相遇了。這是一支大約由數百名瓦剌騎兵組成的機動部隊，他們與明軍稍稍交戰後便都退去。此時瓦剌的主力正集結於百里之外。三天後，明軍循跡追至忽蘭忽失溫。

數萬名瓦剌騎兵集結於山頂，看到明軍排列整齊的佈陣，未敢輕舉妄動，雙方都比較謹慎。這次瓦剌馬哈木與太平、把禿孛羅三部掃境來戰，從實力上與之前分裂為兩支的韃靼已大不相同。對這一點，朱棣事先大概並未預料到，他身披甲冑，登上高埠指揮，命鐵騎挑戰，瓦剌騎兵分三路由山上衝下。朱棣命將士燃放神機銃炮，瓦剌騎兵遭到火器突襲後，被迫退回山頂。明軍以精銳數百為前驅，以火銃隨後，再次向山上發起攻擊。待瓦剌騎兵再次衝下山時，火銃又燃放起來。不少瓦剌騎兵被炮火擊中，但大隊仍然湧下山來。

寧陽侯陳懋、成山侯王通受命迎擊瓦剌的右翼，雙方在激戰中相持不下。豐城侯李彬、都督譚青、馬聚、都指揮滿都攻擊瓦剌左翼，戰況更為激烈。馬聚被創，滿都力戰而死。武安侯鄭亨也在追擊時為流矢所中，朱棣親率鐵騎衝擊，依靠火銃和人馬眾多的優勢，逐漸佔了上風。瓦剌騎兵乘夜幕敗走土刺河。他們在敗退途中仍然聚眾復戰，表現了頑強的戰鬥力。瓦剌騎兵雖然敗退，但這是一場殺傷相當的戰鬥，這是出乎朱棣預料的，他在出師時顯得有些輕敵了。宦官李謙自恃有些武功，帶著皇太孫朱瞻基追擊瓦剌騎兵於九龍口，突然遭到敵人的圍攻，幾乎身陷重地。朱棣急忙派兵救回，皇太孫總算得以生還，自知闖下大禍的李謙懼罪自縊而死。

朱棣從土剌河追擊瓦剌回師大營時，已是二鼓，他親身感受了這場戰爭的險惡，當晚便藉皇太孫之口宣布班師。

八月初一，朱棣回到北京。群臣在奉天殿為凱旋稱賀，上「平胡表」。當群臣鼓噪而退時，朱棣心中是明白的，在這次「殺傷相當」的征戰中，明軍付出了相當大的代價。

論及明廷對瓦剌、韃靼的政策，許多人以為朱棣是在採取「以夷制夷」的妙策，但從他處理與瓦剌、韃靼關係的實際效果上看，這實在算不上什麼妙策。如果說朱棣有什麼既定方針的話，則可以「來者不拒，逆命必殲」一言蔽之。本來瓦剌、韃靼間的仇殺正是可以利用之機，既使置之不理，明廷也可以坐收漁人之利；但朱棣不僅未能有效地利用這一機會，反而極不明智地捲入二者間的衝突，時而打韃靼，時而打瓦剌，成了他們利用的對象。

如果說朱棣北征是為了明朝自身的利益，那麼，他對形勢的判斷也是不準確的。瓦剌之罪不過是「表辭悖慢」、「多所請索」，它很難既攻擊韃靼又侵略明朝。從地理上看，飲馬河與開平、興和、大同相去甚遠，阿魯台稱其「揚言襲己，因而欲窺開平、興和、大同」，不過是要挑撥明朝與瓦剌的關係，誘使朱棣出兵，代己當敵。阿魯台說「願率所部為先鋒」，其實只是虛晃一招，朱棣出兵時，他按兵不動，並未助戰。甚至朱棣率明軍旋師，路過阿魯台的家門，阿魯台竟然稱疾不朝，可見其傲慢與狡詐。阿魯台並未把大明天子放在眼裡，在他看來，朱棣不過是一個可以利用的對象。而阿魯台不來朝見，朱棣也無可奈何，為了給自己找臺階下，反倒向阿魯台致以慰問。朱棣豈不知阿魯台陽奉陰違？只是不便說破罷了。在這場政治遊戲中，韃靼、瓦剌各有自己的算盤，他們各從自己的利益出發，要和則和，要打則打，並不為朱棣的政策所左右。反觀朱棣，貌似寬厚洞察，卻往往棋下一招。明末清初的史學家談遷在評論這段歷史時說：

> 夷狄相殘，中國之利。本雅失里戕我使臣，至干王略。今瓦剌馬哈木等乘其弱滅之，是代我洩憤也。韃靼阿魯台請復仇，仇不在我。馬哈木等又請征阿魯台，兩置之，聽其爭長。敗則重困，勝亦力疲，因勢圖功，此卞莊子刺虎之奇也。乃封阿魯台，賈怨瓦剌，輕萬乘以先之！後阿魯台之叵測，適足嗤於瓦剌也。

朱棣沒有像上次北征後那樣立即回南京去，他對瓦剌和韃靼依然放心不下，因為他當時還不大清楚瓦

卞莊子刺虎

卞莊子是春秋時期魯國卞邑大夫。戰國時陳軫說秦惠王，引用卞莊子刺虎為喻，先待齊楚交戰之後，再乘其兩敗俱傷時進兵。後用以指趁兩個敵人互相爭鬥而兩敗俱傷的機會，打擊敵人，將雙方一齊消滅。《史記．張儀列傳》：「卞莊子欲刺虎，館豎子止之，曰：『兩虎方且食牛，食甘必爭，爭則必鬥，鬥則大者傷，小者死，從傷而刺之，一舉必有雙虎之名。』卞莊子以為然，立須之。有頃，旋兩虎果鬥，大者傷，小者死，莊子從傷者而刺之，一舉果有雙虎之功。」

剌戰後的情況。第二年初春，朱棣諭令北邊將士嚴加守備，並堵塞居庸關北的隘口，以防北騎南下。其實這次北征使瓦剌大傷元氣，已經失去了對韃靼的優勢。不久馬哈木便派人入朝謝罪貢馬，並送還了以前扣留的朝使。親征見到了效果，直到永樂十四年（一四一六年）九月，朱棣才離開北京，返回當時的京師南京。他在南京只停留了不到半年的時間，便又重歸北京，這時他已經決心將國都由南京遷至北京了。

自從第二次親征擊敗瓦剌後，在大約七年多時間裡，北方邊境基本上保持了穩定。瓦剌和韃靼都與朝廷保持了通使、通貢、稱臣的關係。只要他們對朝廷不「逆命」，朱棣一概置之不問。

阿魯台及馬哈木等卻未停止互相攻殺，由於瓦剌新敗勢弱，韃靼在攻殺中屢屢得手。瓦剌順寧王馬哈木死去，瓦剌力量進一步削弱，而韃靼卻又趁機發展起來，但是阿魯台真正有力量叛擾邊鎮則是永樂十九年（一四二一年）朱棣遷都北京以後的事了。

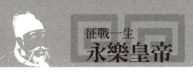

四　遷都：天子守邊

明史上最早涉及到定都問題，是在朱元璋起兵之初。元至正十五年（一三五五年）朱元璋攻取太平時，率眾出迎的陶安首先提出取南京為都，此後馮國用等人也先後提出與此相同的建議。朱元璋採納了這些建議，建都南京，稱應天，並以此為基礎，翦滅群雄，北伐中原，統一了全國。但隨著形勢的發展，元朝殘餘勢力退走漠北，造成戰線北移，南京便逐漸失去了踞長江以臨四方之勢，而對於至關重要的北邊，大有鞭長莫及之感。

有人曾提出建都汴梁，也有人主張建都元大都。朱元璋卻不想重步宋、元後塵，他比較感興趣的是關中，當時也有人應和。但遷都畢竟不是易事，加上分封藩王以後，守邊的問題暫得緩解，他便未急於北遷國都。洪武二十四年（一三九一年）太子朱標受命巡視西北，回京後獻陝西地圖，上言經略遷都方案。可惜時過不久朱標突然病故，遷都一事便被暫時擱置。直到十年後，當朱棣從建文帝朱允炆手中奪得皇位後，遷都之事才又重新提到日程上來。

永樂元年（一四〇三年）正月，也正是朱棣登極改元的得意之時，他大祀天地於南郊後，回到奉天殿。文武群臣行慶成禮，禮部郎中李至剛等人提出改北平為北京的建議，朱棣當即答應下來。事情雖出於李至剛之口，實際還是朱棣本意，李至剛不過是為人機敏而善於附會，揣摩到了朱棣的心思罷了。同年二月，朱棣下詔設置北京留守行後軍都督府、北京行部、北京國子監，改北平府為順天府；並派郭資、雒僉等為北京行部尚書，北京儼然成為第二國都。

儘管事情進展得非常順利，朱棣卻沒有公開作遷都的表示。他心裡很清楚，營建北京是有洪武舊制可循的，能夠為人們所接受；但是要遷都，時機還未到。

永樂四年（一四〇六年）開始修建北京宮殿，這並不是為遷都的修建，只是為朱棣北巡做準備，原有燕王府的規制，已經不能供皇帝巡幸居住了。當時營建的聲勢很大，大批官員被派往全國各地督辦採木。其實，南京的宮殿在「靖難」中被焚，也需修建，但朱棣置之不顧，卻花這樣大的力氣去營建北京行宮，他的這種用心，恐怕當時並非無人察覺。永樂七年（一四〇九年），朱棣登極後第一次回到北京。他這次巡幸主要是為經營北邊，但是至少有兩件事使人感到這非同尋常的巡幸與遷都計劃有關。

第一件事是與朱棣北巡同時，設置了行在六部、都察院，而且以夏原吉署行在禮、兵二部及都察院，禮部尚書趙羾署行在刑部、兵部侍郎，在北京開始組成另一套政府機構。第二件事是這一年開始的長陵營建工程。朱棣來北京不到兩個月，便選定了方士廖均卿所擇昌平黃土山為陵地，在北京為自己營造起陵墓。這實際上等於公開表示了遷都決心。

作為北京屏障的衛所，也在這時得到加強。永樂七年六月，設宣化、清平、居庸、榆林、鎮安、懷來、宣城、寧國、威遠、德勝諸衛，並且在洪武原設京衛上十二衛的基礎上，又增設了上十衛。南北兩京的地位已經幾乎難分高下了。

但是人們似乎並沒有想到過移都，因為這時北京要作為國都，還有一個極難解決的問題，那便是缺乏經濟保證。這裡距離財賦重地江南畢竟太遙遠了，作為政治和軍事中心，它已經具備了超越南京的條件，下一步是要解決經濟來源。

發展落後地區經濟的傳統辦法是遷民。永樂初年徙直隸及蘇州等十郡、浙江等九省富民實北京，後又兩次遷徙山西民戶萬戶實北京。南京、浙江的富民三千戶，被選充北京宛平、大興兩縣廂長。這些富民大多居住在安定門、德勝門內一帶，供職日久，有些破產逃亡、便擇其原籍殷實戶僉補。罪犯們也被指令到北京耕種閑田。這些做法明顯地促進了北京地區的經濟發展，使北京悄悄地繁榮起來。

永樂十三年（一四一五年），朱棣公開了他考慮已久的遷都計劃。他召集群臣商議營建北京之事，其實這只是個形式，事先都已安排好。在一片附和聲中，決定正式開工修建北京宮殿官署。宮殿的規制完全依照南京舊制，而建築的弘敞程度卻又超逾了南京宮殿。

北京工程基本完成，已是永樂十八年（一四二〇年）了。朱棣正式決定遷都，首先找來行在兵部尚書方賓，告訴他明年改行在為京師，兩京的軍衛要作適當的變動。第二天便正式公布了遷都詔：

開基創業，興王之本為先；繼續守成，經國之宜尤重。昔朕皇考太祖高皇帝，受天明命，君主華夷，建都江左，以肇邦基。肆朕纘承大統，恢復鴻業，惟懷永國，眷茲北京，實為都會，惟天意之所屬，實卜筮之攸同。乃仿古制，徇輿情，立兩京，置郊社宗廟，創建宮室。上以紹皇考太祖高皇帝之先志，下以貽子孫萬世之弘規。爰自營建以來，天下軍民樂於

趨事，天人協贊，景貺駢臻。今已告成，選永樂十九年正月朔旦，御奉天殿朝百官，誕新治理，用致雍熙。於戲，天地清寧，衍宗社萬年之禖；華夷綏靖，隆古今全盛之基。故茲詔示，咸使聞之。

這份詔書寫得很有水準，仿古制、徇輿情而立南北兩京以至遷都北京，都成為繼體守成的重要措施。朱棣再次將自己的遷都置於太祖高皇帝的祖制掩護之下。他之所以要這樣做，其重要原因之一就是有不少官吏反對遷都。

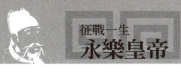

最早提出反對遷都的河南布政使周文褒、王文振及參議陳祚，他們合疏上言「建都北京非便」，被朱棣謫貶到均州去作佃戶。此後雖不大見到公開反對遷都的人了，但這只是因為不敢再公開反對，並非改變態度支持遷都。明朝的官吏大部份是江南士紳，要他們遠離故土，遠赴塞下，無論如何是難於情願的。當然，也有些官吏反對遷都是出於對國家經濟情況的考慮，認為定都南京可「省南北轉運供億之煩」。

所有反對遷都的官吏，都忽略了朱棣內心深處的一個情結——不僅因為北京曾是他的藩邸所在，是他事業的基礎，還因為南京給他造成一種難以言喻的心理壓力。南京是朱元璋和朱允炆作皇帝的地方，朱允炆是朱元璋確立的合法皇帝，但卻被這位口口聲聲「遵奉祖制」的叔父所推翻。朱元璋死而有靈，得無怒乎？朱棣坐在父親和侄子曾經坐過的位子上，心裡是難以安寧的。當他面對祖宗陵墓，想到死後要葬到父皇身邊，是會感到心驚魄震的。人們不應該低估這位皇帝迷信的程度。朱棣即位後，曾多次請番僧大做法事，「薦福於皇考皇妣」，一次齋醮便達七天七夜，不就是想得到冥冥之中的朱元璋原諒嗎？朱棣無論如何也不願意死後被葬在父皇身邊，這也是為什麼他早在正式遷都之前便開始在北京營建陵墓的原因。

許多年以後，還不斷有治史者提出這樣的疑問——朱棣正式遷都時，他的統治地位早已十分穩固了，如果說還有反抗勢力的話，也已經無足輕重了。在這樣的情況下他為何還要堅持遷都呢？除了心理方面的因素外，人們還常常提到他的幾度北征，認為北京足以發揮前線指揮中心的作用，他執意遷都是為了將北京當作抵禦蒙元的基地。如果認為遷都的原因如此簡單，那還是未免太小看了朱棣，可以說是「烏足達英雄之略」！

在沒有得到皇位時要奪取皇位，在奪取皇位之後要鞏固皇位，在皇位鞏固後還要向外發展，朱棣的雄心或稱為野心是逐步升級的。他最終的英雄之略是什麼？一言以蔽之：「**控四夷以制天下**。」不僅僅遷都一事，朱棣一生的大量活動都是為了實現這樣一個終極目標。

明朝從朱元璋開始，便承認元朝在歷代皇朝系統中的正統地位。他也多次說過自己曾是元朝的臣民，在對歷代帝王的祭祀中也包括了元朝的皇帝。朱棣生於元末，長於明初，大元帝國的盛世必然為之耳熟能詳。他的藩邸所在，正是元朝的大都，忽必烈和他的子孫們正是在這裡君臨天下的。朱棣正是要追隨他們的足跡，建立一個像大元帝國那樣舉世無敵的龐大帝國。如果說遷都北京有利於征服蒙元，那麼征服蒙元也只能是朱棣英雄之略的一部份。他要控制的不僅有韃靼、瓦剌，還有東北、西北的廣大地區。他在東北設立努爾干都司，多次派宦官前往巡視，在西北設立哈密衛，派使臣出使西域，不只是為了「斷匈奴之左臂」，以包圍蒙元，也是為了直接控制這些地區。因而當近在眼前的韃靼、瓦剌頑梗不臣時，他是不能容忍的，不惜一再發動大規模北征，必欲臣服之而後已。《明史》上說他：「**以武定天下，欲威制萬方。**」「**北窮沙漠，南極溟海，東西抵日出沒之處，凡舟車可至者，無所不屈。**」可算道出了朱棣的胸襟。必欲「遠方萬國無不臣服」，才是他的英雄之略。而這是當時許多大臣們難以猜度的。

從永樂十九年（一四二一年）正月起，朱棣正式將宮廷及百官遷到北京，並且下詔大赦天下。歷時十八年的遷都計劃終於付諸實施，但圍繞著遷都問題不同主張的鬥爭卻並未因此告結。

這一年四月初八，北京新宮中的奉天、華蓋、謹身三大殿因雷擊起火，頃刻間化為一片灰燼。閣臣楊榮指揮衛士冒火進行搶救，搶出了一些重要圖籍，堆放到東華門外，三大殿卻未能保住。這場難以預料的災異，後來被人們附會上一些傳聞，成為反對遷都的官吏們的藉口，從而引起一場政治風波。

當朱棣為三大殿災「修省求言」，下詔命群臣直陳闕失時，一些官吏乘機大講「遷都北京非便」，進而攻擊執政。言辭峻烈的主事蕭儀觸怒朱棣而被殺，反對遷都的官吏們便轉而攻擊參與密議遷都的大臣，這些大臣們也想利用朱棣表態壓服對方。戶部尚書夏原吉見事情鬧到這步田地，深感不安，為保證遷都之初的政治穩定，他主動承擔責任，對朱棣說：「彼應詔無罪，惟臣等備員大臣，不能協贊大計，罪在臣等。」使衝突緩和下來。在他的耐心調解下，遷都之爭總算漸漸平息下去。

爭論雖然平息了，但朱棣希望繼元朝之後作一個華夷一體、威震四海的帝國君主之夢並未實現。其挫折主要在於他的蒙元政策的失敗，這大概是他一生中最傷心的事，儘管他對蒙元貴族實行了一些懷柔政策，如任用韃官、封蒙元貴族為王等，但他並沒有改變朱元璋留下的禁止胡服胡語、禁止蒙古人自相婚姻、五府六部不得任用韃官等歧視政策。他在軍事上實行的在邊境地區放火燒荒、禁止耕牧、防秋巡邊的做法及對邊境貿易施加種種限制的舉措，特別是他不斷發動大規模北征的行動，不但沒能使蒙元臣服，反而使蒙古地區與內地相互隔絕了。本來，元代長城內外已經踏上了同軌發展的道路，到明代又相互脫節了。這也是有明一代蒙古問題一直難以解決的重要原因。

朱棣把征服蒙古看得太容易了，他將寧王、谷王、遼王內遷，將山西行都司、大寧行都司諸衛所內遷，都反映了他對北部邊境形勢極不清醒的看法，結果造成北邊空虛，成為難以克服的問題留於後世。他以北京為中心控制天下的構想，更隨著朝政逐漸走向下坡路落了空。北邊要塞及大片土地的放棄，使一國之都成了邊防前線，造成了「天子守邊」的局面。塞上一有風吹草動，便舉朝惶惶不安。後來的正統己巳之變、嘉靖庚戌之變，無不危及京師，幾傾社稷。當然，有些問題應該由後代負責，也不能完全推給朱棣。

不管怎麼說，此後幾年中，再沒有出現遷都之議。但是被焚毀的三大殿也未能修復，君臣只能在奉天門上朝議事。半生的心血、固執的性格，都使朱棣不肯改變自己的主張。在三大殿的廢墟，他又開始了新的北征計劃。

五　勞而無功的第三次北征

遷都北京的當年秋天，朱棣決定策畫一次新的北征。自從第二次北征回師後，他不顧一切著手遷都，目的便是要加強北征的優勢。但是當他徵求大臣們對北征的意見時，卻出乎意料地遭到幾乎全體大臣的反對。

戶部尚書夏原吉、禮部尚書呂震、兵部尚書方賓、刑部尚書吳中等奉朱棣之命共議出師事項，議論了一番，都感到目前國力空匱，需要休兵養民，不宜出師。他們的意見尚未上奏，正遇朱棣召見方賓，問起北征的準備，方賓便以儲糧不足為由反對興兵。朱棣聽過後很不高興，再找夏原吉詢問邊儲情況。身為戶部尚書的夏原吉對當時財政狀況的困境是很清楚的，他懇切地向朱棣表達了自己的態度：「**頻年師出無功，軍馬儲蓄，十喪八九，災眚迭作，內外俱廢。況聖躬少安，尚須調護，乞遣將往征，勿勞車駕。**」

這種態度是朱棣所不能容忍的，由於夏原吉的反對，將會給出征糧餉帶來問題。朱棣立命夏原吉赴開平清理糧儲，並召見吳中，再次詢問對北征的意見。吳中的回答與方賓、夏原吉是一致的。朱棣明白了，幾位主要大臣在共議出師之事時已達成共識。這更使他怒不可遏，他急令召回夏原吉，與吳中一起繫獄，連曾經理過戶部事務的大理寺丞鄒師顏也一並關了起來。

這時方賓正受命提調靈齊宮，奉命往靈濟宮進香的中使向他透露了朱棣發怒的情形，不知所措的方賓在極度惶懼中自縊而死。方賓之死更加激怒了朱棣，他本無殺方賓之意，因而認為這位兵部尚書是以死抗旨，盛怒之下竟下令戮方賓屍，並籍沒夏原吉家。多年身為戶部尚書的夏原吉，家中除賜鈔外，只有幾件布衣瓦器。朱棣本想殺掉夏原吉的，向閣臣楊榮詢問夏原吉平日所為，楊勞力言無他，才保住了夏原吉性命。

幾位大臣中，只有呂震違背了初議。他見朱棣發怒，未敢再執原意，並且乘機讒誣方賓。於是朱棣便命他兼領戶、兵部事，怕他畏罪自殺，派十名官校監視他的行動，並告誡說：「若呂震自盡，爾十人皆不得活。」官吏們被震懾住了，沒有人再敢公開反對北征。侍郎張本、都御史王新等被派往各地督造糧車、徵集丁壯挽運，定於次年二月集中於宣府。

朱棣這次計劃已久的北征，由於大臣們的反對，變得過於倉促。軍餉雖如期運抵宣府，卻不像前兩次北征那樣先行沿途築城存貯，朱棣只得下令將軍餉分前後兩次運送，前運隨大軍同行，後運以備回師之用。就在這時，韃靼和寧王阿魯台南下攻打興和、殺守將王喚的消息傳來，這無疑增加了朱棣親征的理由。於是在永樂二十年（一四二二年）三月二十一日，他率師離京北進，開始了第三次親征。

這是一支不同尋常的北征隊伍，在數十萬大軍之後，尾隨著由三十四萬匹驢馬、十七萬多輛糧車和二十三萬民夫組成的龐大糧隊，運送著三十七萬石北征軍餉。實在無法想像，這樣一支大軍能夠進行快速機動作戰，朱棣本人對這種情況也是非常清楚的。

北征的第四天，哨騎報告阿魯台宵遁的情報，諸將請求追擊，朱棣沒有同意。他知道，用這支被輜重拖累的軍隊去追擊敵人的騎隊是徒勞的。「少俟草青馬肥，再出其不意直搗窟穴，破敵未晚。」他這樣告誡諸將，實際上也是出於無奈，形勢迫使他只能如此。

明軍緩慢地行進著，沿途射獵、閱兵、演武，直到六月間才進抵應昌。這樣的行進速度，比起第一次北征幾乎慢了一倍。行至開平附近時，朱棣開始敕令諸將嚴備。每到夜晚駐營，以大營居中，營外分駐五軍，步軍居內，騎軍在外，神機營在最外，周設長圍二十里，軍中樵採不得出圍二十里。這都是防止韃靼騎兵偷襲的準備。但是他們始終未能見到韃靼騎兵的蹤跡。這時阿魯台已經迂迴到了明軍背後。

在威遠川，朱棣接到開平守將的報告，阿魯台正在攻打萬全。這是明顯的牽制戰術，朱棣決定不予理睬，全軍繼續北進，阿魯台果然解圍而去。朱棣用兵的一個最大特點是揚長避短，他從不肯受制於人，總是堅持按照自己的意圖作戰，因而能取得戰爭中的主動權。

明軍進至闊灤海子附近，前鋒俘獲到阿魯台部屬，朱棣親自詢問後，得知阿魯台已盡棄輜重馬畜，率眾北徙了。他之所以不戰而走，據說一是由於自知不敵，二是由於內部意見不一，他的母親、妻子都反對與明廷為敵。朱棣開始不肯相信，他懷疑這是阿魯台的誘兵之計，但是以後陸續從俘虜口中得到驗證，阿魯台確已率眾北走。這給朱棣出了一道難題——軍中糧餉已經相當困難，挽運的糧餉大多屯集於開平，儘管不能勞師無獲而還，但也實在無力繼續北進追擊，朱棣只得下詔班師。他對諸將說：「虜為邊患，驅之足矣。朕非欲窮兵黷武也。」這既是對眾人的解釋，也是對自己的安慰。

但就在當晚，朱棣又將諸將召入行帳議事。「所以羽翼阿魯台為悖逆者，兀良哈之寇。今阿魯台狼狽遠遁，而兀良哈之寇尚在。當還師翦除之。」他決心不能空手而還，諸將自然同聲附和。襲擊兀良哈三衛的計劃就在這次御前軍事會議上決定下來。

第二天，明軍精銳步騎兩萬人分五路並進。朱棣估計到兀良哈三衛得知大軍突至，必定西走，於是他親率大軍，趕至屈烈兒河畔，正遇到西行的三衛人馬車輛。明軍依山列陣，以騎兵為左右翼齊進，朱棣率前鋒衝擊，將騎兵衝散。三衛之眾本無心戀戰，經過幾個回合衝殺後，便潰不成軍了。敗散的騎兵們遍佈屈烈兒河附近，被明軍在河谷間窮追不捨。幾天後，眼看軍中糧餉幾盡，朱棣才不得不下詔班師。

朱棣欲作一位超邁千古、君主華夷的雄王，「逆命必殲除之」是他固執堅持的信條，卻不問使一切「逆命」者就範要花多大代價和是否有必要。僅以阿魯台的「驕蹇」、「攜貳」、「所部侵略邊境」，便一再勞師遠征，實為大可不必之舉。從這次北征的結果，便可以看出此舉的無妄和偏執。

九月初八清晨，朱棣在結束了這次將近半年時間的遠征後回到北京。群臣照例上表慶賀，朱棣卻感到興味索然。在這次毫無意義的遠征中，前軍都督馬真重傷而死，後軍都督僉事章安也死於饋運糧餉的途中。

對於這次北征，《明太宗實錄》等幾種記載多為含混誇張之詞，但都反映出北征的目的並未達到。阿魯台遠遁，明軍未能與之交鋒，回師擊兀良哈，亦僅俘其老弱。本為伏虎，卻以擒兔搪塞，總算不枉出塞一場，也算掙了點面子。明人王世貞說「是舉最為得志」，然後接著又說「阿魯台竟遁去，未伏誅」。是得志呢？還是不得志呢？王世貞在這裡的「微言大義」是很清楚的。

慶功宴會還是照例舉行了。朱棣下令將從征將士分為四等——有功無過者坐前列，食上餚；功過相等而先入關者坐次列，食中餚；功過俱無者坐下列，食下餚；無功有過者旁立。楊榮、金幼孜等幾個扈從文臣被特命坐在前列。朱棣對禮部官員講，他之所以這樣做，為的是要激勵將士以後努力征戰——看來他依然沒有放棄繼續北征的打算。

六　出使漠北盡成空

永樂二十一年（一四二三年），朱棣又發動了第四次北征。

這一年四月間，阿魯台在與瓦剌攻殺中戰敗，他的部屬中一些人南走降附。為了表示對大明皇帝的忠誠，他們向朱棣謊稱阿魯台將率眾南犯。這一來，果然又激起了朱棣親征的念頭。他一直對上次北征不遇敵而還耿耿於懷，於是召集諸將，宣布了親征的安排：「今必以朕既得志，不復出，故敢萌妄念。朕當率兵先駐塞外以待之，虜不虞吾兵已出而輕肆妄動，我因其勞而擊之，可以成功。」

七月二十四日，朱棣率領三十萬大軍又一次踏上了漫無目標的征程。出師後第三天，各路應詔出征的將士匯集土木堡，朱棣在細雨中檢閱了將士們。望著軍容整齊、戈甲鮮明的隊伍，他顯得十分興奮，令左右內侍撤去帳蓋，任憑雨水淋浥。

但是此時他尚不清楚阿魯台的去向。報來的消息也都不一。一會兒說阿魯台擁眾飲馬河北，一會兒又說阿魯台將犯大同、寧夏。朱棣只得一面傳令這些地方嚴兵守備，一面繼續率領軍隊前進。北進途中，朱棣在沙城堡駐營十多天。他在那裡召見了朝鮮使臣崔雲，和他談起女真族與朝鮮邊將衝突之事。

「汝國可擒獲彼人否？」朱棣問道。

「彼人見其不敵，逃遁於大山長谷，難以擒獲。」崔雲回答。

站在一旁的楊榮對崔雲說：「汝言亦是。皇帝親征，韃子逃隱不見，彼亦如此。」

這話像是說給朱棣聽的。大約從這時起，朱棣已經預感到這次北征又難有所獲了。

明軍進駐西陽河後，韃靼知院阿夫貼木兒、古訥台等人率妻子部屬降附。他們帶來有關阿魯台去向最準確的消息——自四月間阿魯台為瓦剌順寧王脫歡等戰敗後，人口、馬駝、牛羊多被掠去，部落潰散，景況頗為困頓。得知朱棣率軍北征後，疾走遠避唯恐不及，根本不可能再萌南向之意。情報是不容置疑的，朱棣的親征又一次徒勞，他簡直不知道該如何是好了。按道理，情況已明，大軍可不勞遠出。但是去年出師已徒勞而還，回師時襲擊三衛，尚可示威於世；今年再度出師無功而還，對於征戰一生的朱棣來說，實在是一種恥辱。

進退維谷之間，派出一支三千人的騎隊，深入北方去探察消息，希望用這支騎隊去碰碰運氣。大軍則決定不再貿然北進。幾天後，已經出關的先鋒寧陽侯陳懋給他送來一個出乎意料的好消息——

韃靼王子也先土干率部前來歸附。

也先土干素與阿魯台不和，自從與瓦剌作戰失敗後，退踞漠北，遷徙無常。他的外甥把台勸他降明，於是率眾南來。先鋒陳懋率軍北進時，得知韃靼在飲馬河北為瓦剌所敗，乘機率部追擊，追至宿嵬山口，不見敵蹤，卻遇到前來降附的也先土干，於是連忙派人向朱棣奏報。

看到陳懋的奏報，朱棣真是大喜過望。他正恥於勞師無功，也先土干來歸，使他這第四次北征又能有所收獲。其實嚴格說來這算不上一次真正的北征，因為直到也先土干來歸時，朱棣並未離開萬全右衛的轄區，也沒有北出外長城關隘。朱棣在給也先土干的敕諭中寫道：

爾智識卓越，灼知天命，親率部屬來歸，可謂超群出類者矣。朕覽奏，良用嘉悅。爾以誠心歸朕，朕以誠心待爾。君臣相與，同享太平之福於悠久。

他同時敕諭陳懋：「也先土干順天道來歸，誠心可知，宜厚意撫綏，其家及其部屬、其資財、孳畜、一毫勿有侵損，庶不孤遠人來歸之心。」他們對這件事表現了極度重視。朱棣前往天城，等待陳懋攜也先土干的到來。這時他的心情與前已大不同。幾乎每次將士們射獵，他都要親臨觀看。「朕豈以畋獵為樂？」他抑制不住欣喜，對左右侍臣說道：「顧見將士馳驟健捷，皆適於用，有可樂者耳。」

也先土干隨同陳懋到達天城時，已是深秋季節。他向大明皇帝行過入見禮後，朱棣召至近前，隨便交談起來。

「誠悃久，顧來歸，但為阿魯台等牽縶。今幸見陛下，是天賜臣再生之日也。」也先土干表現得十分謙卑，他尚心存疑懼。

「華夷本一家。朕奉天命為天子，天之所覆，地之所載，皆朕赤子，豈有彼此。天道恒與善人為君，體天而行。故為善者，必賜之以福。爾今順天道而來，君臣相與，共享富貴，無需憂慮。」朱棣看出他的不安，極力安慰，並賜予酒饌。也先土干放下心來。

朱棣決定給也先土干等人以超擢的旌表，特封他為忠勇王，賜姓名為金忠。與那位當初以卜者身份勸說朱棣起兵、後來宮至永樂朝兵部尚書的金忠姓名相同。其甥把台因贊謀來歸，也授予都督僉事之職。盛宴之上，他命金忠位坐列侯之下、諸伯之上，並不斷命將御前珍饈輟賜。宴後，又將御用金杯等物也一併賜予金忠等人。酒喝得多了，加上左右一片讚美聲，朱棣顯得有些飄飄然了。他一向以唐太宗自擬，這時卻批評起唐太宗來：「**昔唐突厥頡利入朝，太宗言胡越一家，有矜大自得之意，朕所不取。惟天下之人，皆遂其生，邊境無虞，甲兵不用，朕之志也。**」不過這一時高興的談話，卻並不像他真心所想。

第二天，朱棣下詔班師。回師途中，他不乘御輦，騎馬與忠勇王金忠並轡而行，詢問了許多韃靼、瓦剌內部之事。十一月初四，是一個晴朗的冬日，朱棣的車駕進入居庸關。他身著袞龍金繡袍，乘玉龍花馬。沿途軍容甚盛，金鼓喧闐，旗旄輝映，連綿數十里。文武群臣、外國使者全都盛服而至，當地耄耋百姓夾跪道側，見到朱棣車駕，齊呼「萬歲」，聲震山谷。忠勇王金忠從未見到過這種場面，這是朱棣出兵北征最輝煌的一幕，也是他最後凱旋的一幕。金忠的歸附，使他感到興奮和滿足，卻並不能使他放棄北征的信念，只要阿魯台還沒有徹底歸附，他就還要繼續北征下去。

其實，就在朱棣慶賀凱旋之時，國家財政已被他一再北征勞師搞得入不敷出、疲憊不堪了。因而洪熙、宣德以後不斷有人對此提出批評。范濟謁闕上書：

毋以征討夷狄為意，毋以忿忿不平為念。棄沙漠不毛之地，憫華夏禮義之民。俾婦不孀，老不獨，盡力於田蠶，貢賦於上國。邊塞無傷痍之苦，閭里絕呻吟之聲。

朱棣死後，他們才敢把壓在心底的話一吐為快。民間對於朱棣的窮兵黷武也表現出種種不滿。明朝政府本是獎勵生育，對「一產三男」之家給予格外優待，但永樂時由於兵役不止，老百姓甚至不希望多生男子。《明太宗實錄》上說：「**京師愚民有厭多男子，生則棄之不育者。**」這不禁使人想起杜甫「生女猶得嫁比鄰，生男埋沒隨百草」的詩句。與台閣派的御用文人歌頌朱棣武功相反，當時有不少邊塞詩反映出民間的厭戰情緒：「**曾逐嫖姚出漢關，故鄉寧負老來還！到家莫恨無金印，數畝青山夢亦閑。**」「**無家亦歸去，勝作異鄉塵。**」「**多少還家夢，中原有弟兄。**」

據史家們統計，明朝軍隊總數在洪武時期為一百五十萬至一百七十萬人，到永樂時期竟激增至三百一十萬人之多。王叔英上疏朱元璋，已哀歎兵員過多，造成「賦斂之難平」，「儲蓄之未豐」，朱棣一再北征的軍費負擔便不難想見。龐大的軍費開支來源於軍民的血汗，宣德初年龔翊即上言說，田土所出「除工費及本力外，抵官數常恐不足，已周歲月糧，夫復何望？忽遇欠歲，尤更狼狽，是以凍餒交迫。強者取於觸法為非，弱者甘為溝瘠以死」。洪煕元年（一四一五年）四川雙流知縣孔諒也奏稱，「貢賦應納稅糧外，復有買辦、采辦等事」，「致有吏曹交通攬納，巧立辨驗折耗之名，科取數倍，奸弊百端，重為民害」。這種勞師之舉也遭致鄰國的批評，朝鮮君臣曾對朱棣北征有過這樣一段對話：

上問：「達達先來侵歟？帝欲先往征乎？」

廷顯言：「達達之來侵，臣等未之聞也。但聞沂國公率禁兵見敗於賊，故帝欲雪其恥，將往征之。」

上曰：「彼來侵我，不得已而應之可也。若我先勞民而往征於窮荒之地，可乎？不勝則為天下笑矣。」

七　懷柔西南

朱棣是個好大喜功之人。由於當時形勢的需要，他把經營的重點放在北方，但他也從來不曾忽視和放棄西南。永樂時對西南地區統治的加強也成為朱棣統一功業的一個重要方面。

永樂八年（一四一〇年）三月，貴州宣慰使司請設僧綱司，當時朱棣正在進行第一次北征，監國京師的皇太子朱高熾批准了貴州宣慰使司的申請。設僧綱司是朱棣利用佛教加強對西南的烏斯藏、雲、貴、四川等地少數民族統治的有效措施。在這些篤信佛教的民族中，宗教領袖受到了明政府的特別優待。

不久，思南宣慰使田大雅故去，其子田宗鼎襲官，貴州爆發了一場動亂。田宗鼎與宣慰副使黃禧不和，長年互相訐奏。朱棣為緩衝他們之間的衝突，改黃禧為辰州知府，將他們分開來。二人雖暫時分離，但仇怨未消，不久，田宗鼎與思州宣慰使田琛為爭沙坑地發生衝突，黃禧便和田琛相結，與田宗鼎構兵廝殺。田琛自稱天王，黃禧為大將，率兵攻打思南，田宗鼎戰敗挈家逃走，其弟被殺，祖墳被毀，母屍遭戮。他無力對敵，訴於朝廷。朱棣知道這場爭鬥難辨是非，敕令田琛、黃禧赴京自辯。田、黃二人估計入京不會有好結果，拒命不從。朱棣一面命人前往詔諭，同時命鎮遠侯顧成率兵五萬壓境，造成政治軍事雙重壓力。但這只是為造聲勢以防萬一，朱棣本意並不想興兵西南，軍隊雖然派出，又密令顧成率校士數人，潛入思州、思南，將田宗鼎、田琛、黃禧全部逮送京師。二田等人被執後，當地竟然寂然無知。

田琛、黃禧被逮入京後皆引服，田宗鼎被免罪復職。但田宗鼎此次受害太甚，非圖報復不可，朱棣恐怕他回去後興兵致亂，將他扣留在京師。不久田宗鼎又與其祖母互訐，稱其祖母與黃禧有奸，祖母也訐他「縊殺親母，凌亂人倫」等事，也被朝廷治罪。於是，朱棣決定在貴州全面實行改土歸流。

田琛被逮送京師後，其妻冉氏在當地挑動台羅等寨苗族首領普亮等人叛亂，希望能使朝廷派田琛回來招撫，以免在京被殺。朱棣沒有因此動搖，他將田琛留京治罪，並命顧成與都督梁福等率湖廣、貴州二都司及武昌三護衛官軍三萬人前往思州鎮壓。但朱棣還是希望能實現招撫：「今討之非難，但慮殺傷過多耳。卿等至境上，且按兵不動，已遣人賫敕詔諭，如詔諭不服，進師未晚。」這倒不是出於慈悲，而是出於形勢的需要。朱棣希望西南能夠穩定，他正在準備

改土歸流

「改土歸流」實行於明代後期，是一種廢除少數民族的土司頭目，改為朝廷中央派遣流官的制度。土司制度始於唐宋，是「以土官治土民」，承認少數民族的世襲首領，朝廷予以官職執行間接統治，但這種方法常常使朝廷無法貫徹詔令。於是明清之際開始進行改土歸流的改革措施，改土歸流採取兩種辦法：「一是從上而下，先改土府，後改土州。二是抓住一切有利時機進行，如土官絕嗣，後繼無人，或宗族爭襲，就派流官接任；或土官之間互相仇殺，被平定後即派流官接任；或土官犯罪或反王朝被鎮壓後，以罪革職，改由流官充任」。

來年的第二次北征。

事紊政繁之中，朱棣也開始注意到西南邊遠的烏斯藏地區。

烏斯藏的僧人在元朝曾受到極高的禮遇，這迫使朝廷不得不承襲元朝舊制。因其地篤信佛教的習俗，朱棣對當地佛教領袖給予優厚待遇，授與職官，並通過他們去實現明廷對當地的管轄。烏斯藏攝帝師喃加巴藏卜死後，哈立麻被尊為尚師，朱棣特命司禮少監侯顯和僧人智光賚書幣前往徵請，又派駙馬都尉沐昕率人離京往迎，表現了最大的虔誠與尊崇。哈立麻到京後，在西郊靈谷寺建「普度大齋」，以薦福太祖和高皇帝朱元璋及孝慈高皇后馬氏，朱棣每日必親赴寺中行香。

隨後，朱棣封哈立麻為「萬行具足十方最勝圓覺妙智慧善普應佑演教如來大寶法王西王大善自在佛」，領天下釋教；同時賜給織金珠袈裟和印誥及金銀彩幣等物。返歸時，除去再次廣賜金銀外，還命中官護行，送其返回烏斯藏。許多儒臣都不理解朱棣何以對烏斯藏僧人給予如此盛典。

烏斯藏僧人住在靈谷寺時，因不通漢語，需要譯者相伴。翰林侍讀李繼鼎曾因此譏嘲說：「若彼既有神通，當通中國語，何為待譯者而後知乎？且所謂『唵嘛呢叭嘛吽』云者，乃云『俺把你哄』也，人之不悟耳。」儒臣們不滿於朱棣對烏斯藏僧人的尊崇，認為這是主上的嗜好。但他們卻沒有看見，就在朱棣大賜哈立麻的同時，直隸及浙江諸郡削髮為僧赴京申請度牒的一千八百多人，卻都被他下令發戍遼東、甘肅。其實朱棣何曾誠心嗜佛？他不過是希望透過對烏斯藏僧人的盛典，以實現對烏斯藏地區的統治。至於「普度大齋」，則不過是他順便以示自己出於正統、掩飾奪位的表演罷了。

朱棣並未因臣民的誤解而放棄對烏斯藏僧人的盛典。烏斯藏另一位著名宗教領袖尚師昆澤思巴也被請到京師。朱棣接見了他，並賜予藏經、銀鈔、彩幣、鞍馬、茶果等物，封他為「萬行圓融妙法最勝真如慧智弘慈廣濟護國演教正覺大乘法王西天上善金剛普應大光明佛」，領天下釋教，其規制僅次於哈立麻。昆澤思巴辭歸後，朱棣命翰林高谷到海印寺專門抄寫佛經，一直抄寫七年尚未告竣。這在當時又成為儒臣們議論不解之事。但他們不敢推咎於朱棣，於是指為哈立麻等人作祟。其實這都是出於朱棣的安排。

第三個受封的是烏斯藏尚師釋迦也失。他在入朝被朱棣封為「妙覺圓通慈慧普應輔國顯教灌頂弘善西天佛子大國師」。

朱棣還曾下令闡化王吉利剌思巴監藏巴藏卜與護教王、贊善王及必力工瓦國師、必里、朵甘、隴答諸衛領川藏各族建置驛站，通道往來。這是明初第一次大規模的川藏道路工程。以後，朱棣再次派宦官楊三保前往烏斯藏，敕令闡化王與闡教、護教、贊善三王率川卜、川藏各族補修驛站道路，將第一次未修通者全部修通。經過這兩次大規模修復，「自是道路畢通，使臣往還數萬里，無虞寇盜矣」。《明史》中說：

太祖以西番地廣，人獷悍，欲分其勢而殺其力，使不為邊患，故來者輒授官。……迨成

祖，益封法王及大國師、西天佛子等，俾轉相化導，以共尊中國，以故西陲晏然，終明世無番寇之患。

這無疑是對朱棣西南政策的客觀評價。在人們傳統的觀點看來，凡屬有作為的帝王，都是與統一事業連在一起的，而對追求不世之功以致勞民傷財的程度則可以忽略不計。按照這個標準，朱棣似乎可以算是中國歷史上最有作為的皇帝之一。

第九章 盛世邦交

一 奇特的「開關」

朱棣即位之初，明廷幾乎無外交可言，只有真臘、暹羅、琉球和朝鮮等少數幾個國家來貢。這種「門前冷落車馬稀」的景象，對於渴望君主華夷的朱棣來說，簡直太說不過去了。

如此局面的形成，是朱元璋不務遠略的結果。朱元璋即位之初，也一度向周邊諸國遣使招徠，表明自己是新朝天子，元帝國已被大明所取代，要他們前來朝貢。當時，曾有十幾個國家和地區遣使來華，朱元璋也都給予接待。洪武四年（一三七一年）九月，他在奉天門對省府台臣們有過一段關於對外政策的重要講話：

海外蠻夷之國，有為患於中國者不可不計，不為中國患者，不可輒自興兵。古人有言：「地廣非久安之計，民勞乃易亂之源。」……得其地不足以供給，得其民不足以使令，徒慕虛名，自弊中土，載諸史冊，為後世譏。朕以海外諸蠻夷小國，阻山越海，僻在一隅，彼不為中國患者，朕決不伐之。

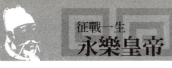

這段話被寫入《皇明祖訓》後，又增加了一番叮囑：「**吾恐後世子孫倚中國富強，貪一時戰功，無故興兵，殺傷人命，切記不可。**」並且開列了不征之國，計有朝鮮、日本、琉球、安南、真臘、暹羅、占城、蘇門答剌、爪哇、湓亨、白花、三佛齊、渤泥等。雖然也有使臣出使和外國朝貢的記載，但閉關政策既定，並不視之為盛世之舉。特別是胡惟庸伏誅後被冠以勾結日本的罪名，外國來貢也受到多方限制。尤為引人注目的是，專門負責接待海外朝貢人員的市舶司也被朱元璋廢罷不置了。

實行「海禁」是朱元璋的一大發明。其主要特徵是禁止私人之間的海外貿易，既不許中國海商私自出海，也不許外國商船來中國貿易，一切中外物品交換活動都必須通過「朝貢」和賞賚的方式進行，這也就是歷史上所說的「朝貢貿易」。過去的一些治史者把它簡單地理解為自給自足的自然經濟反映，其實那只是一種理論上的推論。朱元璋實行海禁政策有著更重要、更直接的原因，那就是擔心「海疆不靖」。元末的張士誠和方國珍都曾是朱元璋的勁敵，他們活動在浙江沿海，方國珍還掌握著一支頗有戰鬥力的水師。他們失敗後，其部下有不少人逃亡到東南海上，繼續與明廷為敵。朱元璋害怕這些海上敵對勢力與國內的反對派相互勾結，聯合起來反對自己，所以便斷然做出了實行海禁的選擇。他曾說：「余以海道可通外邦，故嘗禁其往來。」從中不難看出，朱元璋的閉關鎖國政策，固然是由於自給自足的自然經濟條件所決定，更大程度上則出於他對明朝統治形勢的考慮。從本質上說，海禁之舉正是朱元璋專制主義極權統治在對外交往活動中的反映。

實行海禁之後，不僅人民私自出海貿易不在允許之列，而且連沿海人民下海捕魚的活動也被明令禁止，甚至國內人民使用「番貨」，都會獲罪。明廷還通過所謂「垛集」、「按籍抽兵」，徵役船戶為軍，在沿海地區廣築城堡，嚴行稽查。連為數極少的幾個國家來朝貢，朱元璋也對來貢的時間、路線、人數等進行了苛刻的規定，不許隨意來貢。用他自己的話說，是「以海外諸夷多詐，絕其往來」。這樣，「片板不准下海」成了一條祖訓。

倘若沒有朱棣起兵奪位，也許後世子孫真會依循祖訓，閉關不出，一心一意地去經營祖宗留下的基業。可是偏偏有朱棣奪位登極，而朱棣偏偏又是個好大喜功之人，終於朱元璋的這條祖訓便很難再繼續實行下去了。

即位伊始，朱棣並未敢明令廢除海禁。這主要是因為，他指責朱允炆「變亂祖制」，自己打的旗號是恢復祖制，所以對朱元璋制訂的海禁政策不敢輕易取消。這從他剛即位後發布的諭旨中就可以看出來。在他即位還不到半個月時頒布的諭旨中便有這樣的重申：

沿海軍民人等，近年以來，往往私自下番，交通外國，今後不許。所司以遵洪武事例禁治。

但紙面上的條文和實際執行的情況很不一致。這種情況在永樂一朝並不少見，朱棣對待海禁一事又是個典型例子。因為他雖然那樣說，但在具體執行中卻是大大地放鬆了。

兩相對比，差別顯而易見。朱元璋在位時，有關海禁的詔令每過一、兩年就要重申一次，朝廷還不時派軍政大員到沿海巡視。朱棣則只即位之初宣布過「遵洪武事例禁治」，以後則再沒有重覆過這類詔令。與此相反，有關優待來使的詔諭卻不斷頒降。即位還不到三個月，他就對禮部諸臣說：「諸番國遣使來朝，一皆遇之以誠，其以土物來市易者，悉聽其便。或有不知避忌而誤干憲條，皆寬宥之，以懷遠人。」這離宣布仍遵洪武舊制實行海禁的詔令才兩個月，調子就有了這麼大的變化。

洪武末年廢罷的市舶司又被朱棣重新設置起來。因貢使日多，於是在福建、浙江、廣東分設市舶提舉司，不久又設交趾雲屯市舶提舉司，隸屬於布政司。朱棣還親自設定了市舶司官員的等級——每司置提舉一員，從五品；副提舉二員，從六品；吏目一員，從九品。嗣後，朱棣又命於三市舶司各設驛館，以供貢使及其隨行人員住宿。福建館叫「來遠」，浙江館叫「安遠」，廣東館叫「懷遠」。由這三個驛館名稱也可以看出，朱棣對諸國來華人員是非常歡迎的。

依照當時的接待程序，由海路來華的貢使先到市舶司，由市舶司官員安排住宿、飲食，並派人陪同貢使入京，沿途地方官員負責運送貢品。中亞諸國由陸路來華，由哈密衛派人護送至京，貢品也由地方官安排百姓代為運送。來華貢使獻上貢品，可以得到朱棣極為慷慨的賞賜，其價值都遠遠超過貢品的價值。這就是人們常說的「厚往薄來」。此外，貢使都附帶著一些私物，被允許在市舶司和京師會同館進行交易，這都是大有利可圖的事。於是許多國外私商便冒充貢使來華，朱棣對海外諸國的情況知之不詳，來者不拒，僅僅為這些真假貢使運送貢物就成為沿途百姓很大的負擔。正如《明史》上所說：

永樂時，成祖欲遠方萬國無不臣服，故西域之使歲歲不絕。諸蕃貪中國財帛，且利市易，絡繹道途。商人率偽稱貢使，多攜馬、駝、玉石，聲言進獻。既入關，則一切舟車水陸、晨昏飲饌之費，悉取之有司。郵傳困供億，軍民疲轉輸。比西歸，輒緣道遲留，多市貨物。東西數千里間，騷然繁費。公私上下罔不怨咨。廷臣莫為言，廷臣亦莫之恤也。

這裡說的是西北陸路，由東南海路來華的貢使也是同樣的情形。

中國的皇帝，往往更熱衷於政治上的獨尊，尤其是有作為的皇帝。他們自以為是天下唯一的主宰，往往不大吝惜金錢的損失。朱棣也正是這樣一個皇帝，他認為「厚往薄來」是懷柔遠人之道。當年他派往爪哇的使臣部卒入市交易時被當地人誤殺，爪哇國王遣使入朝謝罪，獻黃金萬兩。禮部大臣認為輸不足數，請拘留使臣問罪，朱棣卻不以為然地說道：「朕於遠人，欲其畏罪而已，寧利其金耶？」將輸金全部免掉了。

朱棣確曾打開洪武朝始終封閉著的海關大門，但是如果認為朱棣實行的是海關開放政策，那就大錯特錯了。這是一種多麼奇特的「開關」，一方面嚴禁民間出海貿易，即所謂「私通外夷」；另一方面則為海外朝使們打開了大門，朱棣要求禮部官吏們對來朝的外國人不許阻擋，「自今諸番國人願入中國者聽」。但是這在中國封建社會後期的歷史上又確是一個特殊的時期，它畢竟要比其他各個時期開放一些，有人認為這是海禁的寬弛時期，不是沒有道理的。

二　「天地之大，無不覆載」

永樂初年，奪位殺戮所造成的動蕩未曾平息，朱棣已經急不可待地向海外各國派出使臣。馬彬受命出使爪哇、蘇門答剌、西洋瑣里等國，李興出使暹羅，尹慶出使滿剌加、柯枝，並派趙居任、楊洪和僧人道成前往日本。一行人尚未出發，日本使臣已到達寧波，這一消息恰恰是與地方官吏關於日本使臣私攜武器與民間貿易的報告同時送到京師的。

時為禮部尚書的李至剛在上朝時談到此事：「故事，番使入中國，不得私攜兵器鬻民。宜敕所司覈其舶，諸違禁者，悉籍送京師。」這是按照洪武規定提出的處理意見，不過沒有申明「祖訓」，只是稱為「故事」。按照「故事」，日本是不准入貢的。朱元璋曾屢卻其貢，不與往來。

朱棣已經決心拋開祖訓，廣招「四夷」。他對廷臣們說道：「外夷修貢，履險蹈危，所費實多。有所賫以助資斧，亦人情，豈可概拘以禁令？至其兵器，亦准時直市之，毋阻向化。」與此同時，地方有司又奏報西洋瑣里等國來朝貢方物時附載胡椒與民互市之事，請求照章徵稅。朱棣也沒有准許，他說：「商稅者，國家以抑逐末之民，豈以為利？今夷人慕義遠來，乃欲侵其利，所得幾何？而虧辱大體萬萬矣。」這類話，朱棣已對大臣們講過多次：

帝王居中，撫馭萬國，當如天地之大，無不覆載。遠人來歸者，悉撫綏之，俾各遂所欲。近西洋回回哈只等，在暹羅間，朝使至即隨來朝。遠夷知尊中國，亦可嘉也。今遣之歸，爾禮部給文為驗，經過官司毋阻。自今諸番國人願入中國者聽。

朱棣將朱元璋關閉起來的大門打開來，他不僅僅是聽任各國使臣入朝，而且以極其優厚的待遇去吸引他們，這個奪位登極的皇帝希望得到「四夷」共尊。當禮部報告有些朝貢的使臣違反禁令用白金與民間交易時，朱棣顯得相當寬大為懷：「遠方之人，知求利而已，安知中國禁令！朝廷于遠人當懷之，此不足罪。」命「悉貰之不問」。

為了適應外交上的需要，朱棣還專門設置了四夷館，專門負責翻譯各國及少數民族語言文字，令監生入館「習譯夷字」。

當時與明廷有外交關係的國家大約將近百餘個，稱得上是「諸番使臣充斥於廷」。這些前來朝貢的外國使臣大約可分為三類——一類是臣服於明朝，希望得到明廷承認、封賜與支持的國家貢使；一類是仰慕明朝文化，想親眼目睹中華大國風采的各國統治者；一類是以貢使身份前來貿易的各國商人。在與明廷交往的各國中，以朝鮮使臣往來最頻繁。朱棣在奪位後即派使者以即位詔諭朝鮮。因為當時遼東尚未歸附，他可能擔心朝鮮仍忠於朱允炆，故最先遣使去朝鮮，欲藉以孤立在遼東的建文勢力。

永樂五年（一四〇七年）九月，朝鮮國王李遠芳命世子李禔為進表使，率領一個龐大的使團前往南京，成為朝中的一件大事。

朱棣對李禔這次來使十分重視，先行派遣錦衣衛指揮、千戶以千餘騎將李禔一行迎入江東驛館，隨即又命禮部尚書鄭賜、宦官黃儼往迎慰勞。李禔等人入京後，住進接待國賓的會同館，禮部侍郎趙狃又奉朱棣之命入館拜望。這甚至超出了迎接一般國王的規格。

朱棣第一次在西角門接見李禔時，就很喜歡這個身為朝鮮國世子的天真少年，讓他到自己身前來。朱棣一改平日的威嚴，顯出顏態溫和的樣子，與李禔隨便攀談起來。這畢竟是百官畢集的皇宮，初次見到這樣隆重場面的李禔還是相當緊張。朱棣詢問他年歲時，竟未能回答。侍從的朝鮮右軍同知總制李玄代他回答：「十四歲。」中午，朱棣在西角門設宴招待了李禔及其隨從人等，在禮節上始終按照國禮對待，並未因李禔是年少世子而稍有疏忽。當時李禔曾提出要拜見太子及漢王，朱棣告訴他免禮勿見。晚上宦官黃儼和吏部尚書蹇義奉命前往會同館，陪同李禔共進晚餐，一切都安排得相當周到。

不久，朱棣第二次接見了李禔，仍然讓他到身前來，詢問了路上的情況，還問他是否讀書。這一次李禔不再那樣拘束，一一作了回答。當晚，戶部尚書夏原吉、宦官黃儼等人又到會同館陪同。此後幾天，六部尚書依次而至，都到會同館陪伴這位朝鮮國少年世子。這是各國來使中從未有過的禮遇。第三次接見時，朱棣賜給李禔等人一百五十本仁孝皇后編寫的《勸善書》和一百五十本《孝慈皇后傳》，並且再一次讓他到身前來，凝視良久，然後對周圍說道：「貌似乃父，但身長稍異耳。」

李禔等使臣們在南京一直住到第二年的正月末。除去參加正旦朝賀和一些祭祀活動之外，朱棣怕他年少寂寞，讓他不必終日在會同館內，可去遊覽朝天宮、靈谷寺、天禧寺、天界寺、能仁寺等京師名剎。李禔辭行的那天，朱棣親自賦詩相贈。在武英殿上，李禔當眾將詩文朗讀了一遍，朱棣很是高興。

「朕猶爾父也。」他對李禔說。又轉身對朝鮮使臣們說道：「朕作詩與你世子，不是秀才賦詩。此詩有益於汝國。」在場的文臣也都奉命各和一首相贈，一時間吟詩朗朗，這友好而特殊的送行將在場人們的情感推向了高潮。李禔謝恩時忍不住泣下，朱棣也頗有些動情，只是一再說道：「終始如一，終始如一……」

臨行的賜贈物品相當豐厚。計有書籍《通鑒綱目》、《大學衍義》各一部，法帖三部，筆一百五十枝，墨二十五丁，金二錠，銀十錠，紵絲五十匹，線羅五十匹，馬四匹，乾馬二，乾羊八，乾鵝二十，圓眼、荔枝、桔、椰瓢、魚醢總共十六擔，寶鈔一千貫。所以禮品都經朱棣親自過目後，再令人押送到會同館。在命宦官護送李禔回國時，他一再叮囑：「朝鮮國王使十五歲兒子朝覲萬里，其忠誠至矣。汝於護送之際，若使世子小有不安於心者，罪汝無赦！」

遷都北京後，兩國國都相距更近，往來更為密切，如《明史》所言：

> 而大事之禮益恭，朝廷亦待以加禮，他國不敢望也。

三　泛海而來的國王們

出於仰慕永樂盛世而來的諸國使團中，最引人注目的是浡泥國王、滿剌加國王、蘇祿國王和麻剌國王。

永樂初年，浡泥國王麻那惹加那曾遣使入貢，受到朱棣的封賜。聽到使臣們對明朝的介紹後，引起麻那惹加那的極大興趣，他親率王妃和弟妹子女陪臣泛海而來。朱棣特遣宦官前往福建迎接這些來自加里曼丹島的國賓，赴京途中所過州縣全都奉命設宴接送。

永樂六年（一四〇八年）八月，麻那惹加那所率龐大的使團到達京師。朱棣親自接見他們後，又於奉天門設宴，行迎賓禮，賜予甚豐。這是明初第一位來朝的外國國王，他的到來，對於追求盛世之治的朱棣，也算得上是一種榮耀。麻那惹加那在敬獻方物時對朱棣極盡頌揚之詞，說得這位皇帝喜不自勝：

陛下膺天寶命，統一華夷。臣國遠在海島，荷蒙大恩，錫以封爵。自是國中雨暘時順，歲屢豐稔，民無災厲；山川之間，珍寶畢露；草木鳥獸，悉皆蕃育；國之老長，咸謂此陛下覆冒大恩所致。臣願睹天日之光，少輸微誠，故不憚險遠，躬率家屬國人詣闕朝謝。

遺憾的是，這位浡泥國王在到達京師一個月後忽然病倒。朱棣命御醫診治，開始稍有好轉，但不久病情加重，終至不治，病故於會同館，年僅二十八歲。朱棣甚表哀悼，輟朝三日，遣官致祭，太子諸王也都紛紛致祭。按照麻那惹加那生前「託葬中華」的遺囑，有司依王禮將其葬於京師安德門外石子岡，春秋祭祀。

麻那惹加那四歲的兒子遐旺當即襲封王位。浡泥國王的隨臣以新王的名義向朱棣請求封國之後山為鎮國之山時，朱棣感慨了一番，麻那惹加那病故前也曾向他提及此事。朱棣在賜封長寧鎮國山的御制碑文中寫道：

自古逖遠之國，奉若天道，仰服聲教，身致帝廷者有之。至於舉妻子、兄弟、親戚、陪臣頓首稱臣妾於階陛之下者，惟浡泥國王一人，西南諸蕃國長，未有如王賢者。王之至誠貫於金石，達於神明，而令名傳於悠久，可謂有光顯矣。

既是對浡泥國王的稱頌，也是對他自己盛世的炫耀。四年後，浡泥國王遐旺再度偕母同來，受到同樣禮貌的接待和豐厚的賞賜。

滿剌加國王拜里迷蘇剌是永樂九年（一四一一年）到達京師的，他率領了一個包括妻子在內的五百四十多人的使團。規模之大的確少見，由此足以看出拜里迷蘇剌對這次出使的重視。

今屬馬來西亞的滿剌加，在洪武和建文時一直未通中國，正式通使始於永樂初年尹慶出使。當時其地尚未稱國，也沒有國王，臣屬於暹羅。尹慶賜其酋長拜里迷蘇剌織金文綺，宣示朱棣的威德和招徠之意。永樂三年（一四〇五年），拜里迷蘇剌遣使來朝，貢獻方物，朱棣遂封其為滿剌加國王，並賜予誥印、彩幣、襲衣等物。使者表示，其王願每年來貢，請求封其山為「一國之鎮」，朱棣答應了這一請求，並親制碑文勒於山上。後來鄭和下西洋再使其地，建碑封城，滿剌加便不再附屬暹羅，而與明朝關係更為密切，於是有國王來朝之舉。朱棣像迎接浡泥國王一樣迎接了滿剌加國王，沒到京以前就遣官慰勞，來京朝見的當天即親自設宴款待，而且賞賜極豐。拜里迷蘇剌辭歸時，朱棣又於奉天門為其餞行，諄諄慰勉：

王涉數萬里至京師，坦然無虞，蓋王之忠誠，神明所佑。朕與王相見甚歡，固當自留，但國人在望，宜往慰之。……王途中強飲食，善調護，以副朕眷念之懷。

在拜里迷蘇剌之後，滿剌加國的兩代新嗣國王亦曾先後兩次率妻子陪臣入朝，均受到同樣的禮遇。至於一般的貢使，或一年一次，或隔年一次，一直不斷。僅在永樂年間，祖孫三代國王都親自來中國訪問，不能不說是中外關係史上的一件盛事。

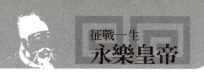

永樂十五年（一四一七年），蘇祿國東王巴都葛叭哈剌、西王麻哈剌叱葛麻丁、峒王妻叭都葛巴剌卜共家屬隨從三百四十餘人浮海來朝。這時朱棣已到北京，蘇祿國王一行也來到北京。蘇祿是今菲律賓的蘇祿群島。鄭和下西洋時，他的船隊曾到過這裡，蘇祿國王的來訪當與鄭和的出使有關。朱棣按照滿剌加國王來時的禮節接待了他們，臨行時又賜給兩位國王和一位王妃玉帶、金繡蟒龍衣、麒麟衣及金銀綺絹等。

不幸的是，十五天以後，蘇祿國東王巴都葛叭哈剌在回國途經德州時突然病故。接到訃告後，朱棣立即遣官往祭，命有司按照王禮營葬，並親自撰寫了碑文。王妃及僕從十人留下守墓，原定守喪三年，但直到六年後才還國，並有留居中國不歸者。東王的長子名叫都馬含，朱棣在冊封他承襲東王的敕諭中說：

爾父知尊中國，躬率家屬陪臣，遠涉海道，萬里來朝。眷其誠悃，已賜王封，優加賜賚，遣人護送還國。舟次德州，以疾殁。朕聞之，良用憫悼，已葬祭如禮。爾以嫡長，為國人所屬，宜即繼承，以綏番服。今特命爾為蘇祿國東王，爾尚益懋忠貞，敬承天道，以副眷懷，以承爾父之志，欽哉！

蘇祿與明朝的這種友好交往，已成為中國和菲律賓關係史上的佳話。後世人不斷到蘇祿國王墓憑弔，並留下了許多膾炙人口的詩篇。顧炎武即於清初到過這裡，並賦詩道：

豐碑遙見炳奎題，尚憶先朝寵日殫。
世有國人供灑掃，每勤詞客駐輪蹄。
九河水壯龍狐出，十二城荒向鶴棲。
下馬一為郯子問，中原雲鳥正淒迷。

永樂十八年（一四二〇年），與蘇祿同屬菲律賓的麻剌國王哇來頓本也率妻子、陪臣泛海來朝。他對朱棣說：「雖為國中所推，然未受朝命，幸賜之。」朱棣答應了他的請求，仍用舊王號對他進行了封冊，並給予印誥、冠帶、金織襲衣等。第二年正月間，哇來頓本辭歸，又被贈予金銀、銅錢、文綺、紗羅等物。他們一行到達福建時，哇來頓本不幸病歿於當地。朱棣聞訃後派遣禮部主事楊善前往諭祭，諡號「康靖」，命地方官治墳墓，以王禮安葬於福州；又命其子剌苾嗣麻剌國王位，率眾回國。

永樂一朝先後有四個國家的國王七次泛海而來，而且竟有三位國王不幸病故，埋葬在中華大地上，這的確是歷史上中外關係間了不起的大事。朱棣作為明朝皇帝，在對待來朝的各國國王及使臣時，是以「宗王」自居的。因此這種外交往來，在政治上並不平等。然而在當時，外交活動卻發展到了極盛的程度，而且居然基本上保持了友好的往來。這正像明代人嚴從簡所說：「**當時之夷，沒葬於中國者，如浡泥、蘇祿、麻剌共三人焉。非我朝德威遠被，烏能使海外遐酋，傾心殞身如此哉！**」

四　鎮國之山封扶桑

一水之隔的日本是中國的一個重要鄰國，但許多年來中日關係一直比較緊張，兩國關係不洽的重要原因之一是倭寇的襲擾。

日本海盜從元代起就不斷到中國沿海搶劫。元世祖忽必烈曾對日本大舉征討，因遭風暴而全軍覆滅，故終元之世日本不通中國。明皇朝建立後，朱元璋遣使赴日通好，日本國王遂遣使來華。但這種友好的關係並沒維持多久，到朱棣即位之初，除了沿海不時有倭寇的警報以外，中日間沒有任何官方往來。

日本是朱棣登基後首先遣使頒詔的國家之一，一年後，他又命左通政趙居任、行人楊洪偕同僧人道成一起出使日本。還沒有出發，日本貢使已帶著日本國王源道義的賀表及方物到達。它標誌著中斷了二十餘年的中日邦交得到恢復。從此以後，兩國使節便往來不斷了。

永樂二年（一四〇四年），朱棣冊立朱高熾為皇太子，日本特遣使臣來賀。當時，日本海寇在中國沿海常經搶劫財物、擄掠人口，朱棣藉此機會諭其國王，要日本逮捕這些海寇。日本意識到倭寇的行為妨礙了兩國關係的發展，遂發兵剿滅，將為首的二十人獻於明朝。朱棣對這種做法非常讚賞，派鴻臚寺少卿潘賜和中官王進一起出使日本，對日本國王大加賞賜。對獻來的二十個倭寇頭目，朱棣卻交還日本使臣，讓他們自行處治。日本使臣便在寧波將這二十人置於大缸中烝殺了。嘉靖年間胡宗憲在東南沿海剿倭，還見過這次烝殺倭寇頭目的舊址。為這件事，朱棣特別頒詔，許日本十年一貢，人只二百，船只兩艘。為了方便來貢，他還賞賜給日本兩艘船，專為入貢之用。

永樂四年（一四〇六年）正月，朱棣又命侍郎俞士吉出使日本，封其國之山為「壽安鎮國之山」。《萬曆野獲編》中記錄了朱棣為封山撰寫的碑文：

日本有國鉅海東，舟航密邇華夏通。
衣冠禮樂昭華風，服御綺繡考鼓鐘。
食有鼎俎居有宮，語言文字皆順從。
善俗殊異羯與戎，萬年景運當時雍。
皇考在天靈感通，監觀海宇罔不恭。
爾源道義能迪功，遠島微寇敢鞠凶。
鼠竊蠅嘬潛其蹤，爾奉朕命搜捕窮。
如雷如電飛蒙沖，絕港餘孽以火攻。
焦流水上橫復縱，什什伍伍擒奸凶。
荷校屈肘衛以從，獻虜來庭口喁喁。
彤庭左右誇精忠，顧咨太史疇勛庸。
有國鎮山宜錫封，惟爾善與山增崇。
寵以銘詩貞石盤，萬世照耀扶桑紅。

朱棣在位二十餘年間，只有日本、滿剌加等少數幾個國家享受到封山的待遇。日本國王自然十分感激，以後便頻頻來貢，並獻上所俘獲的倭寇。

永樂六年（一四〇八年），日本國王源道義死，其子遣使來明廷告訃。朱棣派中官前往致祭，賜諡「恭獻」；又遣使賫詔封源義持嗣位。由此不難看出，當時中日雙方關係已很密切，故王的諡號要由明廷賜予，新王繼位也要由明廷冊封。這與其他朝貢已完全一致。

永樂九年（一四一一年），朱棣派王進去日本褒賞新國王源義持剿捕海寇之舉，並在那裡購買一些宮廷需用之物。正趕上日本內部紛爭，有些人打算扣留王進。王進聽說後，偷偷從另一條路逃回。從此以後，日本數年未來朝貢。隨著日本對倭寇的約束放鬆，倭寇為害日益嚴重，盤石、松門、金鄉、平陽、象山等地先後遭其襲擊，朱棣命沿海守軍嚴行剿捕。據《典故紀聞》記載，靖遠侯王友招募嚴寶等人協助剿倭，嚴寶等殺倭寇數百人，並得其所掠貨物。朱棣下詔給王友說：

下人成功者，未必皆出其能，皆由主將能導之方略，作其志氣。今嚴寶等有獲，亦爾之功。但所獲貨物，宜悉與之，爾勿干與毫末。蓋人冒險成功，而不推利與之，後來不復樂為用矣。

當時剿倭，官軍不足，求之於民兵，足見倭寇為患已有相當規模。為此，朱棣又命刑部員外郎呂淵前去日本，責備日本方面約束不嚴，令其「悔過自新」，凡是被掠往日本的中國人，都要全部送回。於是，源義持又遣使隨呂淵來貢，辯解說：「海寇旁午，故貢使不能上達。其無賴鼠竊者，實非臣所知。願貸罪，容其朝貢。」朱棣覺得日使說的有理，仍禮遇如故，許其照常來貢，但倭寇仍不斷在沿海一帶搶劫。此後數年，朱棣在加強中日間官方關係的同時，也不斷加強沿海防務，對前來騷擾的倭寇嚴加剿捕，沿海各地對倭寇時有斬獲。其中最重要的抗倭之戰就是望海堝之戰。

以左都督之職鎮守遼東的劉榮一直致力於備倭，他在巡視各海島時來到金州衛金線島西北的望海堝上，看到這裡地勢高廣，可駐兵千餘人。當地土人告訴他，洪武初年都督耿忠就曾在這裡築堡，凡倭寇來掠，一定要經過這裡，實濱海咽喉之地。劉榮在奏請朱棣後，便在這裡以石築堡，置烽火台，嚴兵以待。

永樂十七年（一四一九年）六月，倭寇兩千餘人分乘三十一舟進抵遼東馬雄島，圍攻望海堝。這支倭寇的頭目相貌醜陋，揮兵率眾，氣焰囂張。劉榮早有所備，命指揮徐剛伏兵山下，又以小隊壯士繞至敵後，斷其歸路。倭寇進入埋伏圈後，劉榮披髮舉旗鳴號，伏兵四起，從早晨一直鏖戰到日暮，倭寇大敗，死者狼藉。餘眾逃至櫻桃園空堡中，被劉榮率軍團團圍住。明軍將士人人奮勇，請求入堡剿殺。劉榮不許，反而在西邊網開一面，讓倭寇從那裡外逃，然後分兩翼夾擊，盡殲倭寇，斬首千餘級，生擒一百三十餘人。偶有少數走脫的，到海裡準備上船逃跑時，又被等候在那裡的明軍俘獲。因此，這次倭寇的大規模來犯竟沒有一人逃掉。

望海堝之戰是對倭寇的一次沉重打擊，從此倭寇不敢再窺遼東，對朱棣實行海外諸國「朝貢貿易」具有重要的保障作用。以後遼東之外其他地方雖然間有倭警，但明朝與日本的通使往來並不因小股倭寇的騷擾而中斷。

五　鄭和下西洋

朱棣的對外政策與其說是「朝貢貿易」，不如說是「朝貢外交」，因為這種全官辦的外交活動，主要是出於政治上的需要，而即使極其次要的那部份經濟需要，也只能由朝廷派遣的使臣們去完成，這正是專制集權統治的結果。在當時頻繁的出使活動中，最為輝煌的壯舉，便是舉世聞名的「三保太監下西洋」。

被稱作三保太監的鄭和原姓馬，十二歲投入燕王府為宦官。朱棣起兵奪位時，鄭和隨軍出征，出入戰陣，多建奇功。朱棣即位後，擢其為內官監太監，成為地位顯赫的內臣。對於這樣一個藩府舊人，朱棣自然十分信賴。他選擇信奉伊斯蘭教的鄭和承擔通使西洋的重任，便決定了鄭和在海上漂泊一生的命運。

人們一直猜不透朱棣究竟為什麼要派遣鄭和出使西洋。《明史》講到了兩個原因：「**成祖疑惠帝亡海外，欲蹤跡之，且欲耀兵異域，示中國富強。**」但這只是後人推測而已，因為在《明太宗實錄》中僅僅記著這樣一句話：「**遣中官鄭和等賚敕往諭西洋諸國，並賜諸國王金織文綺彩絹各有差。**」從這簡單的記述來看，鄭和第一次出使的行動，好像只是馬彬、李興、尹慶等人出使的延續。不過鄭和比起別人更卓具航海與出使的才能，正是他的第一次出使成功，引起了朱棣對發展海外關係的更大興致。

永樂三年（一四〇五年）六月十五日，鄭和與王景弘等率領一支龐大的船隊，自蘇州劉家河沿江出海，至福建，再由福建五虎門揚帆，開始了第一次下西洋的航程。

詔諭西洋諸國來中國朝貢，是鄭和此行的主要任務。當然，對建文帝下落不明的疑慮、對海外珍奇的艷羨，也都使鄭和的出使帶有多重性。而人們從史書記述中看到的是永樂五年（一四〇七年）鄭和第一次出使西洋回朝時，有兩項著名的成果——一是生擒舊港海酋陳祖義，二是蘇門答剌、古里、滿剌加、小葛蘭、阿魯等國使臣相從來朝。

這足以使朱棣感到滿意了。在對外關係上，朱棣有他嚴格的標準。陳祖義是流寓海外的中國人，據地為盜，又邀劫鄭和舟師，被擒送朝廷後殺掉了；而襲殺明朝使團部卒一百七十餘人的爪哇西王卻只責令賠金以贖。此次航行到達的最遠處，是印度半島上的古里國。鄭和在那裡代表朱棣賜贈國王誥命、銀印，並建亭刻石。碑文中寫道：

爾王去中國十萬餘里，民物咸若，皞煦同風，刻石於茲，永垂萬世。

鄭和第一次出使回朝後三天，朱棣便命都指揮汪浩督辦改造海運船二百四十九艘，做好再次下西洋的準備。幾天以後，新建的龍江天妃廟落成，朱棣想到鄭和回朝時提及此次奉旨出使西洋「神多感應」之類經歷，特命太常寺少卿朱焯前往天妃廟祭告。所謂天妃，原是福建莆田一個姓林的女子，據說她「幼契玄理，預知禍福」，得到後來人們的崇敬。對於天妃的信奉始於宋朝，明初關於天妃保護海上航船的傳聞更盛。朱棣要通使西洋，當然更需要敬奉天妃，以祐舟師平安。祭過天妃，朱棣便命回朝才十天的鄭和再次率舟師出海，開始了第二次下西洋。

永樂六年（一四〇八年）九月，朱棣再命鄭和第三次出使，但此時鄭和出使尚未歸來，因而正式出發是在一年以後。這次，鄭和率領將士二萬七千餘人，分乘大船四十八艘、小船近百艘自劉家河開船，經福建長樂太平港，從五虎門順風揚帆出洋，直去占城。朱棣授與鄭和的使命是「往諸番國開讀賞賜」。所謂賞賜，是朱棣對那些應詔來的西洋各國的回禮；而開讀的敕諭，也完全是懷柔遠人的內容。

朱棣對這次禮節性的出使顯得格外重視。除去賞賜各國國王錦綺紗羅等禮物外，還安排了一些外交事宜。如暹羅曾拘留貢使，奪走朱棣賜予蘇門答剌、滿剌加的誥印，但後來暹羅貢使又被安南黎利拘殺。這次鄭和的出使，一方面表示撫慰，同時也有一定程度的問罪性質。滿剌加曾有封鎮國山之請，朱棣也曾應許下來。這次鄭和出行前，特命吏部尚書蹇義將御制碑文抄寫到金龍文箋上帶去。據說當時蹇義曾抄落一字，又請求重抄。朱棣開始心疼紙箋難得，認為偶落一字，注在一旁亦可。但蹇義固執不肯，為「示信遠人」，一定要求重抄，朱棣深為所動，命取來紙箋，由蹇義重抄一遍，交給鄭和帶去。從中不難看出，廷臣們這時對下西洋之舉還是認真支持的。這一次鄭和沒有作更遠航行的試探，仍只到達印度半島的西海岸，但他比上一次多去了一些國家，先後到達了占城、爪哇、蘇門答剌、滿剌加、錫蘭、小葛蘭、柯枝、古里、阿撥巴丹、南巫里、甘巴里等國。

鄭和的出使基本上是受到各國歡迎的，表示最為熱烈的是占城國王。隨同鄭和出使的兵士費信在《星槎勝覽》中記錄下了當時的盛況：

其酋長頭戴三山金花冠，身披錦花手巾，臂腿四腕俱以金鐲。足穿玳瑁履，腰束八寶方帶，如妝朔金剛狀。乘象，前後擁隨番兵五百餘。或執鋒刃短槍，或舞皮牌，捶善鼓，吹椰笛殼。筒其部領皆乘馬出郊迎接。詔賞，下象，膝行，匍匐，感沐天恩，奉貢方物。

當鄭和來到錫蘭山時，遇到的卻是錫蘭權臣亞烈苦奈兒的冷遇和侮慢。鄭和感到對方可能有加害之意，急忙率眾離去。待鄭和率船隊西行完畢返回，再途經錫蘭山時，亞烈苦奈兒佈下圈套，他將鄭和等人誘騙到國中，讓兒子索要金寶，遭到鄭和拒絕後，便發兵襲擊船隊，並伐木拒險，斷絕了鄭和等人登舟之路。鄭和率將士們返回寶船時，路已被阻。他隨機應變，乘對方全力而出城中空虛，率隨從二千將士夜半間道直抵城下，以炮聲為號，攻入城中，將亞烈苦奈兒擒獲。

永樂九年（一四一一年）六月，鄭和回朝時，獻上所俘的亞烈苦奈兒及其家屬。當時錫蘭山與周圍鄰國關係不睦，多次打劫各國使者，各國正感苦而無奈，這次被鄭和俘獲，沒有人肯為他講情。朱棣召群臣議事時，大都主張將亞烈苦奈兒殺掉。朱棣覺得這個人雖然惡跡頗著，畢竟不同於陳祖義之類流寓海外的華人，殺掉恐不甚妥，想來想去，還是決定將他遣送回去。同時又從俘獲的錫蘭山人口中得知一個名叫耶巴乃那的為人賢明，又是亞烈苦奈兒的支屬，便立之為國王，遣使往封。這個耶巴乃那後來成為錫蘭史上統治時間極長而又極為賢明有為的君主。

錫蘭山之役是宣揚天子威德的大事，朱棣對鄭和的成功確實感到滿意至極，他立即讓禮部專門擬定了《下西洋官軍錫蘭山戰功升賞例》。按照這個升賞例則，凡在錫蘭山作戰中建有奇功、頭功的將士匠役都可以得到升級和賞賜，而陣亡的將士匠役還可以得到額外的加賞。在這次特賞之前兩個月，朱棣已經賜勞過出使西洋的全體將士。當時尚在京師的七百四十五人都由禮部引見，朱棣向他們表示慰勞，並賜予寶鈔十錠。

這種宴賞似乎說明下西洋的外交活動至此可以暫告一個段落了。

鄭和三次奉命出使西洋後，明朝與海外各國的交往日漸密切，各國前來朝貢的使臣充斥於廷。朱棣嚮往的那種「四夷順」、「中國寧」的局面已基本實現。但是，這次不肯安於現狀的皇帝卻僅僅平定了一年多時間，到永樂十年（一四一二年）年底，便又一次命鄭和準備率船隊出使。這次仍然只是禮節性的訪問，即所謂「撫諭其國」，並給予各國國王們印誥、冠帶、錦綺、紗羅、彩絹之類賞賜。與前幾次不同的是，朱棣對於這次出使抱有新的希望，他要求船隊到達西洋更遠的國家，詔諭更多的國家尊崇中國，遣使朝貢。「**天子以西洋近國，已航海貢琛，稽顙闕下，而遠者尤未賓服，乃命鄭和賫璽書往諸國。**」

朱棣詔令鄭和出使西洋後不久，便於永樂十一年（一四一三年）春天，動身前往北京去了，他當時正關注著北方的瓦剌與韃靼的動靜。到這一年冬天，朱棣在北京厲兵秣馬準備來春親征瓦剌的同時，鄭和開始了第四次下西洋的航程。

在前三次遠航的基礎上，朱棣率領的船隊這次不僅到達當時的西洋大國忽魯謨斯，而且越過印度洋，到達了赤道以南的非洲東岸。除忽魯謨斯外，沼納樸兒、不剌哇、竹步、阿丹、剌撒麻林、溜山、底里、沙里灣泥等國也都遣使隨鄭和船隊赴中國朝貢。

永樂十三年（一四一五年）鄭和率領船隊回國途中到達蘇門答剌。這裡是中國通往西洋的要會之地，從永樂初年便不斷與明朝互通使節，往來頻密。據說蘇門答剌曾與鄰國花面國發生戰爭，國王中矢而死，王子年幼無法復仇。王妃告國人說，有能復此仇者，願與為夫，共掌國事。當即有一個漁人應召，率眾攻打花面國，殺其國王，於是與王妃結合，人稱漁翁國王。後來原國王之子長大，與部屬密謀，將漁翁國王謀害，襲取了王位，漁翁之弟蘇幹剌逃匿到山中，聚眾為亂，內戰不息。鄭和這次來到蘇門答剌，因頒賜未給蘇幹剌，引起他的不滿，率眾數萬來戰，被鄭和擊破，直追擊到南渤利，終將蘇幹剌俘獲。

鄭和於當年八月回到北京。因為當時朱棣親征瓦剌後正在北京。獻俘闕下這件事再次成為朱棣樹立天子威德的大好機會。他下令以大逆不道的罪名將蘇幹剌處死，各國使臣都為之震慄。隨同鄭和前來朝賀的麻林使臣帶來了被稱作麒麟的長頸鹿。禮部尚書呂震聽到消息後，請求命群臣上表祝賀，誰知卻被朱棣拒絕了。

「往者翰林院言修五經、《四書》及《性理大全》。書成欲具表進，朕則許之。蓋帝王修齊治平之道具於此，有益世教，可以表進。」他講的是兩個月前為這部書作序之事，「麒麟之有無，何所損益！」可能當時已經有儒臣表示對這樣大規模下西洋的異議。不過，當麻林等國史臣以麒麟、天下、神鹿等物進獻時，朱棣還是在奉天門以隆重的禮節接見了他們。

「陛下聖德廣大，被及遠夷，故致此嘉瑞。」在場的群臣一起稽首稱賀。

「豈朕德所致？此皆皇考深仁厚澤所被及，亦卿等勤勞贊輔，故遠人畢來。繼今宜益盡心秉德，進賢達能，輔朕為理。遠人來歸，未足恃也。」朱棣表示出十分的謙和，但心裡卻是十二萬分的得意。

來朝的各國使臣準備告辭回國時，朱棣決定再次派遣鄭和率船護送。於是，鄭和於永樂十五年（一四一七年）第五次下西洋。這時中國通往東非的海上航道已經暢通無阻。

第五次下西洋又是滿載而歸。各國國王為感謝明廷的賜贈，回送了不少珍禽異獸作為禮物給鄭和帶回。朱棣命人將這些禮物放在奉天門，讓群臣前來參觀。這都是些見所未見聞所未聞的珍禽異獸，群臣全都為之驚愕。據記載，有忽魯謨斯的獅子、金錢豹、大西馬，有阿丹的麒麟、長角馬，哈魯的花福鹿，卜剌哇的駱駝、駝雞，爪哇、古里的麋里羔獸，此外還有寶石、珊瑚、龍涎香、鶴頂、犀角、象牙等物。大臣們紛紛撰文吟詩，向朱棣進賀。著名閣臣楊士奇在一首詩中這樣稱頌：

天香神引玉爐薰，日照龍墀彩仗分。
閶闔九重通御氣，蓬萊五色護祥雲。
班朕文武齊鵷鷺，慶合華夷致鳳麟。
聖主臨軒萬年壽，敬陳明德贊堯勛。

永樂十九年（一四二一年）正月，朱棣遷都北京，忽魯謨斯等十六國派使臣帶來不少名馬方物，算是對遷都的祝賀。朱棣命禮部宴勞使臣之後，又派鄭和等人偕同使臣前往各國頒賜，以示回謝，於是便有了鄭和的第六次出使。

此次鄭和與副使們在到達蘇門答剌後便分道前往各國。除去要護送各國使節回國、沿途頒賞之外，朱棣還命船隊採辦海外珍寶，前一次帶回的珍奇十分引人注目，這一次舟師將士水手們也都各自賫帶錢物，沿途交易。因為是分賫而往，回歸的時間也就先後不一，鄭和回歸時間較早，前後僅用了一年半時間。

鄭和在永樂二十二年（一四二四年）正月奉命去舊港冊封已故的宣慰使施進卿之子施濟孫襲其父之職，回來時朱棣已死在北征路上。明仁宗朱高熾採納了戶部尚書夏原吉等人的建議，在即位詔中宣布：

下西洋諸番國寶船，悉皆停止。如已在福建、太倉等處安泊者，俱回南京，將帶去財物，仍於內府該庫交收。原差去內外官員速皆回京。民梢人等，各發寧家。

永樂中聲勢浩大的通使西洋活動就這樣停止了。儘管五年後的宣德五年（一四三〇年），明宣宗朱瞻基還曾派遣鄭和、王景弘等率領一支六十一艘寶船的船隊進行過一次大規模的出使西洋活動，去告諭西洋諸國，明朝已有新皇帝登極改元，要求各國派遣臣來朝，但那只是整個下西洋活動的尾聲。朱瞻基繼承祖業揚威海外的理想，已經不為時代所允許。

曇花一現的明朝海上外交盛況永遠結束了，下西洋之事甚至很快被視為弊政。在封閉的自給自足自然經濟下，這種官辦的「朝貢外交」除去加重國家財政負擔之外，在經濟上確實看不到更多的積極效果。到成化年間，有些宦官迎合上意，鼓勵再通西使。當時憲宗朱見深下詔索鄭和出使水程，兵部尚書項忠讓人入庫翻檢舊案，接連三日未能找到。這些舊案已經被兵部車駕清吏司郎中劉大夏藏匿起來。項忠向吏員追索時，劉大夏在一旁說道：「三保下西洋，費錢糧數十萬，軍民死且萬計。縱得奇寶而回，於國家何益？此特一弊政，大臣所當切諫者也。舊案雖存，亦當毀之，以拔其根，尚何追究其有無哉？」這些出自儒臣之口的批評是何等理直而氣壯，似乎下西洋的壯舉就這樣永遠定為弊政了。然而，這耗資巨萬的航海活動，對當時東方的文化交流、對中國手工業和海上貿易的發展及其對科學技術的貢獻，也堪稱舉世無雙！

六　通好西域

明朝自洪武年間開始與西域的帖木兒帝國通使往來，帖木兒表示願意對明稱臣納貢，還曾有致明太祖朱元璋的書信。但是後來兩國關係卻發生衝突，明廷派去的使臣傅安等人被羈留，此後便漸無消息。朱元璋再派陳德文等人去了解傅安出使的情況，結果也被拘羈。不久朱棣起兵奪位，明朝內部爭戰四年，也就不曾顧及帖木兒了。

跛子帖木兒是個野心勃勃的人。這個突厥化的蒙古貴族在成為西察合台的蘇丹後，連年向鄰國征戰，建立起當時中亞最強大的帝國。朱棣在北平起兵「靖難」時，帖木兒率軍入侵小亞細亞；朱棣攻入南京奪取皇位的同時，帖木兒也在安卡拉附近的激戰中戰勝了奧斯曼帝國的數十萬大軍，俘獲了蘇丹巴耶塞特一世。帖木兒此時不僅不想再臣服於明朝，而且自以為可以用武力征服中國。朱棣對這些情況一無所知，而帖木兒也絲毫不知道他將要對敵的是當時世界上最強大的國家。如果不是帖木兒在率軍東進途中病死於火站河的話，也許一場戰爭會使他們之間互相了解起來。

帖木兒因長子早死，他死後便由其孫哈里繼承了大汗位。哈里不願與明朝構兵，便遣使送傅安等人回國，順便貢獻方物，藉以恢復和平邦交關係。朱棣對來使盛情款待，賞賚甚厚。這樣做顯然是很合乎邦交禮儀的。

傅安等人洪武年間出使，被扣長達十三年。他離國正是壯年，回國時已是鬚眉盡白的老人了，

張騫通西域

張騫（前 164 年～前 114 年）是西漢著名的外交家。他曾分別於公元前 139 年和公元前 119 年兩次出使西域，亦兩次受匈奴俘虜，前後歷時十三年才逃回長安。

張騫出使西域的原始目的雖然沒有達成，但他將漢朝的文明帶到了西方諸國，為東西交流作出極大的貢獻，並擴大了當時漢朝文明的影響力。他成功開拓了絲綢之路，後世稱之為「東方的哥倫布」。

在異國他鄉艱苦備嘗，不畏威逼利誘，始終拒絕投降，維護了大明帝國的尊嚴。他率領的使團原有一千五百人，最後只剩下十七人生還國內，僅此一點也可看出，出使是何等的艱險。其情景與漢武帝時張騫通西域很相似，但傅安卻在史書中少為人知。他這種愛國的氣節是值得大書特書的。

朱棣得知帖木兒死後其孫哈里與叔父沙哈魯不和，幾乎兵戎相見的情況，特派遣都指揮白阿兒忻台前往致書勸諭。已經控制了全國局勢的沙哈魯在哈烈接見了明朝的使臣們。按照當地禮儀，白阿兒忻台與帖木兒帝國的大臣們一樣趨前持吻沙哈魯國王的手——當地被臣民們視為殊恩的大禮。這和帖木兒當初羈留明朝使臣的做法形成了鮮明的比照。

兩國關係中最有趣的一幕出現在永樂十四年（一四一六年）。朱棣派出使臣向沙哈魯提出兩國永遠友好相處，並准許民間互相貿易。這種許諾對帖木兒帝國政治經濟十分有利，但卻並非當時中國的需要，朱棣意在實施自己的「懷柔遠人」政策。使臣們帶去了大批珍貴禮品，其中一幅白馬圖，畫的正是沙哈魯朝貢的那匹馬。沙哈魯大喜過望，多次設宴招待使臣。他還給朱棣寫了一封書信，以「朋友之誼」勸朱棣皈依伊斯蘭教。這確實使大明皇帝感到有些為難，朱棣不能斷然拂絕沙哈魯的情誼，又無法接受這番勸說，只好採取避而不答的策略。

永樂十八年（一四二〇年）十一月十一日傍晚，夕陽將盡，來自中亞的帖木兒帝國使團經過一年的長途跋涉，到達了出使的目的地北京。

這是朱棣正式遷都的前夕，宮殿尚未完全竣工，而宏偉的皇宮規和莊嚴的儀式已足使各國的使臣們感到敬畏。高大宏敞的宮門外，佇立著成千上萬的臣民，等待著朱棣的出現。據使臣們記述：「各人手持木板一塊，長一骨尺，寬二寸半。各人眼皆注視木板。後方有軍隊，槍兵、騎兵及執刀者，難以數計，萬眾之中，寂然無聲，以於皆若死者也。」中國皇帝的威嚴，大概是舉世無雙的了。

朱棣從後宮出來，登上寶座。身後只有兩名少年宮女侍立。使臣們此時才看清楚這位中國皇帝的外貌：「中等身材，面不過大，亦不甚小。有髫鬚，約二三百莖，分三四卷，長達於胸。」奇怪的是朱棣坐下後，卻首先審理了一批囚犯，直到一一處理完畢，才接見了帖木兒帝國的使臣們。引見的明朝官吏也是信奉伊斯蘭教的，他們讓使臣們向朱棣叩頭，使臣們按照吩咐將頭深深低下，但卻不曾觸及地面，他們不習慣中國的禮節。朱棣倒也並不在意，看過國書後，只略問幾句，知道這些使臣經過長途跋涉，勞頓已甚，便讓人引去休息。第二天清晨，使臣們再次入宮，朱棣設宴招待了他們。使臣們大約是過於拘束了，這宮中的盛宴與沿途受到熱情隨性的招待相比，使人不免有些興味索然。

使臣們在北京度過了永樂十八年（一四二〇年）的除夕之夜。這是朱棣遷都北京的開始，為了表示慶祝，京城民戶店鋪都點燃了燈炬，滿城光輝，如同白晝。各國來使被邀請和朝臣們一起入宮朝賀，宴會直至次日中午始散。這些使臣在北京一直住到永樂十九年（一四二一年）四月。他們除了參加必要的禮儀活動之外，大多數時間用來四處遊覽。

清明過後，朱棣狩獵即將回宮，突然命人通知使臣準備接見。使臣們趕回驛館時，見到平日接待他們的官吏表情甚為懊喪。經過再三追問，那官吏才悄悄說出實情——原來朱棣此次出獵，所乘即沙哈魯進獻的馬匹，結果馬在行獵中跌倒，將朱棣摔傷。朱棣為此發怒，諭令將使臣加鐐看守，準備流放到遼東充軍。這飛來橫禍使他們惶然不知所措。

第二天清晨，使臣們不安地前往朱棣的行幄，等候接見。裝飾著金寶的黃緞帳幕中，朱棣正在與群臣商討處治使臣的辦法。諸臣大都主張赦免使臣，他們以為將使臣處罪不利於「懷柔遠人」。朱棣當初跌落下馬，一時惱怒，欲加罪於使臣。事情過後，已有緩和，既有群臣相勸，也就不再追究。朱棣啟程回宮時，已改乘一匹黑色白斑的貢馬，他身上穿著一件鑲金的紅袍，長長的鬍鬚放在胸前小緞袋中。身後有七頂小轎，一頂大轎，左右是隊列整齊的騎士，一直排列到北京城下。朱棣騎馬走在由護衛騎士們列成的通道之中，氣宇軒昂，已經面無怒色。使臣們被通知叩跪進見。這一次他們都真正叩首觸地了。朱棣讓他們上馬同行，又重提貢馬之事。

「既欲兩國連好，擇馬或他貴物而獻於帝王，須擇最佳者。昨日朕乘爾等所獻之馬，不意馬已過老，竟將朕顛僕於地。朕手受傷，變青黑色，敷金甚多，痛始稍減也。」朱棣舉手間似有不便，看來摔得並不輕。

「此馬乃昔日大愛迷兒之馬。」使臣解釋說，「大愛迷兒者，愛迷帖木兒古兒汗也。沙哈魯王獻陛下以此馬，欲表示其最敬之意也。王謂貴國必以此馬為馬中之寶也。」沙哈魯將其父帖木兒十六年前的座騎獻給朱棣，確實可說是一件崇敬的珍貴禮物了。朱棣轉怒為喜，對傷痛也不再介意。

這件誤會發生過後兩天，北京的新皇宮中便發生了三次大殿火災。當時朱棣因寵妃王氏剛剛去世，又加上三大殿火災，心情壞極。他殺掉反對遷都、抨擊時政的主事蕭儀後便病倒了。幾天後，帖木兒帝國的使臣們辭行，朱棣也沒有接見，只是讓太子朱高熾代為表示謝意和送行。

永樂二十年（一四二二年），帖木兒帝國再次派遣使臣入貢，這時朱棣正在進行晚年不斷的北征。他帶病出師，不久病故。仁宗朱高熾登極後不務遠略，與西域各國的關係也就日漸疏遠，使臣往來的盛世一去不復返了。

七　問罪交阯

在朱棣諸多的外交活動中，「問罪」安南並以其內屬設交趾布政司一事，當時被稱頌為「前古鮮儷」的武功。但後人論及此舉的得失，則不盡如當時史臣的恭維，以武力臣服安南雖然獲得成功，卻帶來許多後患。

古稱交阯的安南自漢至唐為中國屬部，也就是今天的越南北部，五代以後獨立成國。建文年間，安南權臣黎季犛接連殺掉陳日焜、陳顒、陳炭三任安南國王，大肆屠戮陳氏宗族，並改姓胡，自立為帝，國號大虞。不久又傳位其子胡查，自稱太上皇。永樂元年（一四〇三年），胡查派使臣到南京奉表朝賀請封，詭稱陳氏已絕嗣，自己是陳氏外甥，代理掌管國事。胡查究竟如何得位本無心過問，他本人也是奪位登極的，於是命禮部郎中夏止善賫帶詔書前往，正式封胡查為安南國王。

次年八月，一個名叫裴伯耆的安南陳氏舊臣突然來到南京告急，向朱棣報告了國變的真實情況。數日後，老撾宣慰使刀線歹居然遣使送來了前安南王之孫陳天平。陳天平當初因為被黎季犛斥逐在外，變故中未遭殺害，逃匿山谷。老撾雖然收留了他，卻無力出兵相助。他感到無望，幾度欲自殺，終又苟活下來。見到朱棣後，陳天平一番陳情哭訴，說得淒淒慘慘，希望打動朱棣，以求出兵相助。

胡查的使臣到南京朝賀正旦時，朱棣有意安排了一次特別的會見。當禮部官員陪同陳天平出現在安南使臣面前時，他們全都驚愕不已，有人不由自主下拜，也有人感泣落淚。這證明陳天平確為陳氏後人無疑，朱棣決定幫助他復國。

「安南胡查初云陳氏已絕，彼為其甥，權理國事，請襲王位。朕謂查以甥繼之，於理亦可，乃下詔封之。」朱棣對左右侍臣們說道，「熟知其弒主篡位，僭號改元，暴虐國人，攻奪鄰境，此天地鬼神所不容也。而其臣民共為欺蔽，是一國皆罪人也，如何可容！」四大罪狀，條條皆可誅殺。但朱棣並未立即出兵，只是派使臣送去一份問罪敕諭，令胡查自陳。狡猾的胡查連忙派人入朝謝罪，承認自己原實安南陪臣，表示願意「迎歸天平，以君事之」。這種惶恐虔誠的表示使朱棣感到滿意，他慰撫了來使，收下了胡查的謝表。

永樂四年（一四〇六年）三月間，陛辭還國的陳天平在左副將軍黃中所率五千將士護送下進入安南國境。胡查派出的陪臣已前來迎接，還帶來牛酒犒勞明師。黃中見胡查未至，放心不下，陪臣解釋說：「安敢不至，屬有微疾，已約嘉林奉迓矣。」黃中派哨騎四出偵察，未見可疑之處，只有壺漿相迎者不絕於途，便放下心來，率軍護送陳天平徑進。安南山道險峻，林木茂密，又逢雨季，草滑泥濘，軍行難以成列。突然，雨霧之中，四面伏發，鼓噪之聲震動山谷，遠近相應，似有千軍萬馬。伏兵並不與明軍交戰，只是突入隊中，劫持陳天平而行。黃中慌亂整兵進擊，為首的安南將領隔澗遙拜道：「遠夷不敢抗大國、犯王師。緣天平實疏遠小人，非陳氏親屬，而敢肆其巧偽，以惑聖聽、勞師旅，死有餘責。今幸而殺之，以謝天子。吾王即當上表待罪。天兵遠臨，小國貧乏，不足以久淹從者。」辭句雖然謙卑，內容卻十分強硬。看來一切都早有預謀。黃中無奈，眼看著陳天平被劫殺，只得引兵而還。軍馬雖未遭大損失，但是原大理寺卿薛岩當時在軍中輔陳天平以行，中伏後自縊而死。

「蕞爾小丑，罪惡滔天，猶敢潛伏詐謀，肆毒如此。朕推誠容納，乃為所欺，此而不誅，兵則奚用！」朱棣接到黃中等人的奏書，忍不住破口大罵起來。他感到自己被戲弄了。作為宗主國的皇帝，他絕不能容忍這種行動，否則哪裡談得上要「四夷賓服」？

當時居武臣之首的「靖難」功臣成國公朱能被任命為總兵官，佩征夷將軍印，西平侯沐晟為左副將軍，佩征夷副將軍印，新城侯張輔為右將軍，豐城侯李彬為左參將，雲陽伯陳旭為右參將，統將士八十萬南征。名將雲集，說明朱棣對這次出征的重視。

但事情並不如朱棣所想像的那樣順利。出師才兩個多月，南征總兵官朱能突然病卒於龍州。這位身經百戰的功臣是朱棣此次南征安排的倚靠，像這樣重大而且難於遙度的征戰，只有朱能將兵，便宜從事，才可放心，不料朱能竟出師未捷身先死。這位難得的帥才雖位列上公，卻未以富貴驕人，又善撫士卒，死後軍中為之一片悲哀。

很快，震悼之餘的朱棣下令以張輔佩征夷將軍印，充總兵官，代替朱能統軍。這位年僅三十一歲的青年將領不負所望，已率軍攻克隘關，傳檄安南官吏軍民人等，書列黎季犛父子二十大罪狀，深入安南境內。列罪榜文被寫在木牌上順流放下，安南將士們看到榜文上條條罪狀，都有根有據；再加上黎氏父子多行苛政，民心厭惡，將士們已無鬥志，紛紛降附，三江州縣望風送款。黎氏父子只得焚毀宮室倉庫，逃遁入海，最終為張輔所擒。出師大獲全勝。

捷報傳到京師，群臣入賀：「黎賊父子違天逆命，今悉就擒，皆由聖德合天，神人助順。」

「天地祖宗之靈，將士用命所致，朕何有焉。」朱棣略表謙遜，內心卻已飄然自得了。

當群臣以開設三司及郡縣其地為請時，朱棣立即應充，並以平安南詔告天下，改安南為交阯布政使司，分設官吏，改置州縣，正式將安南國變成了明朝的一個省。

安南儘管曾為中國屬地，但自五代以後數百年間已獨立成國，一旦被改為明朝布政司，便等於亡國。倘若朱棣能物色合適的安南國人選權理國事，事情可能會更好些，但他卻草率決定將安南內屬。這種征服與統治勢必遭到安南各階層的反抗。從此，多事的交阯成為明政府的一個沉重負擔。

交阯的平靜是極其短暫的，張輔撤軍一年以後，便發生了簡定等人發動的兵變。當地明軍鎮壓不力，朱棣只得調發雲南、貴州、四川都指揮使司及成都三護衛軍四萬，由沐晟掛征夷將軍印出征。沒想到沐晟在生厥江遭到慘敗，參贊軍務的兵部尚書劉儁突圍不成，自縊而死，交阯都司呂毅、參政劉顯同時戰死。朱棣不得不再次任用張輔協同沐晟作戰，擒獲了簡定，才算將交阯局勢平定下來。

永樂八年（一四一〇年）十二月，得到當地人支持的陳季擴以陳氏後人的名義，派使入朝求封。當時正值朱棣第一次北征凱旋，他一時高興，特授陳季擴為交阯布政使，分授其屬都指揮、參政、副使等官。然而，這種敕封全然不是陳季擴所求，他要求的是安南國王，而不是布政使。朱棣的敕封不僅未能換來交阯的平靜，反而成為陳季擴等人反抗明軍的導火線。朱棣不得不第三次命張輔率軍前往交阯鎮壓。陳季擴的抵抗堅持了兩年之久，最後敗退老撾，於及蒙冊南磨被明軍俘獲，交阯才重新平定下來。

史家們往往將交阯的動亂原因歸咎於官吏的苛政、宦官馬騏採辦金銀的過失。當初朱棣也曾這樣認為，因而十分注意對交阯實行安輯寬仁的統治。但是武力鎮壓、安輯撫治都無法從根本上解決問題，直到朱棣病故，交阯的動亂也未能從根本上平息下來。

征服安南無疑是朱棣外交活動中的重大失誤，他自己也明明知道經營的重點應放在北方，卻無法從安南撤足。特別是他決定北遷國都後，對交阯更無暇顧及，只能限於維持。交阯成了明朝的一個包袱。由於連年戰爭，朝廷不僅花費大量軍費，而且要不斷向交阯調運糧食，以保證當地人的生活，調運數量甚至超過了當時南北兩京之需。實際上，這就是朱棣死後，明皇朝統治者最終放棄交阯的根本原因。

第十章　生前身後事

一　「天下雖安，不可忘危」

在天下大事皆出於皇帝「宸斷」的專制時代，皇帝能否勤於政事，往往就是國家政務是否壅蔽的關鍵。朱元璋去世前，說自己即位以後一直「憂危積心，日勤不怠」，這句話用來形容朱棣，也是合適的。人們只需看這樣一個數字便會感到吃驚——他在位的二十二年中，竟有十二次生日是在出巡和征戰中度過的。

朱棣每天要早早地上朝，處理繁忙的政務，幾乎沒有休息的日子，即使有時「龍體欠安」，臣下也往往要到床榻前奏事，以請定奪。在元宵節放假的十天內，朱棣也仍然每天上朝，大臣們雖不奏事，但仍有不少事情需要處理。視朝之暇，他也不肯休息，總是到便殿上取經史覽閱。由於上朝時群臣奏事甚多，沒有時間交談，朱棣便安排六部尚書和內閣近臣在午後作詳細匯報，並且告訴他們不要考慮中午疲倦，「蓋朕有所欲言，亦欲及此時與卿等商榷」。

夜深人靜時，有夜讀習慣的朱棣總要秉燭獨坐，披閱州郡圖籍，靜思熟記。但是事情實在太多，難免會忘卻，本來晚間想好的要事，到早晨卻忘掉了。向左右侍臣詢問，也都不曾記得。他從此接受教訓，告訴近臣們說：「朕以一人之智，處萬機之繁，豈能一一記憶不忘？一一處置不誤？拾遺補過，近侍之職，自今事之從脞者，爾等當悉記之，以備顧問，所行有未合理，亦當直諫。」以後凡有要辦之事，當即記錄下來。有時睡到半夜，忽然想起一些辦理未妥的事，也要立即起身，喚人記錄下來備忘。碰上沒有處理好的事，便常常弄得徹夜不眠。

一天，百官奏事後已退下，朱棣又召來幾個大臣，議事良久。一個侍臣奏道：「聖躬勤勞，請少息。」朱棣卻回答說：「積習既久，亦忘其勞。蓋常自念才德不逮，若又不專心志勤思慮，所行何由盡善？民生何以得安？蓋勤於思則理得，勤於行則事治。勤之為道，細民不敢廢，況君乎？」這段話幾乎可以看作是朱棣勤於政事的全面自述，把他為什麼要勤於政事、如何操勞，都說得一清二楚。從各方面的情況看，他的這種說法是大致可信的，當時的臣民們對於朱棣是否真正做到這一點並不懷疑。

有時，朱棣與大臣們議論天下大事，不知不覺就是大半天。有的大臣就勸他說：「語多傷氣，非調養之道，當務簡默為貴。」朱棣說：「人君固貴簡默，但天下之大，民之休戚，事之利害，必廣詢博訪然後得之。不如是不足以盡群情。」正是為了全面了解全國的各種情況，朱棣明知「簡默為貴」，但卻不願「簡默」，執意「廣詢博訪」，不辭勞累。

的確，朱棣很不喜歡過深居簡出的皇宮生活。他當藩王時打獵經過田家，常常也要進去看一看，以示體察民情；作皇帝後情況有所不同，但南北兩京之間，還是往返奔走了多次，對中原腹地情況算得上比較熟悉。雖然不曾親臨南方諸省和西南西北各地，對那裡的情況也總是十分關心。

內閣學士胡廣回江西老家，還朝以後，朱棣問起江西的農事，胡廣說田家稻子已經收完，朱棣連忙詢問為何如此之早，胡廣解釋說，家鄉多種早稻，因此種獲皆早。接著又談到江西百姓的生活，朱棣問他：「江西民眾而田少，農家亦給足否？」胡廣回答：「勤者可給。」江西是官田比較集中的地區，地少人多，賦稅繁重，所謂「勤者可給」，已經道出了農民生活的艱難。當時江西流民問題甚為嚴重，派去招撫的給事中朱肇虛增墾田數字，欺上謊報，朱棣由此想到應派人核實數字，以後對虛報的官吏都做了嚴厲的處罰。

這「勤者可給」一句話，還觸發了朱棣的許多聯想，他慨歎說：「『勤』之一字，豈獨農夫當盡？士工皆當盡。至於人君，尤不可不盡。朕每退朝靜坐，必思今日所行幾事，某事於理如何？於人情如何？若皆合宜，心則安矣。」一個封建帝王能有這種認識，畢竟還是不多見的。

當時上通下達的機構是通政司，每天都要處理大量的四方奏疏。通政司官們先將這些奏疏翻看一遍，認為不太重要的，便不再上報，直接發送六科。朱棣知道後很不滿意，找來參議賀銀等人，斥責他們說，四方言事不能送達，還要通政司幹什麼？「自今宜深懲前過，凡書奏關民休戚者，雖小事必聞，朕於聽受不厭倦也。」他不僅要隨時看到各地章奏，而且要了解真實的情況。但是不少章奏多有粉飾太平的話，熱衷於談論「田谷豐稔，閭閻樂業」之類的大好形勢。朱棣心中明白，很是惱怒，便讓通政司官員們把這些上報的情況都登記在案。日後經核查，如不符合實際，一律正以欺隱之罪。這樣做，對那些只報喜不報憂的地方官來說，多少形成了一種約束。

皇位得來不易，他便事事都想過問，幾乎到了事無巨細的程度。永樂九年（一四一一年）二月，朱棣在右順門閱讀四方奏牘時，由於精力過於集中，御案上一個鎮紙金獅被碰到案邊，險些掉到地上，站在一邊的耿通連忙上前將金獅往裡邊移了移，朱棣這時候才發覺。大概是剛剛閱讀奏疏思考國家大事的緣故，立刻與剛才的事聯繫起來。「一器之微，置於危處則危，置於安處則安。」他指著那尊鎮紙金獅歎喟：「天下，大器也，獨可置之於危乎？尤須安之。天下雖安，不可忘危，故小事必謹，小不謹而積之，將至大患；小過必改，小不改而積之，將至大壞。皆致危之道也。」

正是為了天下這一「大器」，朱棣才不敢有絲毫的懈怠。他將儒臣送上的《大學正心章講義》反覆讀了多遍，特別欣賞其中清心寡欲的道理，認為作皇帝尤其不能有所好樂，一有好樂，泥而不返，則欲必勝理。但做到心靜而慮絕非易事。上朝忙於政事，尚不及暇想，退朝後則容易放鬆自己。朱棣便經常默坐冥想，以管束欲心想為切要之事，於是將欲心與天下聯繫在一起，「為人君但於宮室車馬服食玩好無所增加，則天下自然無事」。當然，不免也會有疏忽之時，朱棣曾經派宦官去山西採辦天花，但事後很快感到後悔，立即下令停辦了。外國使臣朝玉碗，他拒而不受，讓禮部賜鈔遣還。對於這類平日不用、府庫中又已有的東西，他力求限制，免得各地官員察其所好，爭相進獻，於國事無益。有些可能是故作姿態，但看上去朱棣還是努力這樣做了。有時候甚至上朝穿的裡衣也敝垢不堪，衣袖外露，納而復出，侍臣們看到後便忙不迭地讚頌聖德。

「朕雖十日易新衣，未嘗無。但念昔皇妣躬補故衣，皇考見而喜，曰皇后居富貴，勤儉如此，正可為子孫法。故朕常守先訓，不敢忘。」說著，朱棣自己也覺得愴然。

「陛下恭儉如此，誠萬世之法。」侍臣們仍是一片頌揚。

朱棣還經常派遣御史到各地巡視，以防地方官吏欺蔽。各地有什麼水旱災情？何利當興、何弊當革？御史們都要及時上報。永樂十九年（一四二一年），朱棣因北京三殿災，派吏部尚書蹇義等二十六人巡行全國，一方面安撫各地軍民，一方面巡察各地政情，小事即直接處治，大事則及時上報定奪。這成為明代固定省分巡撫制度的開端。

二　立儲之爭

輪到朱棣對皇位繼承安排煞費苦心時，他才真正體會到了其中的難處。因為是以藩王奪位登極的緣故，朱棣在這個問題上比他父親顯得更加敏感。

朱棣有四個兒子、五個女兒，其中第四子朱高爔早殤，四個兒子只剩下長子朱高熾、次子朱高煦和三子朱高燧三人。五個女兒分別嫁給袁容、李讓、宋琥、宋瑛和沐昕。雖然遠遠不像朱元璋那樣多子多女，但是三個兒子之間的奪嫡之爭，卻比當年朱棣和他的兄弟之間的鬥爭還要公開與激烈，而且直接影響到了永樂朝的政事。這也並不奇怪，對皇權制國家來說，皇室的家事常常也就是國事。

立儲之爭是從當年朱棣起兵「靖難」時開始的。當時，長子朱高熾留守北平，次子朱高煦則一直隨同父親在軍中作戰。朱高煦性情凶悍，行為輕浮，自幼不愛讀書，只喜歡玩槍弄棍，帶有十足的無賴習氣。「靖難」之役中，他常為先鋒，率軍拚死狠鬥，朱棣數次陷於險境，由於朱高煦奮勇接應，才轉危為安。朱棣因而認為朱高煦勇武之氣與自己相類，很欣賞他。對於長子朱高熾，朱棣總覺得多有儒生之氣，或明或暗流露出世子多病、事成後將立朱高煦為太子的意思。朱高煦獲得父親的暗示後，難免以此自負，恃功驕縱，幹出不少不法之事。

朱高熾在這方面確實不能和朱高煦相比，他是性格端重、沉靜內向的人，做起事來一板一眼，又喜歡和儒臣滿懷興致地說古論今，卻毫無一絲凌人的銳氣。他被冊封為燕世子後，祖父朱元璋曾讓他與秦、晉二世子分別閱軍，結果他回來得最晚，問起緣由，他回答說：「早晨天甚寒冷，我待軍士們吃過早飯後才閱軍，故爾遲歸。」朱高熾與諸王世子一起分閱諸臣章奏時，不去挑剔文中字句的謬誤，只注重其中切關軍民利弊的問題。朱元璋開始以為他忽略未見，問到時，他回答說：「不敢忽略，顧小過不足以瀆天聽。」朱元璋又問他：「堯、湯時水旱，百姓何以為恃？」他回答說：「恃聖人有恤民之政。」朱元璋聽了以後很高興，誇獎他有君子之識。這與朱元璋培養的太子、太孫確實頗有相似之處。

朱棣卻偏偏不喜歡長子朱高熾的這種性格。其實朱高熾並非庸懦之輩。「靖難」之役中，他留守北平，雖然上有母親徐氏，下有道衍、顧成等人的幫助，但能以萬人拒敵五十萬眾，保住北平，也確實不易。史書上說他「善拊士卒」，而且善射好學，「發無不中」，有些文武兼才的味道。只是他中年後體胖，漸漸不能弓馬，連走路也覺吃力。這也是朱棣不滿意的原因之一。

儘管有過「靖難」中方孝孺設計離間朱棣、朱高熾父子的故事，但是在他們父子同力為奪位征戰時，衝突尚不明顯。他們父子兄弟間問題的激化，還是在朱棣奪位登極之後。

太子又稱儲君，關係到國家的長治久安，所以立太子又稱立國本。新皇帝一即位，只要身後有兒子，一般都要馬上冊立太子，以免在這個問題上引起猜疑，影響皇朝的安定。但朱棣奪位以後，在立太子的問題上一直猶豫不決，朱高熾早已是世子，立其為太子是順理成章之事，但此事一直拖了近兩年的時間。這等於一種暗示——朱棣並不打算冊立長子朱高熾。

建儲之事遲遲不定引得朝中大臣議論紛紛。淇國公丘福是「靖難」功臣，久難戰陣，與朱高煦氣味相投，且一起征戰多年，所以極力主張立朱高煦為太子。駙馬都尉王寧也與朱高煦友善，竭力在朱棣面前支持他，理由是他「靖難」有功。

一些大臣擔心在建儲問題上引起一場內爭，尤其是看不慣朱高煦的凶悍，所以大多數人都支持朱高熾，希望早定儲位，消除亂萌。永樂元年（一四〇三年）一月，群臣上表請立皇太子，朱棣不允，只敷衍道：「今長子屬當進學之時，俟其知識益充，道德益進，克膺付畀，議之未晚。」

兩個月後，文武百官再次上表請立太子，朱棣又說了一通「宜預成其學問」之類的話，未允所請，這更增加了大臣們的疑慮。有人覺得周王朱橚是皇帝的同母弟，便請他出面。周王也支持朱高熾，便親自上書請立皇太子，卻被朱棣再一次拒絕了。這裡不難看出他的難言之苦——朱高熾是世子，自己不願意將他正名太子，卻難以廢掉他。朝臣又大都心向朱高熾，將其廢掉而改立朱高煦也不是件容易的事情。

賣卜出身的兵部尚書金忠是「靖難」功臣中明確反對朱高煦的一位。朱棣每有疑難，常讓他幫著拿主意，屢有效驗，因而深受信任。朱棣即位南京後，令朱高熾去守北平，金忠也受命前往贊助。朱棣徵求立儲的意見時，他列舉了歷代立嫡長的故事，主張冊立長子朱高熾。作為朱棣的心腹，他的話具有相當的分量。

朱棣還曾私下詢問閣臣解縉的意見。解縉說：「皇長子仁孝，天下歸心。」見朱棣低頭不語，他又加上一句畫龍點睛的話：「好聖孫！」他知道朱高熾的長子朱瞻基平素最受朱棣的喜愛。這一下果然有效，朱棣終於點頭稱是。當時黃淮、尹昌隆也都以立嫡長為請。這些文臣的態度實際不僅僅出於立嫡長的舊制，而且表示了他們對未來皇帝的選擇，他們不喜歡朱高煦那樣行為不端的武夫，而喜歡朱高熾這樣「好學問，從儒臣講論不輟」的仁德之君。

人們認為最後起決定作用的可能是相士袁珙。他善相人術，言人禍福無不奇中，因而深得朱棣賞識。舉棋不定的朱棣讓他給朱高熾相面，他說是「天子之相」；又讓他相朱高熾的兒子朱瞻基，他說是「萬歲天子」。朱棣的迷信心理極重，於是「儲位乃定」。

諸臣主張冊立朱高熾為太子的態度是顯而易見的，他們因此遭到朱高煦的怨恨，其中不少人後來還招致大禍。但不管怎樣，朱棣經過近兩年的猶豫，最後終於不得不立朱高熾為太子。永樂二年（一四〇四年）四月四日，朱棣正式舉行了冊封儀式，長子朱高熾被冊立為太子。同一天，次子朱高煦被封為漢王，第三子朱高燧被立為趙王。

對於冊封朱高熾為太子最不滿意的自然是朱高煦。他由爭立太子一下子落到封藩雲南，是決然不能甘心的，想方設法不肯就藩而遠離兩京。他向父親訴道：「我何罪，斥萬里。」朱棣只好將他留在自己的身邊。永樂五年（一四〇七年）朱棣便因漢王所為多不法，罪及王府長史、紀善，將他們謫黜到交阯為吏。新任的王府紀善周戠因對朱高煦多有勸說，反被他送錦衣衛獄問罪。

永樂七年（一四〇九年），朱棣北巡北京，朱高煦被命隨行。他每天在父親身邊，總要不時說些誹謗太子的話。這時太子在南京監國，為了能隨時偵伺太子的一舉一動，朱高煦在永樂十一年（一四一三年）冬天又極力請求調回南京。朱棣當時沒有答應，讓他等到春暖再說。春節剛過，朱高煦再次提出要回南京，朱棣想讓他等到秋天，朱高煦執意不肯。朱棣欲讓他把兒子留下，他說：「亦欲以歸進其學。」說得朱棣默然無語。辭行時，禮部尚書呂震奏請諸司官吏送行，朱棣也沒有答允。朱高煦的任性恃寵，漸漸使他們父子之間也不十分融洽了。朱高煦卻不以為然，不久他又請得天策衛為王府護衛，手下有了三衛兵馬，行為更加驕橫，並且學著他父親朱棣當年的樣子，以唐太宗李世民自比，明顯地要奪嫡繼位。

朱高煦知道，兄長既然已被冊立為太子，就很難一下子將其廢掉。因此，他一方面透過心腹偵伺太子行動，一有機會就向父皇進讒言；另一方面則極力排陷太子的近臣。工部左侍郎陳壽協助太子在南京監國，被太子稱為「侍郎中第一人」。朱高煦對他便格外仇視，幾番網羅罪名，終將其下獄至死。馬京也任左侍郎之職，為太子所器重，因被朱高煦所讒，謫戍廣西。吏部侍郎

李世民奪嫡位

公元 617 年，李淵在李世民支持下，在太原起兵反隋，當時李世民年僅二十歲。太原起兵出自李世民的謀略，李淵本答應事成之後立他為太子，但天下平定之後，李世民功名日盛，李淵對立太子一事猶豫不決。618 年，唐高祖李淵建立唐朝，並立世子李建成為太子。武德九年（公元 626 年），李世民發動玄武門之變殺死太子李建成、四弟齊王李元吉二人及二人諸子，篡立為太子，唐高祖李淵不久後被迫退位，李世民即位為唐朝第二位皇帝唐太宗。

許思溫也是太子的近臣，被朱高煦構陷後死在獄中。

事情的根源還在朱棣。他冊立朱高熾為太子，一方面是因為當初朱高熾已被太祖朱元璋立為燕世子，同時也是迫於諸臣之議。他本人奪位登極已經有違朱元璋立嫡立長的祖制，如果再違背眾議，廢長立幼，恐怕更要招怨於天下了。也正因為如此，朱高熾才得以被勉強冊立為太子。

三個兒子當中，朱棣最喜愛是第三子朱高燧。朱高燧年最幼，生性聰敏，他被封為趙王後不久，便受命赴北京監國，北京的官吏處理政務都要向他啟奏而後行，很受重視。朱棣在永樂三年（一四〇五年）曾經兩次敕諭趙王朱高燧。第一次讓他選軍士六十人、幹練指揮二人，往西北巡視軍情——這實際上是讓他全權處理西北軍務。第二個敕諭是讓朱高燧慎守邊防，不要輕易遣將出兵。宦官黃儼看出朱棣的偏愛，勾結起一些內臣，黨附朱高燧，也暗地準備奪嫡。

三　如履薄冰的皇太子

太子朱高熾實在處境艱難。由於朱棣對他處處不滿，做起事來，總要百倍小心，還難免經常引起父皇發怒。朱棣在冊立他為太子的同時，又命丘福為太子太師，位在少師朱能之上。丘福一直主張立朱高煦為太子，這時卻讓他當朱高熾的太師，無疑有監視之意。朱高熾很清楚這一點，所以他這個太子就不能不格外謹慎。不僅如此，到永樂六年（一四〇八年）十一月，朱棣又命丘福輔導皇太孫朱瞻基。這樣，他們父子的一舉一動都處在丘福的嚴密監視之下。

朱高熾在南京監國，手中並沒有實權，主要從事一些祭祀活動，再就是處理一些日常小事。臣下的章奏，一般都要送往北京行在，聽父皇處置後再行施行。即使處理一些瑣事，也要記錄在案，待父皇回京後覆查，看是否妥當。朱高熾處理事情不能用寶璽，而只能用「皇太子寶」。朱棣還明確申諭，太子不得授官，不得對臣下治罪。可見這位太子徒有監國虛名，權力卻實在小得可憐。

有一次，朱棣從北京行在回到南京，為朱高煦的讒言所惑，於午門張榜稱，凡是太子處分的事情一律廢止，不得實行。朱高熾十分害怕，又不知該怎麼解釋，遂憂慮成疾，臥床不起。請醫生診治，也總不見效。朱棣命蹇義和袁忠徹前往探視。袁忠徹是袁珙的兒子，也精於相術，當年朱棣起兵他所預言後來一一應驗，得授官鴻臚寺序班，深得信任。他回來後說，太子面色青藍，屬驚憂之相，收起午門的榜就可以治好他的病。朱棣遂命將午門的榜文揭去，朱高熾的病便果然好了。對朱棣來說，自從冊立朱高熾為太子，再改立太子的可能性實際上已經不大了。這也是封建制度本身造成的一種制約。

從太子冊封以後，朱棣也不願再聽人談及此事。解縉是個恃才自傲而少顧忌的人，他看出漢王朱高煦有奪嫡之意，而寵遇日隆，便忍不住勸諫朱棣說：「陛下之舉是鼓勵他們兄弟相爭，萬萬不可。」這一下戳痛了朱棣，他本來給予漢王寵遇也是出於無奈，解縉卻偏偏要揭發此事，朱棣自然惱怒起來，拍案大罵解縉「離間骨肉」，從此便疏遠了解縉。

朱高煦是從丘福等人那裡得知立儲之議的，但他卻譖告解縉洩露禁中密語。後來朱棣尋個機會，指解縉廷試讀卷不公，將他改官廣西。坐事以禮部尚書降為郎中的李至剛是個佞諛小人，解縉曾說他人品不端，因而招其嫉恨，這次乘機說解縉被謫有怨望之言，於是又將解縉改任為交阯布政司參議。

永樂八年（一四一〇年），解縉入京奏事，因為朱棣當時正在北京安排北征之事，沒有見到，謁見過皇太子朱高熾後便回去了。這當然會有「私覲太子」之嫌。永樂二年（一四〇四年）曾發生過一起中軍都督李諒於早朝後獨留私見太子的事，李諒因此受到彈劾，朱棣重申「凡百官朝謁東宮，偕進偕退，不許獨留私見」的規定後，對李諒宥罪不問。這一次情況卻不同，漢王朱高煦抓住這個機會上奏說解縉有意「伺上外出，私覲太子，徑歸，無人臣禮」，朱棣大為震怒，下令將解縉下獄。這是永樂時立儲過程中的第一個大案，牽運到的官吏有大理丞湯宗，宗人府經歷高得暘，中允李貫，讚賞王汝玉，編修朱紘，檢討蔣驥、潘畿、蕭引高等人。少詹事鄒濟也因此積憂成疾，不久病死。李貫、朱紘、蕭引高、高得暘都在獄中瘐死，連以私怨中傷解縉的李至剛，也反為其獄詞連及，坐繫十年。解縉被押至永樂十三年（一四一五年），拷虐備至，埋在積雪中致死。

大理寺右丞耿通也是一個類似的悲劇人物。他看到漢王奪嫡的活動越來越露骨，太子身邊的臣僚也不斷有人得罪，太子更有被更易的危險，便從容地向朱棣進諫：「太子事無大過誤，可無更也。」朱棣對此很不高興。不久，便藉故將耿通處死。說耿通「為東宮關說，壞祖法，離間我父子，不可恕，其置之極刑」。竟以奸黨罪磔殺。

永樂十二年（一四一四年），朱棣北征回師，太子朱高熾遣使迎駕稍遲，朱高煦乘機進讒。朱棣對太子痛加訓斥，並下令將東宮官屬全部逮治下獄，其中包括明初的名臣黃淮、楊溥等人。明眼人不難看出，以迎駕遲緩對太子近臣大加治罪，其矛頭顯然是指向太子的。但這個理由過於牽強，簡直有些「欲加之罪，何患無辭」的味道。朱高熾一向行事謹慎，即使迎駕再及時，朱棣也可以說他遲緩；如果雙方沒有芥蒂，就是迎駕慢一點，也算不上什麼大不了的事。但在當時的背景下，這卻成了一個莫大的罪名。

兵部尚書金忠身兼詹府事詹事，與黃淮、楊溥等一起輔佐太子監國。其他人紛紛被逮繫監獄時，金忠因屬「靖難」勛舊而未被治罪。朱棣還密令金忠審察太子的所作所為，但他是個仗義敢言的人，力陳太子並無過錯，惹得朱棣大發雷霆。金忠馬上跪下叩頭，脫下衣冠，流著淚向朱棣表示「願連坐以保之」，才保住太子未廢，東宮官屬黃淮、楊溥等人獲全。儘管有金忠之力，黃、楊等人還是被繫獄達十年之久，直到朱高熾作了皇帝，才被釋出獄。

永樂十三年（一四一五年）五月，朱棣將漢王朱高煦改封青州，但朱高煦仍然遷延不肯就國。以前是嫌雲南太遠不去，現在改封近處還不去，這才引起了朱棣的疑慮。他敕責這個不聽話的兒子說：「既受藩封，豈可常居京邸？前以雲南遠憚行，今封青州，又托故欲留侍，前後殆非實意，茲命更不可辭。」其實這話說得並不嚴厲，而且朱棣此時尚在北京，事後也沒有督辦。朱高煦恣縱慣了，只把父皇的話當成耳邊風，依然我行我素，遷延自如。他私選各衛健士，並且募兵三千，不隸籍兵部，成為王府禁衛。這些健卒仗勢劫掠，負責南京治安的兵馬指揮徐野驢擒治了一些人，朱高煦勃然大怒，親去用鐵爪撾殺了徐野驢。留守南京的官吏和監國的太子朱高熾都不敢治問。

直至次年十月，朱棣由北京行在回到南京，才開始認真處理漢王朱高煦就藩之事。他隱約聽到一些朱高煦的胡作非為，就詢問吏部尚書蹇義，但蹇義不敢說。又問楊士奇，楊士奇回答得很策略：「臣與蹇義俱侍東宮，外人無敢為臣兩人言漢王事者。然漢王兩遣就藩，皆不肯行。太子知陛下將徙都，輒請留守南京。惟陛下熟察其意。」朱棣聽後默未語，但心裡已大致清楚。幾天以後，他掌握了朱高煦數十件不法之事，遂將他召來嚴詞切責一番，並命剝去他的冠服，囚繫於西華門內，揚言要廢為庶人。太子朱高熾少不得涕泣力救，朱棣於是下令削奪漢王府兩護衛，殺掉朱高煦左右一些狎暱之人，第二年三月徙封樂安州，命即日起行。朱高煦這次未敢拖延，只得馬上前往。

按照實錄中的記載，朱棣本不打算將朱高煦封於近畿之地，經太子朱高熾再三請求，才決定

「不去其爵，處之近畿之地，一旦有變，可朝發而夕擒也。」皇太孫朱瞻基也侍立在旁，朱棣對他說：「吾為君父在上，彼尚敢然，將來何有於爾父子？但毋忘吾言，有危宗社者，當為宗社除之，周公誅管、蔡，聖人所為也。」這段記述可能出於後來史官之意，不一定確有其事。但朱高煦未泯奪嫡之心則是事實，他就藩樂安州後，行動受到許多限制，卻仍在暗中積極活動，因而太子周圍官屬仍有因此獲罪者。

永樂十五年（一四一七年），梁潛、周冕等人侍從太子監國南京，當時有個姓陳的千戶，因擅取民財被朱高熾謫貶交阯，後來又念他有軍功，改為輸粟貸罪。宦官黃儼於是謊報「上所謫罪人，太子曲宥」。朱棣一怒之下，殺掉陳千戶，將梁潛、周冕下獄，不久也一同殺掉。刑前朱棣曾經親自詢問過梁潛，也明知事情真相，並且對楊榮、呂震等人說過「事豈由潛」的話，但最終還是將梁潛等人處死。此案發端於黃儼，是趙王朱高燧對太子之譖所致。黃儼、江保等人對太子朱高熾嚴格約束宦官心懷不滿，於是謀立趙王。

趙王朱高燧陰謀奪嫡之事在永樂七年（一四〇九年）曾有一次暴露。朱棣盛怒之下，殺掉了趙王的長史顧晟，並欲罪及朱高燧，據說也是太子力解得免的。朱棣另選了國子司業趙季通、董子莊為趙府長史，並決定自己不在北京時，改由皇太孫朱瞻基留守。這件事對趙王朱高燧是個不小的教訓，此後他排陷太子的活動變得更加隱蔽、也更加陰險。

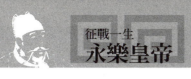

如果將朱棣的三個兒子進行比較，朱高熾比起兩個弟弟確實要多有長處，他不與兩個弟弟相互計較，處處示以關懷，很有長兄之風。朱棣去北京時，曾將鎮遠侯顧成由貴州調回輔太子監國，顧成知道漢、趙二王陰謀奪嫡的情況，自己難以立足京師，被迫引去。辭行時特地到文華殿向太子告辭，趁機向太子說了幾句語重心長的話：「殿下但當竭誠孝敬，孜孜恤民，小人當置度外，萬事有天理。」顧成雖未任輔導之職，但這番話是那麼精辟，其輔導之效是其他人的長篇大論所遠遠不及的。一是孝敬，二是恤民，不去與那些小人斤斤計較。從後來朱高熾各種表現來看，他也正是這樣做的。有人問他：「亦知有讒人乎？」他回答：「不知也，吾知盡子職而已。」明明知道兩個弟弟對自己尋隙讒構，他卻佯作不知，以謹慎行事逐漸得到了父親的信任，失敗的最終還是朱高煦他們。即使從策略上來看，這也大大地高於自己的對手一籌。

永樂七年（一四〇九年）朱棣讓太子朱高熾監國時，對他還是信任的。他把得知有關周王不法之事密告朱高熾，讓他只告訴蹇義、金忠、黃淮、楊士奇四人，「餘人勿洩」。當時朱高熾想以王高為戶部尚書，報告給朱棣，朱棣明知王高是江西人，按舊制浙江、江西人不能任職戶部，但他卻委婉地諭告朱高熾說，如若王高不是江西、浙江二省之人，則同意升用。朱高熾自然明白父親用意，他責怪自己確實有所疏忽。

永樂九年（一四一一年）朱棣北征回師，向楊士奇問起太子情況。「太子孝敬。」楊士奇回答說。朱棣讓他說具體些。「凡有事宗廟，祭物祭器皆親閱。」楊士奇舉例說，「去年將時享，頭風作，醫言當汗。殿下曰：『汗即不敢涖祭。左右請代。』斥之曰：『上以命我，我又遣人代物乎？』遂親祭。祭畢，汗遍體，勿藥病自癒。」楊士奇回答得很聰明，「孝敬」正是朱高熾的突出之處。

永樂中陝西有人獻玄兔圖，朱棣讓人把玄兔圖和群臣所上詩表送給太子朱高熾，給他講了許多賢君「敬天恤民，政勤於理」的道理，讓他了解群臣「喋喋為諛」的不良之風。「爾將來有宗社生民之寄，群下有言，不可不審之於理，但觀此表及詩，即理瞭然而情不能遁矣。」朱棣顯然已經把朱高熾作為自己的繼承人來培養了。

到永樂十五年（一四一七年）陳千戶案發後，朱棣命胡濙出巡江、浙、湖、湘諸者，實際上是要調查監國南京的太子朱高熾。臨走時告訴他：「人言東宮多失德，南京可多住幾日，試觀如何。」後來胡濙密疏太子監國七事，說朱高熾誠敬孝謹，朱棣看到後放下心來，立儲的事也終於未再發生變化。然而這已經是永樂十七年（一四一九年）的事了。

到永樂二十年（一四二二年）九月朱棣北征回師北京後，又因太子的事險些造成大案。禮部尚書呂震的女婿張鶴朝參失儀，太子朱高熾因呂震的緣故，沒有怪罪。於是有人將此事告到朱棣那裡。朱棣一氣之下，將閣臣楊士奇下獄，幾天後，又將吏部尚書蹇義、禮部尚書呂震也都下獄關押起來。這次朱棣主要是責怪大臣們「輔導有闕」，不能匡正，不久消了氣，又將他們放掉，第二年都恢復了原官。朱棣晚年身體不好，脾氣也很壞，但這次卻並沒有將事情鬧大，看來他對立太子的事已經不再有別的打算了。

漢王朱高煦自從被徙封樂安州後，不再有以前那樣露骨的奪嫡舉動，他感到沒有可能透過父親廢立太子來達到自己奪嫡的目的，只好暫時等待時機。但是到永樂二十一年（一四二三年），卻發生了廢立太子的偽詔事件。

當時朱棣因身體不適，多日未上朝理事，常山護衛指揮孟賢等人從宦官口中得知消息後，認為是奪嫡的機會，就暗中勾結趙王朱高燧，極力散佈誹謗太子的流言蜚語，說明皇上有意於趙王，將廢掉太子。欽天監官員王射成與孟賢素厚，他對孟賢說：「天象當易主。」於是，這一幫人就更加緊鑼密鼓，企圖一起擁立趙王。他們又連結興州屯軍高以正，製造了偽詔，陰謀讓宦官楊慶趁朱棣病重，在藥中下毒，等他死後，立即收起宮中符寶，逮捕諸文武大臣，頒布偽詔，廢掉皇太子，立趙王為帝。高以正把內情告訴外甥總旗官王瑜，拉他為助。王瑜聽後大驚，勸高以正不要冒這殺身滅族的危險，高以正不聽，王瑜遂將此事密報朱棣。朱棣頓時大怒，立命捕殺了孟賢、王射成、高以正等人，得到所制偽詔。朱棣親御右順門訊問，他注視著朱高燧質問道：「爾為之耶？」朱高燧嚇得面如土色，戰戰兢兢地說不出話來。太子朱高熾在一旁極力為其辯解說：「此下人所為，高燧必不預知。」這實際上是一次沒有得逞的宮廷政變，據說還是發端於宦官黃儼，黃儼一直想以趙王取代太子，於事情敗露後也被處死。趙王朱高燧雖然沒有受到嚴懲，但從此以後更加斂戢改行，不久還是被打發到了彰德。從後來的情況看，朱高燧確實再沒有奪嫡之舉，而漢王朱高煦則一直伺機待變。

一年以後，朱棣病故於北征回師途中，朱高煦得知後，派人到京師打探得知他的兒子朱瞻圻正在北京，得到消息後，立即馳報樂安州，一晝夜至六、七次之多。朱高熾知道這些情況後只佯作不知，待朱高煦等人更加優厚，使得他欲發不能。

太子朱高熾終於未被廢易，許多人認為這是因為朱棣疼愛皇太孫朱瞻基的緣故，這不是沒有道理的。永樂九年（一四一一年）朱瞻基剛剛成年，便被立為皇太孫，明確了將來繼承皇統的地位。永樂十一年（一四一三年）端午，朱棣率諸王大臣在東宛射柳，文武群臣、各國使節和京城耆老都來聚觀。皇太孫朱瞻基連連射中，朱棣感到臉上很光彩，故意當眾給朱瞻基出題道：「**萬方玉帛風雲會。**」讓他對下聯。朱瞻基叩對道：「**一統山河日月明。**」這更足以使朱棣炫耀了。皇太孫的任何一點優點，都可以成為朱棣炫耀的資本。他在行獵時懲治了一個害民的軍士，朱棣在北京得知後，欣喜之餘，讚他是「勤學之效」。朱瞻基既有類似祖父的強悍，又有類似父親的睿略，在朱棣的心目中完全取代了漢、趙二王。朱棣讓兵部尚書金忠選擇民間子弟充當皇太孫隨從，一同演武，又命文臣侍伴他講讀。北征時也以皇太孫相從，一路上教他創業守成。朱棣要求朱瞻基不要作「生長深宮，狃於富貴安逸，不通古今，不識民艱難，經國之務，懵然弗究」的亡國之君。「**天下之事不可不周知。人之**

艱難不可不涉歷。」一心把他教育成讀書明理而能齊治均平的帝王。

關於朱高熾終於未被廢易一事，也有人認為皇太子妃張氏發揮了較大作用。《明史》中記：

后（張氏）始為太子妃，操婦道至謹，雅得成祖及仁孝皇后歡。太子數為漢、趙二王所間，體肥碩不能騎射。成祖恚，至減太子宮膳，瀕易者屢矣，卒以後故得不廢。

據傳朱棣與皇后徐氏曾小宴內苑，太子朱高熾侍宴。朱棣見到他後，臉上變了顏色，又唾又罵，罵夠了，指著張氏說：「此佳婦，他日當承我家，脫微此，廢非久矣。」張氏連忙起身頓首拜謝。過了一會兒，張氏不知所云，眾人正在奇怪間，她已從宮中親手制湯餅出來。朱棣和皇后徐氏且喜且感，於是呼朱高熾與張氏同飲，盡歡而散，太子因此得以不易。

這場爭奪皇位繼承權的鬥爭終以朱高熾的勝利而告終。但朱高熾當皇帝不到一年就死了，當年的皇太孫朱瞻基即任，漢王朱高煦終於還是起兵反叛了，企圖從侄兒手中奪取皇位。朱瞻基率兵親征，俘獲了朱高煦，將其罩在銅缸下燒死。朱高煦想仿效父親朱棣「奉天靖難」，卻落得死於非命，因為他已經不具備朱棣當時的機會與條件。令人可笑的摹仿，只會得到令人可悲的結果。

早在朱棣奪位前夕就已經醞釀的這場立儲之爭，直到他死後兩年才得以最後解決，這不能不算是這位皇帝一生中的一大失算。

四　梟雄多病身

人們很難想像，朱棣這樣的一代梟雄，卻是個體弱多病之人，尤其到了晚年，病魔纏身，更給他帶來了難以言狀的痛苦。朱棣年輕時身體似乎就不大好。洪武十九年（一三八六年），他二十七歲時曾患過一場大病，史書中說是瘕病，即腹中有硬塊，經過許多名醫診治，總不見效。御醫戴思恭奉太祖朱元璋之命到燕王府為朱棣診治，看到諸醫所開藥方，均是對症良藥，很奇怪為什麼沒有效果，於是問朱棣平日吃飯方面有什麼嗜好，回答說嗜生芹。戴思恭恍然大悟，由此得知病因，投以一劑。夜晚朱棣暴下，排出許多細蝗，從此病癒。這大概不是瘕病，而是一種腸道寄生蟲病。由於病態頗顯，所以當朱棣受到諸王攻訐時，常常能以裝病避其鋒。「靖難」起兵前夕，也以裝病召回諸子，又計擒張昺、謝貴。

奪位登極後，朱棣已經年過四十，又過於操勞，身體更是每況愈下，兩條腿常常感到痹弱不支。諸醫大都以為是痿症，屢治不效。有個叫盛寅的江南名醫曾經治癒宮中太監痼疾。朱棣在西苑較射時見到這個太監，非常吃驚，本以為他已經病死了，知道為盛寅治癒，立即派人把他召到便殿。盛寅為朱棣診過脈後說：「上此風濕也。」朱棣深以為然，對他說：「我北征出塞，動至經年，為陰寒所侵而至。」服藥後果然見到效果，盛寅也因此而被授為御醫。

朱棣年輕時對患病並不十分在意，或者說在戎馬倥傯之際，也不允許他過多注意。隨著年齡的增長，原來一些隱疾漸漸冒了出來，不斷地折磨他，再加上宮廷中優越的條件，他也開始注意起養生之道來。他對左右說：「人但能清心寡欲，使氣和體平，疾病自少。如神仙家說服藥導引，亦只可少病，豈有長生不死之理？近世有法疲精勞神、佞神求壽，此又愚之甚也。」侍從的太醫院御醫蔣用文很贊同朱棣的見解：「保之之要在養正氣耳。正氣完，邪氣無自入矣。」再問起醫治的緩急，蔣用文主張固本而不要急於求治，認為太急恐傷其本。

這一年朱棣四十八歲，算是中年之時，雖然身體有病，還能應付，但是十年後，永樂十四年（一四一六年）的一場大病，使他不但身體驟然衰弱下去，而且對神仙家的態度也發生了微妙的變化，甚至影響到他晚年的性情。

關於朱棣這次患病的情況，史書中沒有明確的記述。人們只知道禮部郎中周訥從福建回來，說福建人祭祀南唐的道士徐知諤和徐知誨，非常靈驗。朱棣遂命周訥前往，迎二徐的像和廟祝來北京，分別敕封為「九天金闕明道達德大仙顯靈溥濟德微洞元沖虛妙惑慈惠護國庇民崇福洪恩真君」和「九天玉闕宣化扶教上仙昭靈溥濟高明宏靜沖湛妙應仁惠護國佑民隆福洪恩真君」，並在北京建洪恩靈濟宮，以祭祀二徐。也有的記載說，這是因為一個叫曾辰孫的道士為朱棣診治時曾禱之二徐真君而有效，又說夢見二徐真君授以靈藥才治癒了朱棣的疾病。這位熱衷於戎馬生活的皇帝可能是在永樂十二年（一四一四年）第二次北征回師後患病的。他這次北征後遲遲沒有回南京，直到永樂十四年（一四一六年）九月才動身南下，第二年二月便有建洪恩靈濟宮的敕令。

以後，朱棣每逢有病，便派人前去洪恩靈濟宮問神，掌管廟中香火的廟祝遂將所謂仙方獻上。但因仙方藥性多熱，服後痰塞，氣也不順，使朱棣變得脾氣暴躁，以致失聲。在這種情況下，往往一件小事就會引起朱棣一陣暴怒，大臣們都很擔心，但又不敢直言相勸。有一天袁忠徹入侍，對朱棣說，這些病狀「實靈濟宮符藥所致」。朱棣立時大怒道：「仙藥不服，服凡藥耶？」袁忠徹跪下哭泣，兩個內侍也跟著哭起來。這一哭，朱棣更加惱怒，立命將兩個內侍拉出去打了一頓棍子，並說：「忠徹哭我，我遂死耶？」袁忠徹跪著移至台階下，過了好一會兒，朱棣的怒氣才漸漸消去。早年與父親袁珙同效勞於燕王府的袁忠徹算是與朱棣相知甚厚的近臣，因而敢進直言，所以朱棣這次雖然震怒，但也沒有懲治他。

敕令建造洪恩靈濟宮一事在當時造成了不小的影響。同年八月有人獻金丹及方書給朱棣，自稱可長生不老，朱棣沒有接受。他說：「秦皇、漢武為方士所欺，乃又欲欺朕？」讓方士自食金丹，燒毀方書，不許再以此惑人。看來朱棣並非一味尊崇道教，他即位之初就曾斥責過進獻《道經》的人。對二徐真君的封敕或許只是因為道士醫治好了他的疾病。

從永樂十九年（一四二一年）遷都北京之後，朱棣便基本上不再臨朝視事，當時的一些記載中說他「風痹病發」，只得由太子朱高熾受朝。對於朱棣來說，疾病纏身的晚年確實是十分痛苦的，尤其當他因力不從心而感到事業的追求變得渺茫時，脾氣愈發暴戾。

史書中對於朱棣的健康情況很少記述，其實他的病情直接關係到他晚年的心理和許多做法。三大殿火災後朝中發生遷都之爭，朱棣表現得十分暴躁。主事蕭儀被殺，言官柯暹等人被謫交阯，險些釀成大獄。當時柯暹等人上言請止巡遊，認為朱棣離宮太久，引「龍不離淵，虎不離穴」為喻。朱棣當面詰問，柯暹等人以《易經》中「龍虎風雲」相對。朱棣當時雖然無話可說，還是將他們謫降了事。平息事端的是戶部尚書夏原吉，閣臣楊榮也是個能息事寧人的人。他常在朱棣左右，每當朱棣發怒時便婉言勸解，起到一定作用。

朱棣這種心理還充分表現在他晚年的北征上。遷都北京後當年冬天，他執意要興師北伐，遭到夏原吉等人反對。他們反對的主要原因，一是考慮國儲不足，二是「聖躬少安，尚須調護」，請求遣將出征。這位六十二歲的老皇帝卻居然置群臣意見於不顧，堅持率師出征。這時他已經是一個病人，但他仍然以驚人的毅力，想要去完成統一北疆的事業。實事求是地說，朱棣晚年的北征並無成效，出征逾月不見敵蹤，人馬困頓，他卻意猶未已，勸諫他的人均遭譴責，不敢再講了。太監沐敬卻不顧譴責再三勸諫，被朱棣罵為「反蠻」。他回答說：「固不知孰為反蠻也。」朱棣被激怒了，讓人將他推出斬首。沐敬毫無懼色，終於使朱棣為之感動：「我家養人若皆得此人，豈不誠有益邪？」

五　刑殺大禍起後宮

朱棣六十一歲時，寵妃王氏病故，使朱棣異常傷感，不久便病倒了。

這位叱咤風雲的帝王，後宮生活並不和諧，皇后徐氏早在永樂五年（一四〇七年）便已病故。她在世時，常規勸朱棣與民休息，對新舊官員不要有不同對待。「靖難」之役中，徐氏的弟弟徐增壽暗通朱棣，南京城破時被朱允炆所殺。朱棣要為他追贈官爵，徐氏不同意。後來朱棣還是追封徐增封為定國公，並讓其子襲封，徐氏說：「這不是我的意願。」因而不向朱棣道謝。她還曾將那些朱棣所倚重的大臣的夫人們召進宮中，勸她們以民生為念，作好內助，又採輯《女憲》、《女誡》，編成《內訓》二十篇，頒行天下。

據說朱棣在徐氏病故後，曾屬意於徐氏的妹妹徐妙錦，但徐妙錦堅決反對朱棣起兵奪位，按今天的話說，就是政治上的反對派。她曾說過，建文帝不應出逃或自焚，而應當坐在殿上以待，看燕王如何，每說到此時，常常痛哭失聲，自然不肯嫁給朱棣。朱棣遭到拒絕後威脅說：「不嫁給天子，還想找什麼樣的女婿呢？」於是徐妙錦發誓終身不嫁，出家於南京聚寶門外王姑庵。

姿資濃粹、善吹玉簫的恭獻賢妃權氏，甚得朱棣歡心。關於這位朝鮮妃子，明宮中有過不少傳說。

從元代起，朝廷每年都要讓朝鮮進獻美女，明代相沿不改。洪武時，後宮中就有不少朝鮮嬪妃，朱棣本身就是朝鮮人碽妃所生。到了永樂時期，仍然不斷下詔派人到朝鮮選秀女入宮。

永樂六年（一四〇八年），朱棣派內使黃儼等人到朝鮮選秀女，於是朝鮮王廷下令禁止婚姻嫁娶，廣採秀女，以備進獻。但最初所選，黃儼以為無美色，甚為不滿，並對當事者加以挫辱。朝鮮王廷只得分遣各道巡察司再選，同時通告各地：

前者不用心推刷，多有漏報者。更於大小守令、品官、鄉吏、日守兩班、鄉校、生徒、百姓各戶，如有姿色，一皆采擇。如有隱匿或有針灸、斷髮、貼藥多方規避者，論如律。

對於各地所選的女子，黃儼都要親自過目。這一次被選中的共有五人——工曹典書權執中之女，十八歲；仁寧府左司尹任添年之女，十七歲；恭安府判官李文命之女，十七歲；護軍呂貴真之女，十六歲；中軍副司正崔得霏之女，十四歲。上路之日，被選淑女的父母親戚哭聲載道。朝鮮人在描寫這些女子被選入京時寫道：

九重思窈窕，萬里選娉婷。……

辭親語難決，忍淚拭還零。

惆悵相離處，群山入夢青。

這五位淑女入宮後，權氏被冊立為賢妃，任氏為順妃，李氏為昭儀，呂氏為婕妤，崔氏為美人。她們的父兄也都被授予食祿而不任事的官職，不過這些俸祿要由朝鮮王廷代發，因為他們離京師實在太遙遠了。

五女之中，朱棣最寵愛權妃。朱棣初見她時，問有何所長。她拿出隨身攜帶的玉簫吹奏，窈渺多遠音，朱棣大為高興，立刻把她選拔在眾妃之上。寧王朱權曾寫宮詞描繪道：

忽聞天外玉簫聲，花下聽來獨自行。
三十六宮秋一色，不知何處月偏明。
鯱魚窗冷夜迢迢，海嶠雲飛月色遙。
宮漏已沉參倒影，美人猶自學吹簫。

朱棣曾命宮中的女官王司彩與權妃同輦同行，她很熟悉權妃，也寫宮詞歌詠道：

瓊花移入大明宮，旖旋濃香韻晚風。
贏得君王留步輦，玉簫嘹亮月明中。

可惜這位權妃享年不久。永樂八年（一四一〇年），權妃隨朱棣出塞北征，於回師途中死在山東臨城。朱棣極為傷心，將她葬在嶧縣，命令當地百姓出役看守墳塋，他打算將來把她遷葬於徐皇后陵中。因為思念權妃，朱棣對她的哥哥更加厚待。在給他授予誥命時，朱棣不禁含淚傷歎，悲慟得說不出話來。

權妃之死，起初並無人猜疑。但一次呂美人和權妃兩家奴婢在吵罵中卻透露出不尋常的消息。權妃入宮時，朱棣曾讓她掌管六宮之事。呂美人對此不滿，面責權妃說：「有子的皇后也死了，妳管得幾個月！」於是串通宦官從一個銀匠家裡借來砒霜，研成粉末，放進胡桃茶中送給權妃吃了，權妃因而斃命。朱棣得知此情後勃然大怒，將內官、銀匠一併處死。呂美人罹禍最慘，朱棣命用烙鐵烙她一個月，最後將她殺死。呂美人在宮的從人也一起被殺，牽連被誅殺者達數百人。朱棣還逼迫朝鮮王廷將呂美人的母親也抓來殺掉。但這實在是一個冤獄，直到永樂晚年才大白於天下。

原來，呂美人被選入宮後，又有商人之女呂氏被選入宮。呂氏因與呂美人同姓，欲相結好，但呂美人不願意，呂氏因而懷恨在心。後來權妃猝死，呂氏便乘機誣告呂美人毒死權妃，以致釀成這一後宮慘案。

後來，呂氏和宮人魚氏又與宮中宦官私通，朱棣漸有所聞，但卻因寵愛呂、魚兩人而未予處置。二人知道隱秘洩露，懼罪自縊。這一下事情鬧大了，朱棣認為壞事皆因呂氏而起，便把呂氏的侍婢都拘來審訊。這些侍婢不勝拷打，便違心認罪，承認有「欲行弒逆」的惡念。既然問出了大逆之罪，一場刑殺的大禍就不可避免了，受牽連被殺的宮人竟多達兩千八百人。

這時的朱棣簡直成為一個病態的虐待狂。每次處死宮人時，他都要到刑場親自動手剮殺。有的宮人性情剛烈，臨刑前自知不免一死，大罵朱棣說：「自家陽衰，故私年少寺人，何咎之有！」朱棣晚年患有嚴重的風濕症，經常臥病不起，精力不濟，性能力已經嚴重衰退，那些嬪妃無法得到正常人的生理滿足，於是就釀出了這樣的悲劇。

呂魚案發後，朱棣疑心大增，濫殺宮人不肯罷休。其實，宮女和宦官相好的事在明代宮廷中很普遍，他們形同夫妻，稱為「對食」，相互稱對方為「菜戶」。但這種廝混只是為了獲得一種心理上的滿足，並不能過真正的夫妻生活。這一次因為呂氏和魚氏是妃子，所以惹得朱棣特別生氣。他甚至讓畫工把呂氏、魚氏與小宦官相摟抱之狀畫出來，要留警後世。但他對魚氏還頗有思念之情，將她埋到長陵之側，仁宗朱高熾即位後又掘出棄置於他處。

此案初發時，朝鮮嬪妃任氏、鄭氏便自縊而死，黃氏、李氏被鞫處斬。黃氏死前援引了很多人。李氏說：「反正都是死，何必牽連別人！」終於不誣一人。這時朝鮮諸女大都被殺，只有崔氏在南京而倖免。朱棣曾命南京的宮女北上，崔氏因病未成行。慘殺開始時，韓氏被幽閉在空室，數日不給飲食。守門的宦官可憐她，有時在門口放些吃的，因而沒有餓死。但她的從婢全部被殺，連乳母也被囚於獄中，事後才得赦免。

永樂十九年（一四二一年）夏初北京三大殿火災後，朱棣以災異修省大赦天下，宮人們大都暗自歡喜，以為皇帝會因懼天變而停止誅戮，誰知朱棣毫無變化，恣行誅戮，無異於平日。朱棣在後宮如此狂殺濫誅，除了他生性殘忍之外，還與寵妃王氏病故有關。王氏是蘇州人，永樂七年（一四〇九年）封貴妃，處事恭謹有方，頗為朱棣所重。朱棣晚年多病，性情也變得越來越暴躁。宮人畏懼，王氏曲為調護，使不少大臣免於受懲處，自皇太子、親王、公主以下，也大都得到她的關照。據說朱棣曾有意立她為皇后。王氏死後，朱棣甚為痛悼，遂病風喪心，此後處事錯謬，用刑也變得更為殘酷。

雖然朱棣還稱不上是個荒淫無度的皇帝，但也絕不是像他自我標榜的那樣清心寡欲。他即位後不久，便下令「求民間識字婦女入內職」，又命禮部訪求在京官員軍民之家女子年十五至二十容止端正、性情賢淑者備王妃之選。他還曾命女官蔡氏到杭州選識字婦女入宮，鬧得民間騷動。當時有人作詩說：「**已云玉閏歸馬足，更妝金屋貯娥眉。**」「**臨別親鄰莫惆悵，從來生女作門楣。**」朱棣想仿效父親朱元璋那樣多妻多子女，這實際上是不可能的。他的子女都是在稱帝以前生的，稱帝後就沒有再生孩子。這對他來說是個很大的遺憾。

到了晚年，朱棣在生活上更為放縱，平時吃飯要有宮女伴唱，後來連朝參也要有宮女陪伴，這在整個明朝來說都是很特殊的。就在臨死前的幾個月，這位已經嬪妃成群的皇帝還要求朝鮮進獻美女，而此時他已經是六十五歲的老人了。這的確是一種病態的表現。

六　未竟的遠征

朱棣在多病的晚年不顧一切地連續北征，實在有些使人難以理解。實際上，這也是一種近乎病態的舉動。

永樂二十二年（一四二四年）正月初七，大同、開平守將奏報遭到韃靼和寧王阿魯台所部襲擊的消息。其時，距離朱棣第四次北征回師才僅僅兩個月的時間。已經接連兩年出師親征了，然而窮蹙已極的阿魯台卻始終沒有降服。他的這次襲擊，究竟是出於物質需要？還是對大明皇帝的有意挑釁？沒有人去管他，而由此引起一片北征呼聲卻將朱棣推上了最後的征途。按照史籍中的記述，朱棣這次出師是在新來歸附的忠勇王金忠縱慂下決定的。

「兵豈堪數動，朕固厭之矣，何況下人。」當金忠請發兵討伐阿魯台，並願身為先鋒自效時，朱棣似乎還有所顧慮，但他仍把金忠的意思告訴了群臣。

「忠言不可拒，逆賊不可縱，邊患不可坐視，用兵之名不得避也，惟上決之。」朱棣聽到的是群臣一致支持北征的聲音。

史籍中的這種記述顯然令人懷疑，這很可能是出自文臣粉飾之筆。即非如此，其源也當歸於朱棣本人。當初他不顧大臣勸阻、執意親征時，就已經沒有人再敢於公開反對。人們都看得到，兵部尚書方賓自殺戮屍，戶部尚書夏原吉仍在獄中，這也就是說，朱棣從未改變初衷。金忠當然是力主北征的，這個韃靼王子在歸附後受到皇帝隆遇，希望能有機會有所表示。過去此人素稱桀黠，但歸附後卻很忠心，歷官永樂、洪熙、宣德三朝，官至三公之列。他的外甥把台至景泰中方卒，曾隨明英宗朱祁鎮北征，「土木之變」中被俘，也先使隸於賽罕王帳下，卻不變初態，常到英宗帳中慟哭，後竟從英宗還朝。

晚年的朱棣令人不可捉摸，出師前不久，他還曾病重幾危，而當他率師離京時，卻又已痼疾若失、精神煥發了。三月初一，朱棣檢閱了出征的將士，他在敕諭將士們時，重申了北征的理由，並且強調：「朕非好勞惡逸，蓋志在於保民，有非得已。」一個月後，車駕發於北京，他令內閣學士楊榮和金幼孜隨行，張輔和柳升等人分領諸軍，陳懋和金忠為前鋒。

出征十四天，大軍到達赤城。這一天是朱棣的六十五歲生日，百官朝賀之請被他拒絕：「今親率將士問罪漠北，夙夜勞心軍務，不遑自寧，尚以生日為慶耶？其止勿賀。」朱棣五征漠北，有四次生日是在軍中度過的。這是他生前最後一個生日，竟也在軍中度過，僅此一點也不難看出他是一個多麼忙碌的皇帝。

四月二十五日，明軍由獨石堡出外長城北上，金忠部下指揮同知把里禿俘獲到韃靼諜騎，得知阿魯台已北渡答蘭納木兒河，避開了明軍的兵鋒。朱棣認為阿魯台逃得尚不甚遠，命諸將速進追擊。

朱棣到達開平那天，是一個陰冷的雨天，多日來連續行軍，使他感到殆倦。這時塞外尚寒，士兵們衣服都被淋濕，凍得瑟瑟發抖。久經戰陣的朱棣深知體恤士卒的重要，見此情景，開始對這次北征有些猶豫了。晚上朦朧入睡時，他彷彿見到一位畫中的天神，向朱棣說道：「上帝好生如是者，再此何祥也！」朱棣猛地驚醒過來，外面正敲三鼓。第二天，他把隨征的閣臣楊榮、金幼孜召入行幄，說起夢中之事：「豈天屬意此寇部屬乎？」他也彷彿感到這是出於天意。

「陛下好生惡殺，上格於天。」楊榮等人趁機向他勸諫，「此舉固在除暴安民。然火炎昆岡，玉石俱毀，惟陛下留意。」朱棣似乎領悟了楊榮等人這番委婉的勸諫。

「卿言合朕意。豈以一人有罪，罰及無辜？」他當即下令楊榮等人草敕，詔諭各部落人等，罪止阿魯台一人，餘皆無問。又命軍士們收拾荒野中的遺骸，葬為叢塚，親自撰寫了祭文。

朱棣的天神之夢究竟是真是假？人們無法詳考。但有一點不難看出，即在某一特定時期，朱棣曾數次做過類似的夢，這些夢對下一步如何行動都產生過重要的影響。這個夢實際上是個臺階，即使遇不上敵人，朱棣也有了撤軍的充分理由。

大軍從開平出發，繼續前進。一路上，朱棣與諸將談論起用兵之道。「謂武有七德，禁暴誅亂為首。」他再一次告誡諸將，「自今凡有歸降者，宜悉意撫安，無令失所。非持兵器以向我師者，悉縱勿殺。」

北征已經很難繼續下去。明軍到達應昌時，輜重糧草。不嚴加保護輜重，是用兵的「危道」。於是，再命將士回兵相迎。而此時作為先鋒的陳懋、金忠所部卻尚未得知阿魯台的蹤跡。

朱棣在應昌宴勞隨征的文武群臣。內侍們唱起太祖高皇帝御制詞五章，朱棣不由一陣感慨：「此先帝垂諭創業守成之難，而示戒荒淫酣酗之失也。朕嗣先帝鴻業，兢兢焉唯恐失墜。雖今軍旅之中，君臣杯酒之歡，不敢忘也。」這些話在一定程度上反映了朱棣的真實心態——自己才是太祖所創天下真正合格的繼承人，而且對先帝所創鴻業還要光而大之。他現在戎馬倥傯，遠征在外，正是為了要光大先帝的鴻業。以後兩天的行途中，朱棣也仿照朱元璋作詞五章，講的全是奉天法祖、勤政恤民的道理。到達威遠川再宴群臣時，他命內侍唱起他這五章新作。這一次，朱棣喝得微有醉意了。

經過艱難的征途，明軍進抵答蘭納木兒河。但這裡只有一望無際的茫茫荒野，看不到阿魯台騎兵一絲蹤影，甚至沒有留下一點車轍、馬蹄的痕跡。看樣子阿魯台已經離開了很長時間。

英國公張輔及成山侯王通分兵在河側山谷進行了仔細的搜巡，在方圓三百餘里的山谷荒原上，沒有發現阿魯台的一人一騎。先鋒陳懋與金忠進抵白邙山，仍然一無所獲，糧盡而還。張輔等人表示願意率騎深入北域：「假臣等一月糧，率騎深入，罪人必得。」朱棣沒有立即應允，這次他要慎重考慮：「今出塞已久，馬人俱勞。虜地早寒，一旦有風雪之變，歸途尚遠，不可不慮。卿等且休矣，朕更思之。」一說虜地早寒是對的，但這在六月，正值盛夏，氣候轉寒還早。去年北征，這時尚未出師。所以這算不上班師的原因。朱棣意識到，即使再深入，也難以有什麼收獲，這才是班師的真正原因。

明軍行進到翠雲屯時，朱棣召見了張輔等人，決定停止這次北征：「古王者制夷狄之患，驅之而已，不窮追也。且今孽虜所存無幾，茫茫廣漠之地，譬如一粟於滄海，可必得耶？吾寧失有罪，誠不欲重勞將士。朕志定矣，其旋師。」回師的決定得到群臣的贊同。永樂二十二年六月二十三日，明軍由翠雲屯分兩路南歸。朱棣率騎兵東行，武安侯鄭亨領步卒西行，定期會於開平，然後全軍返回京師。但是這一次朱棣卻未能如願。

七月的也可的里速大草原上，浩浩蕩蕩的明軍騎隊緩緩行進。鮮明的儀仗，掩飾不住將士們的疲憊。朱棣也已經不能騎馬，他坐在衛士簇擁的龍輦中，病情日重。回師到達翠微岡，朱棣在御帳中休息時，支撐著病體，憑几而坐，向內侍海壽詢問歸抵京師的時日。「八月中可到。」海壽如實回答。朱棣點點頭，沒有說話。對於熟悉行軍計程的朱棣來說，並非不知道返京時日，他是不知道自己是否還能堅持到返抵京師。

略為沉默後，朱棣對楊榮和金幼孜說道：「東宮歷涉年久，政務已熟。還京後軍國事付之，朕惟優遊暮年，享安和之福矣。」看來，朱棣這時已感到身體不適，話裡隱約帶有託付後事的意思。而他這畢生的努力，又有多少人能夠理解呢？

幾天前，回師到清水源時，他見道旁的岩石高數十丈，曾命楊榮、金幼孜在石崖上刻石記事。他希望萬世之後的人們，都能知道有這樣一個皇帝，曾經數次親征過此。兩天前，他還曾下令禁止騎士行軍踐踏莊稼。他要保護那些安居耕種的民戶，但這些民戶卻在大軍到達之前不知逃避何處了。

人之將死，其言也善。朱棣在他最後的日子裡究竟想了些什麼？史書沒有記述。但他很可能對自己的所作所為感到了後悔——假如自己不那樣固執、假如當初聽從夏原吉的勸諫，不來北征，是肯定不會落到今天的地步。反對他出征的夏原吉此時還在獄中。朱棣環顧左右，終於歎息道：「夏原吉愛我。」

七　長陵石門掩永樂

陰霾的天空，孤雁南飛。歸途中的朱棣病已甚篤，夜不能寐，兀自凝神，只見月隱星沉，天地一片昏黑。夜晚沉重的笳聲格外悲涼，如游絲一般飄蕩在曠野中，又像秋雨卷著殘葉的秋風，縈繞在朱棣的耳際心頭……

大軍行至榆木川，朱棣的病情更為嚴重。此時的塞北已為深秋，隨著瑟瑟秋風，片片樹葉蕭蕭落地。烏雲密佈的天空下，秋山老樹一片朦朧，北國大地上寂靜得連空氣也似乎凝固了。朱棣在這處不大為人所知的荒野上度過了一生的最後時刻。他召見英國公張輔，留下了極其簡短的遺詔：

傳位皇太子，喪服禮儀，一遵太祖遺制。

七月十八日，六十五歲的朱棣，在冷月寒光中默默地結束了自己的生命，使這次未捷的出師更增添了濃重的悲劇色彩。當時的人們並沒有把朱棣當成窮兵黷武的暴君，人們在傳說：「**皇帝與韃靼相遇交兵，阿魯台戰死。**」「**忠勇王自請招安韃靼，扈駕而行，未知去向。皇帝行在所雨冰如瓦，軍人或折臂或碎頭而死，馬亦多折項而死，皇帝以此勞而崩。**」

朱棣的突然病故，直接影響到當時的政局穩定。漢王朱高煦一直存有奪嫡之心，而這時六師在外，朝中情況不明，皇帝病故的消息傳出後，勢必引起混亂。從征的英國公張輔，閣臣楊榮、金幼孜和太監馬雲等人決定搜查軍中錫器，鑄成錫棺，將朱棣的遺體秘密裝殮起來，放在翠華寶蓋龍輿中，每日照常進膳行禮，嚴格軍令，不使人知。暗中遣楊榮和少監海壽先行馳奔京師，秘報太子朱高熾，以防不測。

八月初二，楊榮、海壽趕回京師，急闖入宮，送上朱棣的遺詔。太子朱高熾連忙命太孫朱瞻基赴開平迎喪。他也因這一突變而感到惶然無措。直到第二天才想到去找繫獄的夏原吉，向他哭訴了噩耗。夏原吉聞訊後也哭倒在地，與禮部大臣們共同安排了喪禮。

八月初七，朱瞻基趕到軍中，明軍已回師到達鵰鶚谷，皇帝病故的消息這才予以公布，軍中開始發喪。靈柩經過八達嶺居庸關時，文武百官和軍民都趕去哭迎。居庸關外，殘陽如血，鋪天蓋地的明軍將士灰沙滿身，圍著潔白的龍輿匍伏在地。哀慟的哭聲在山谷間迴蕩。掛著白色大帳的龍輿裡面，躺著在馬背上征戰一生的朱棣。這是朱棣最後一次通過素稱北門鎖鑰的雄關。他曾經多次躊躇滿志地率師出關征戰，又曾經過這裡凱旋。此時在身著素服的軍士儀仗護衛下，龍輿的錫棺中卻是他的遺體。隊伍默默地在北國崇山峻嶺中行進，悲哀的氣氛中顯示著無限的壯烈。

十日，朱棣的遺體被運放在皇宮中的仁智殿內。全國都已經開始哀悼儀式。按照當地的禮儀規定，哀悼將進行二十七日，這時禁止一切音樂、嫁娶、祭祀活動百日，各寺觀響起鐘聲，他們要按照規定各鳴三萬杵。宮中皇室們將要斬衰三年。九月十日，朱棣被尊謚為「體天弘道高明廣運聖武神功純仁至孝文皇帝」，廟號太宗。一百多年以後的嘉靖十七年（一五三八年）九月，明世宗朱厚熜鬧「大禮儀」，要尊敬本生父母，朱棣被改謚為「啟天弘道高明肇運聖武神功純仁至孝文皇帝」，廟號成祖。他終於被子孫們擺到了與他父親太祖朱元璋同等的位置上。

永樂二十二年（一四二四年）十二月十九日，朱棣被埋葬在北京昌平天壽山的長陵中。

長陵是明十三陵中最為高大壯麗的陵墓。早在永樂五年（一四〇七年），禮部尚書趙羾根據朱棣的要求，找來風水先生廖均卿等人，經過仔細勘查，選擇昌平縣東的黃土山為陵地。朱棣對選擇陵地一事非常重視，親自前往察看，感到這裡氣勢不凡，遂決定作為朱明皇室的新陵地，改黃土山為天壽山。

大規模營建長陵的工程是在永樂七年（一四〇九年）五月開始的。工程主要包括地宮和陵園兩部份。關於長陵地宮的情況，人們至今仍無從知曉，只有等日後考古發掘以後才能看到它的真面目。但人們今天可以看到定陵地宮的情況，所有身臨其境者無不為其工程浩大而驚歎。葬在定陵的萬曆皇帝朱翊鈞是朱棣的後世子孫，他的陵寢絕不會比朱棣的規模大，由此可以想見營造長陵所花費的巨量錢財。

長陵的地宮修建四年後，徐皇后被安葬於此，地面上的陵園直到永樂十四年（一四一六年）才基本完工。今天人們所能看到的長陵陵園雖是經過後來數次重修而成，但也大致保持了最初的格局。陵園由陵門、祾恩門、祾恩殿、明樓和寶城組成，排列於南北縱軸線上。這組建築群是中國現存最大的木結構建築群之一，僅此一點也可以看出當時工程的宏大。

在長陵中為朱棣殉葬的宮人有三十餘人。即使最受寵愛的韓氏和在呂魚慘案中倖免於難的崔氏亦在其列。殉死那天，要賞賜她們一頓酒宴，隨後領入大堂。此時大堂上已安置了許多小木床，只聽得哭聲震天，宮人們一個個被強迫站在木床上，將頭伸進吊好的繩套中。站在一旁的宦官將床一撤，宮人們便升天了。韓氏死時，呼喚著自己的乳母說：「娘，我去了！娘，我去了！」喊聲未絕，床已撤去。雖然殉葬者家屬被稱為朝天女戶，受到優恤，殉葬者也會得到好聽的謚號，但這又怎能補償她們被虐殺的生命！

埋葬程序是極其繁瑣的。在齋戒、祭告以後，入葬的當天宮中舉行了啟奠、祖奠等儀式。登極未久的新皇帝朱高熾站在朱棣的棺槨前，西向而立，皇太子朱瞻基和親王們依次侍立。內侍奏請靈駕進發後，將棺槨抬出宮門。走在前面的依然是朱棣生前舊御儀仗，後面是神亭、神帛輿、謚冊寶輿、銘旌等。朱高熾送到午門後沒有出宮，由太子朱瞻基和親王們將靈柩送往長陵。在長陵又舉行了安神禮、遷奠禮、贈禮，將棺槨放入地宮，冊寶、明器等也都陳列到地宮中。

地宮的石門重重地掩閉了，這標誌著一個時代的終結。

八　千秋功過

朱棣原想「悠遊暮年」，但他做不到，繁忙的政務幾乎使他席不暇暖。直到晚年，這個好大喜功的皇帝仍拖著多病之軀，連續親征漠北，最後死在北征回師的途中。他在位二十二年，也留給人們不少的疑問和深思。

作為一位第一流的帝王，朱棣深刻地影響了中國歷史，他不僅是十五世紀前期中國歷史的參與者，並且是個卓而不群的領導者和塑造者。他在位的二十二年間，中國的社會經濟是向前發展的，以此為基礎，明朝的國力走向鼎盛時期，國家的統一得到鞏固和發展。明史上的所謂「永宣之治」，確實達到了一個前所未有的新高度。

難怪明人焦竑說：「**高皇帝翦除凶殘，鴻業未固，必須大聖人繼起，乃能定之。漢唐宋統一天下，皆有太宗，乃克永世。**」王世貞也說：「**太祖之後而功者，孰不知成祖乎？**」吳廷燮在論及朱棣的業績時乾脆做出如此斷言：「**秦皇以來，實所未有。**」

檢諸史籍，人們可以從歷史的高度發現一種規律性的現象——每當一個新興皇朝建立，完成了統一事業，它同時帶有的缺陷又註定了它的事乖命蹇；繼而起之者，必須把前代皇朝所開創的制度完善起來，這時便會出現一個興盛且較為持久的新皇朝。秦經百戰統一天下，而失於役繁政苛；漢起而代之，承秦制，以黃老無為之治得以安天下。隋繼戰亂而興，而失於荒淫奢侈；唐承隋制以「去奢省費，輕徭薄賦，選用廉吏」，出現了「貞觀之治」。後周雖經改革，已具統一氣象，卻因未能削除武臣擅權而失敗；宋繼之，翦除藩鎮，強幹弱枝，從而完成了相對的統一，建國達三百餘年之久。朱元璋建立明朝，其制度可謂完備，但用刑過繁、分封過侈而又文武失衡，朱允炆強行推進政治轉軌，卻引起了內亂。朱棣以藩王奪位，文武兼用，強化中央集權，削弱諸藩勢力，使明祚延至二百餘年。這樣縱觀下來，朱棣在明史上的地位便可以大致確定下來。他雖非開國之主，但也並不是繼體守成之君，雖承襲了朱元璋開創的制度，但卻將它置於更鞏固的基礎之上，為大明社稷走出了十分重要的一步。當然儘管政見不同，這一步換成朱允炆或其他人也是要走的，但朱允炆不幸跌倒了，而朱棣則成就了自己的事業，並奠定了明朝的政治格局。

就以弒奪得國的方式而言，朱棣的確如後來的治史者所評論的那樣，與唐宋兩太宗頗有類似之處，而他本人也時以唐太宗自擬。在史書中，這樣的現象很耐人尋味——得國不正的君主，卻往往在其統治期間，以雄才大略力求表現，反而成為一代天驕。人們不難發現，他們之所以勵圖精治，根本原因之一，就是要藉不朽的事功來肯定自己的歷史地位，以洗刷篡名。朱棣通西洋、征漠北、平安南、建北京、修大典，氣魄之大並不在唐、宋兩太宗之下，然而論及永樂政治，則無法與「貞觀之治」相提並論，那種內治之美無論如何是朱棣難以望其項背的。二十餘年間，他驅天下百姓於無休止的征戰徭役之中，雖號稱功加漢唐，而當時百姓實未沾其惠。欲「斯民小康」，其可得乎？又其自許神聖，必難入人言，鷙厲好殺，定廣招民怨，為鉗制人口嚴施密網，更是歷來受人抨擊。這使人們在讚歎他的文治武功之時，也不能不注意到永樂政治黑幕對有明一代的負面影響。

貽害最烈的莫過於重用宦官，使其干政。那些閹人不但被派遣採辦、提督市舶，而且受命監軍、巡視、使外、鎮守。特別是朱棣專設東廠，以璫校刺事，多治詔獄，使空前規模的特務恐怖統治達到驚人的地步。如果朱棣本人威柄獨操，對宦官尚能駕御，但由於後世皇帝庸弱者多，宦官之禍便日益嚴重起來。從正統年間的王振開始，成化年間有大太監汪直，正德年間有隻手遮天的劉瑾，天啟年間更有被稱為九千九百歲的魏忠賢，這就不能不給朝中「清流」和人民帶來無窮的災難。

當年朱元璋以重刑繩臣下，不敢「批龍鱗而逆天恩」的情況已屢見不鮮，但畢竟還有錢唐、韓宜可、茹太素、李仕魯、葉伯巨、鄭士利、王朴等一批直言敢諫之士。到了永樂時期，經過朱棣的野蠻殺戮，抗直不屈的人簡直如鳳毛鱗角，極其罕見了。正如《國榷》的作者談遷所說：「**草除之初，鷹鸇成風。或戍或誅。家凜戶怵，舊臣宿士，恫疑沮疑，殆無穴自避。**」於此時，朝中阿諛逢迎的風氣卻逐漸滋長起來。這種情況正是永樂年間王權極度高漲、君臣之間關係牢固確立的病態反映。

不同的時代和不同的文化類型造就不同的領袖人物，那個特定的歷史條件造就了朱棣。他的思想乃至性格，正孕育於十五世紀前期的經濟結構、政治體制和文化傳統之中。人們可以看到，在歷史規定的範圍內，他以出類拔萃的才幹使自己的成績達到有史所能允許的最高點，但他既是在這座特定的舞臺上表演，就註定不可能去塑造一個他力所不及也非其所願的角色。

朱棣在接受歷史讚美的同時，也難免要接受歷史的譴責！

後記

終於為這部《永樂皇帝》的正文點上了最後一個句號。

記得在社科院歷史所學習中國古代史研究生課程時，商傳先生開設的「明成祖與明初政治」的專題，給大家留下了非常深刻的印象。他將建文新政到永樂繼統的歷史嬗變講得波瀾起伏，學生們則聽得如醉如癡。正是從那時起，我便對明初的政治走向產生了濃厚的興味。不僅因為那是有明一代政體和制度形成的重要時期，且因為那時發生的一切頗能引發今日治史者的種種思考。唐時杜牧在〈阿房宮賦〉裡有一句話：「**秦人不暇自哀而後人哀之；後人哀之而不鑒之，亦使後人復哀後人也。**」說的雖是秦漢間事，永樂朝的前前後後，何嘗又不是如此呢？

永樂皇帝朱棣在正史中被描繪成一位才智卓越的聖主。正像漢武帝是和張騫通西域聯繫在一起，唐太宗是和貞觀之治聯繫在一起，永樂皇帝的名字也是與鄭和下西洋、五出漠北、營建北京等一系列超邁前古的功業緊密相連的。不用說在明史上，就是在整個中國正史上，他都應該佔有重要一席。但朱棣果然就是個聖主嗎？從官書的記載中找一些材料證明他的聖明是很方便的，比如他的宵衣旰食、勤於政事，他的居安思危、勤讀不怠，他的堅毅果決、百折不撓……但我總以為，他之所以傾其畢生心力建功立業，雖欲留聖主之令名，實欲洗篡弒之恥。那些業績是功是過？何敗何成？

自應給予恰當評價；而其以藩王起兵謀叛、血腥屠殺建文遺臣、重用特務及宦官，且好大喜功、勞民過甚，實在是封建統治者殘酷性的充分表露。在南京明故宮的廣場上，至今還樹立著一塊靖難諸臣的血跡碑，儘管已經過去了近六百年，但近自朝廊，遠及雨花台，碧血青燐依然觸目驚心。大屠殺的事實總不是容易抹去的，漫步於南京城裡城外，隨處都可以踏到那一個恐怖時代所遺留的殘跡。春郊明媚，風日鮮澄，也總不能免去一種肅殺之感。連明代人最引為自豪的《永樂大典》，其實也並非出於朱棣聚修書的雅興：「**靖難之舉，不平之氣遍於海宇，借文墨以銷塊壘，此實當日之本意也。**」前有宋太宗修三大部書，後有清乾隆皇帝修《四庫》。與其說是文化優容，毋寧說是文化專制更確切。魯迅先生曾痛論：「**自有歷史以來，中國人是一向被同族和異族屠戮、奴隸、敲掠、刑辱、壓迫下來的，非人類所能忍受的楚痛，也都身受過，每一考查，真教人覺得不像活在人間。**」又想起長陵墓碑上「成祖啟天宏道高明肇運聖武神功純仁至孝文皇帝」那些神聖莊嚴的字樣，不禁從脊背間透起一股涼氣。

雖然朱棣在民間口碑不佳，但為他說好話的歷來不乏其人。《明實錄》中的文過飾非者自不必說，明末著名思想家李贄也說：「**我國家二百餘年以來，休養生息，遂至於今。士安於飽暖，人忘其戰爭，皆我成祖文皇帝與姚少師之力也。**」我一直認為，這恐怕應算作狷介之士對當朝現實的一種矯枉過正之語。近年來讀到一些朱棣的傳記，朱棣被刻畫成一位雖然嚴酷卻作為不凡的政治家，似乎也還是不夠的。準確一點說，他應該是一個卓具才能的暴君，無論從人文主義的眼光看，還是從大歷史的高度看，他帶給人民的災難都要大於他的貢獻。

在我的印象中，以永樂朝的文治武力，朱棣必定擁有極為豐厚的史料，但動筆之前檢索史籍才感到並非如此。由於他對實錄的篡改和文字獄的統治，不但造成資料匱乏，而且多為隱晦閃爍之語，不同史書對關鍵事件的記載大相徑庭。這為後人治史帶來不少困難，遑論我這樣的問業者呢？為了彌補學識上的不足，這些年來自己一直十分注意收集資料，吸收有關研究成果。寫作過程也是由簡入繁、循序漸進的。五年前，范炯兄主編《歷史的困惑》一書，我應約撰寫「靖難」一節；後來曉虎兄主編《明宮十六帝傳奇》，我又忝列作者之中，算是為朱棣作了一個比較完整的傳記，大約寫了十二萬字。如今這部二十五萬字的《征戰一生：永樂皇帝》，即在此基礎上鋪就而成。

寫作中，商傳先生等明史界的前輩曾給予熱心的指撥教誨，並提供了許多重要材料。付梓之日，芹獻微微，謹志敬忱。書中引用及參考前輩、同人成果多有，即此一併致謝。

楊林

作者	楊林
責任編輯	吳宣恩
出版	草原文創有限公司
E-mail	grasslands1220@gmail.com
封面設計	九角設計
印製	世和印製企業有限公司
出版日期	2017 年 4 月 初版
ISBN	978-986-94157-9-8
定價	台幣340元

總經銷	商流文化事業有限公司
地址	新北市永和區環河東路一段118號1樓
電話	02-5579-9575
傳真	02-8925-5898
網址	http://www.vdm.com.tw

國家圖書館出版品預行編目資料

征戰一生 : 永樂皇帝 / 楊林著. -- 初版. -- 新北市 : 草原文創,
2017.04
面；　公分

ISBN 978-986-94157-9-8(平裝)

1.明成祖 2.傳記

626.2　　106003624

出版社：草原文創有限公司
總經銷：商流文化事業有限公司

圖說天下

春秋戰國
傳說時代夏商西周
隋唐五代
元朝
宋朝

遼西夏金
三國兩晉南北朝
秦漢
明朝
清朝

草原文創

草原文創